话说 **内蒙古**

乌兰察布市

察哈尔右翼后旗

王树明 ◎ 主编

内蒙古人民出版社

图书在版编目 (CIP) 数据

话说内蒙古·察哈尔右翼后旗 / 王树明主编 . —
呼和浩特：内蒙古人民出版社， 2017.8
ISBN 978-7-204-14953-7

Ⅰ．①话… Ⅱ．①王… Ⅲ．①察哈尔右翼后旗
－概况 Ⅳ．① K922.6

中国版本图书馆 CIP 数据核字 (2017) 第 217751 号

话 说 内 蒙 古 · 察 哈 尔 右 翼 后 旗
HUASHUO NEIMENGGU CHAHAERYOUYIHOUQI

丛书策划	吉日木图　郭　刚	
策划编辑	田建群　张　钧　南　丁　王　瑶　贾大明	
本册主编	王树明	
责任编辑	董丽娟　张　钧	
责任校对	郭婧赟	
责任监印	王丽燕	
封面设计	南　丁	
版式设计	安立新	
丛书名题字	马继武	
蒙古文题字	哈斯毕力格	
出版发行	内蒙古人民出版社	
地　　址	呼和浩特市新城区中山东路 8 号波士名人国际 B 座 5 楼	
印　　刷	内蒙古恩科赛美好印刷有限责任公司	
开　　本	710mm×1000mm　1/16	
印　　张	22.5	
字　　数	340 千	
版　　次	2017 年 12 月第 1 版	
印　　次	2017 年 12 月第 1 次印刷	
印　　数	1—4000 册	
书　　号	ISBN 978-7-204-14953-7	
定　　价	83.00 元	

图书营销部联系电话：(0471) 3946267　3946269
如发现印装质量问题，请与我社联系。联系电话：(0471) 3946120　3946124
网址：http://www.impph.com

《话说内蒙古·察哈尔右翼后旗》
编撰委员会

总 监 审：纪全富　高永斌

监　　审：张伟农　刘斯琴　赵希文　张秀清

编委会主任：张秀清

编委会副主任：李立群

主　　编：王树明

图片整理：阿古拉

文字整理：李立群　王树明

总　序

　　内蒙古自治区是我国第一个省级少数民族自治地区。全区共划分为9个地级市、3个盟、2个计划单列市，下辖52个旗（其中包括鄂伦春、鄂温克、莫力达瓦达斡尔3个少数民族自治旗），17个县，11个盟（市）辖县级市，23个市辖区，共103个旗、县、市辖区，首府呼和浩特市。

　　内蒙古东西直线距离2 400千米，南北跨度1 700千米，土地总面积118.3万平方千米。广袤的土地蕴含着丰富的自然资源：从东到西的森林、草原、沙漠等地形地貌，天然地形成了独特的旅游资源；丰富的煤、铅、锌、稀土、风力等矿产资源和清洁能源，为煤化工产业、有色金属产业、清洁能源产业的发展提供了支撑；地跨"三北"（东北、华北、西北），毗邻八个省区，与俄罗斯、蒙古国接壤，国境线长达4 200千米，有建成我国向北开放的重要桥头堡和充满活力的沿边经济带的天然区位优势；依托于气候、优质土壤和草场、水源充足等优势，农牧业的发展已融入现代化建设当中。

　　这是一方自然资源丰富的沃土，它是北方少数民族生息和发展的中心地域，孕育了游牧文明、草原文化，在与农耕文化的不断碰撞中，相互融合，相互促进，共同谱写了中华文明的恢宏乐章。仰韶文化、红山文化是中华史前文化的一部分，战国时期赵武灵王着胡服、学骑射，两汉与匈奴交往、和亲，两晋南北朝的鲜卑建立了雄踞北方的北魏王朝，隋唐与突厥建立了宗藩关系，契丹民族建立了辽代政权，蒙古民族创立了疆域广阔的大元王朝，明清与鞑靼、瓦剌等民族建立了藩属关系——历史上，北方少数民族或雄踞一方与中原交好，或入主中原，在不断风起云涌中铸就了内蒙古丰富、厚重的历史文化魂魄。进入近现代以后，内蒙古也走在抗敌御侮的前沿，为中华人民共和国的成立做出了巨大贡献。

　　这份丰厚的历史积淀当中，涌现了诸多杰出人物，他们或是一方霸主，统领一域；或是一代天骄，建万世之基；或是贤良能臣，辅助建国大业；或是时事英雄，救人民于水火；或是在各自领域内创造历史价值的名人雅士。这些人有耶律阿保机、成吉思汗、忽必烈、哲别、术赤、耶律楚材、乌兰夫、李裕智、尹湛纳希、玛拉沁夫、纳·赛音朝克图等等。

物华天宝，人杰地灵。广袤的土地除了养育了一代代的草原人，也成就了它丰富的地域文化：马头琴、呼麦、长调等民族音乐，好来宝、二人台、达斡尔族乌钦等曲艺，安代舞、顶碗舞等民族舞蹈，刺绣、剪纸、民族乐器制作、生活用具制作等传统工艺，蒙医药、正骨术等传统医药医术，婚丧嫁娶等独特的礼仪习俗。内蒙古在音乐舞蹈、民间艺术、文学史诗、传统医药、手工技艺、民俗风情等方面都创造了独有的成就。

悠久历史文化滋养下的内蒙古，在党的领导下，迈向新的历史征程。内蒙古自治区成立以来，党和国家一直重视内蒙古的发展，也给予各类政策和经济支持，内蒙古也不负众望，各项事业均取得了令人瞩目的成就：经济保持平稳增长，人民的生活水平不断提高；民主法治得到有效推动；建立了具有民族特色的教育体系，民族教育水平不断提高；民生改善工作成绩斐然；生态文明建设取得较大成就；四通八达的立体交通网，把内蒙古与世界各地拉近……

纵观几千年历史，内蒙古在历史的长河中扮演了重要的角色，这不仅源于自然条件的得天独厚，也源于草原儿女的自立自强。虽然这片沃土上的民族大多以口耳相传的方式传承着自己的文化，但是仍有不少历史的碎片撒落在当地的史籍当中，这些史料汇集成册，将成为向世人介绍内蒙古的名片。为此，我们组织全区103个旗县（市区）的有关部门和专家学者，借助各地的丰富史料，把散见于各种资料中的人文历史、民俗文化、民间艺术、壮丽风光、当代风采、支柱产业等汇编在一起，编纂出一套能够代表内蒙古总体面貌、能够反映时代特色和文化大区风范的大型读物——《话说内蒙古》，以展示我区经济发展、文化繁荣、民族团结、边疆安宁、生态文明、各族人民幸福生活的六大风景线。

一本书、一支笔浓缩的仅仅是精华中的精华，万不足以穷尽所有旗县（市区）的方方面面。若本书为你敞开一扇了解内蒙古之窗，那么，读万卷书不如行万里路，内蒙古将以最大的热情迎接你：

赛拜侬——

欢迎你到草原来！

序

在祖国的正北方、内蒙古乌兰察布市北部，有一块南北狭长、东西略窄的区域，其形似一匹昂首奋蹄的骏马，驰骋在祖国的北方。这就是辽阔、神奇、富饶、亮丽的察哈尔右翼后旗（简称"察右后旗"）。

"爱我察右后旗""察右后旗是个好地方"，这是生活在这里的人们的内心表白，也是四面八方来客的同声赞语。

察右后旗对于家乡人来说是一往情深的故乡。无论是人们对她丰姿泼彩挥墨的描绘，还是歌手对她的倾声歌唱，都表达着人们对家乡的那份热爱与眷恋之情！

说起察右后旗，最亮丽的、也是不可复制的两张名片，就是"火山草原"和"红格尔图战役"。来到这里，人们可以欣赏低调的高品质火山景观。在碧绿无垠的草原上，散落着30多座火山。这是内蒙古高原南缘最年轻的火山喷发区，是火山家族中的奇葩，是一处天然"火山博物馆"，具有很高的科研、科普和旅游价值。

1936年，震惊中外的"红格尔图战役"就发生在这里。察右后旗人民与晋绥军一道，奋勇杀敌，取得了中国人民抗战以来的第一场胜仗，为抗日战争全面胜利做出了巨大贡献。这是察右后旗人民的荣耀。

不错，无论是诗画传神的描绘，还是人们深情的赞美，连同人们对火山草原风光的遐想在内，都无疑是察右后旗这块热土神奇可爱的地方。

其实，这些都不够，还远远不是察右后旗的全貌。她如同一位天生丽质、风姿多彩的美人，任何诗的渲染、画的描绘、歌的赞美都难以刻画出她的神韵。当然，平心而论，察右后旗还不发达，但这里的经济发展和文化繁荣的空间与潜力还很大。虽然比不上江南鱼米之乡的富饶，但是，察右后旗自有她的优势，她是一片正在建设的热土和正在开发的"洼地"。来过察右后旗的人都认为这里是个经济发展颇具潜力的"富庶地"、文化繁荣的"品牌地"，很可能成为走在前列的旗县之一。因为，这里是"中国薯都的核心种植区"；这里有中国草原避暑之都——乌兰察布特有的火山草原；这里素有"三石之乡"之称（石灰石、浮石、大理石），是工业发展的基础；这里是"中国绿色名旗"，是农牧业升级的名片；这里是察哈尔蒙古民族文化的发祥地之一，是打造察哈尔文化品牌的基石；这里是"内蒙古自治区级可持续发展实验区"；这里拥有"二铁"（集二、集通两条铁路）、"三公"（二广高速、208国道、呼满大通道）等多条便捷的交通干线，具有构建现代大物流的优势；这里更有勤劳、智慧，创新、开放，包容、奋进的各族人民和他们吃苦耐劳、一往无前的蒙古马精神。察右后旗未来将有极为美好的前景！

在距今1万多年前，察右后旗约400平方千米的区域是汹涌澎湃的"火山溶液"。大自然神奇的造化和变迁带给了察右后旗丰富的资源。

在辽阔的察右后旗大地上，火山草原成为牧业的摇篮、农业的沃土、工业的资源、旅游的胜地。优质肉羊肉牛与绿色品牌马铃薯都源出于这片火山草原，丰富的矿产、风能、农畜产品资源是支撑旗域经济发展的支柱。在"创新、开放、绿色"发展的今天，察右后旗的资源优势正在转型升级为经济优势。全旗建设了新型建材化工、农畜产品加工两大特色园区，形成了电石化工、建材、农畜产品加工、清洁能源等优势特色产业集群。农牧业打造了名牌马铃薯和优质肉羊肉牛。"察哈尔文化""火山群草原"等文化旅游品牌凸显。

察右后旗的历史、古迹、文化、山水风光、风土人情，说来话长。察右后旗是一个以蒙古族为主体、汉族占多数的半农半牧旗，是个包括蒙古、汉、回、满等多个民族的团结的大家庭。到这里做客，人们可以饱览火山草原奇特的神韵，参加饶有乐趣的那达慕盛会，观看乌兰牧骑的精彩演出，了解各民族的风情习俗，也可以游生态园、观文化展、赏考古遗迹，还可以在牧家乐品尝独具民族特色的手把肉、奶制品、自产酒、蒙古饺子和地方特色的"后旗红"马铃薯、无公害莜麦面。走进察右后旗，不论走到哪里，都可以感受到察右后旗人热情好客的火热情怀。火山、草原、饮食、美酒，热情、纯朴、包容、开放似乎是火山草原上唱响的一曲动人之歌，在人们脑海和心灵深处留下深深的印记。

察右后旗正敞开她的怀抱，欢迎旗内外、国内外投资者及游客和朋友们的到来，为建设活力、和谐、生态、魅力、幸福的察右后旗献智慧、出力气。

"壮美察右后旗，亮丽火山草原"期待着您的到来！

中共察哈尔右翼后旗委员会书记
察哈尔右翼后旗人民政府旗长
2017年5月1日

目录 Contents

历史回眸

历史上的察哈尔右翼后旗 /3

前行中的察哈尔右翼后旗 /10

火山草原

壮美景点 /43

美丽传说 /55

民间故事 /61

文物遗迹

文物工作概述 /77

古文化遗存 /82

察哈尔右翼后旗出土文物 /99

战事纪略

红格尔图抗战 /105

智取张维村日伪据点 /122

八路军夜袭红旗庙 /126

大青山抗日武装在白音不浪的两次战斗 /128

巧袭吴俊村收编队 /131

磨子山防御战 /135

吾德沟伏击战 /137

解放战争时期发生在土牧尔台的几次战斗 /139

解放战争时期的红格尔图歼灭战 /147

义盛德突围战 /150

风云人物

察哈尔三杰——宝音巴特尔 /157

察哈尔三杰——纪松龄 /158

察哈尔三杰——莫杰 /166

正黄旗总管——达密凌苏龙 /170

抗日妇女——边来俊 /180

农民育种家——陈良福 /184

民俗风情

蒙古族民俗 /191

汉族民俗 /229

文化艺术

文学 /247

美术 /248

书法 /249

摄影 /250

音乐 /250

舞蹈 /251

察哈尔文化 /254

民间工艺 /273

经济发展

农牧业产业 /283

工业产业 /294

文化产业 /302

特色产业 /315

亮丽风景

察哈尔右翼后旗发展概况 /319

亮丽察哈尔右翼后旗 /320

经济发展风景线 /331

民族团结风景线 /334

文化繁荣风景线 /334

边疆安宁风景线 /335

生态文明风景线 /336

各族人民幸福生活风景线 /337

党的建设和精神文明建设 /338

美丽的察哈尔右翼后旗欢迎您 /340

后记

历史回眸

HUASHUONEIMENGGUchahaeryouyihouqi

历 史 回 眸

LISHIHUIMOU

　　察哈尔右翼后旗是个古老而神奇的好地方。古老悠久的区域历史、多彩独特的人类文明，推动着人类社会的不断进步，也推动着生活在这块土地上的人们不断前行。

历史上的察哈尔右翼后旗

　　察哈尔右翼后旗地域辽阔、历史悠久，自古以来就是北方狩猎部落和游牧民族生活、栖息的地方。

　　商，鬼方属地。

　　西周，仍为鬼方属地。

　　春秋战国，楼烦、东胡、匈奴属地。

　　秦，隶属雁门郡。

　　西汉，隶属并州刺史部雁门郡。

　　东汉，鲜卑居地。

　　三国，拓跋鲜卑居地。

　　晋，拓跋鲜卑居地。

　　南北朝，拓跋鲜卑居地。

　　隋，隶属马邑郡。

　　唐，突厥单于都护府辖地。

　　五代，契丹居地。

　　辽，西京道丰州辖地。

　　金，西京路大同府辖地。

　　元，隶集宁路、兴和路。

　　明，属大同边外地，后隶达延汗右翼永谢部万户游牧地。

　　清，编察哈尔八旗，属察哈尔右翼正红旗、察哈尔右翼正黄旗驻牧之地，直隶察哈尔都统。

　　清末民初，内地汉民开始向蒙旗迁徙，随之增设厅、县政权。在蒙旗地区实行"蒙不归县、汉不归旗，蒙汉分治、旗县并存"政策。

　　民国3年（1914年）6月，设置察哈尔特别行政区，废除察哈尔八旗都统衙门，察哈尔左、右翼八旗，商都各牧场以及丰镇、凉城、兴和、陶林（以上四县原属绥远省）等县属之。

　　民国17年（1928年）9月，国民政府决定将热河、察哈尔、绥远特别行政区改为行省，并将属于察哈尔特别行政区管辖的丰镇、凉城、兴和、陶林、集宁五县（称"绥东五县"）划归绥远省（1929年1月1日正式交接）。察哈尔右翼正黄旗、正红旗、镶红旗、镶蓝旗仍属察哈尔省管辖。

民国25年（1936年），察哈尔右翼四旗改称"绥东四旗"并划归绥远省管辖。民国28年（1939年），归伪蒙疆政府巴彦塔拉盟管辖。民国34年（1945年），改属绥蒙中国共产党领导的政府管辖。

民国34年（1945年）冬至民国35年（1946年）秋，今察哈尔右翼后旗全境解放，在农区建立了陶集县人民政府，在牧区建立了正黄旗北六佐办事处。民国35年（1946年）秋，国民党反动派挑起了内战，人民政权和地方武装暂时撤离，此间由中共陶集工委领导。民国37年（1948年）秋，绥东地区第二次获得解放。民国38年（1949年）3月15日，绥蒙政府决定在集宁成立绥东四旗办事处和绥东四旗保安队。今察哈尔右翼后旗牧区归绥东四旗办事处所辖，农区仍属陶林县、集宁县所辖。

1950年1月20日，绥远省人民政府决定：绥东四旗办事处予以撤销，另建立中心旗制。

1954年3月5日，根据政务院命令，绥远省与内蒙古自治区合并，同时撤销绥远省建制，原管辖区域统一由内蒙古自治区人民政府领导。随后在解决绥东地区旗县并存问题

时，内蒙古自治区人民政府采取"承认历史，照顾现实，解决问题，达到团结"的方针，于同年3月17日，撤销绥东中心旗、正黄旗、镶蓝镶红联合旗和陶林县建制，改划为察哈尔右翼后旗、察哈尔右翼前旗、察哈尔右翼中旗，隶属平地泉行政区人民政府领导。1955年9月15日，旗委从平地泉镇迁至土牧尔台镇。

1958年4月2日，平地泉行政区建制撤销，察哈尔右翼后旗改属乌兰察布盟领导。

1971年3月，察哈尔右翼后旗革命委员会从土牧尔台镇迁往白音察干镇。

察哈尔八旗

后金天聪九年（1635年），蒙古察哈尔部林丹汗之苏台哈屯（王妃）带领其子孔果尔·额哲、阿布奈和部分兵丁归降后金，受到以皇太极为首的清王朝的盛情款待，并封孔果尔·额哲为亲王。

后金崇德元年（1636年），皇太极正式称帝，建国号为"清"。皇太极命内弘文院大学士希福，蒙古衙门承政尼堪、塔布囊达雅齐前往察哈尔部稽查户口，编制牛录，建立旗制。清王朝仿照满洲八旗制把蒙古察哈尔部改编为镶黄、正黄、正白、正红、镶白、镶红、正蓝、镶蓝八个札萨克旗（王公旗），分

原创蒙古剧《忠勇察哈尔》剧照

八旗为两翼：左翼为镶黄、正白、镶白、正蓝，右翼为正黄、正红、镶红、镶蓝；又以镶黄、正黄、正白为上三旗，其余五旗各以王公贝勒等统立；每旗又分满洲、蒙古、汉军为三旗，共24旗，计7830户，其中正红旗870户，安置于义州边外（今辽东地区）。将部改变为旗时，对原察哈尔部进行拆散、分割，或将原部众分别并入他旗，或将蒙古其他部众安插于察哈尔各旗内。随着旗的建立，原来部界的管辖范围也被打乱，按照新建的旗重新划定了管辖范围。

察哈尔八旗建立初，清王朝对归附的蒙古各部，特别是察哈尔部甚为担心，所以加强了对蒙古各部的控制，对归附的蒙古各部统一编旗，划定境域；还从王公贵族中选任札萨克管理旗政；指定数旗集合协议重大事宜，形成会盟制度。

蒙古八旗虽然仿照满洲八旗制度，但两者性质不同。蒙古部落归附以后，由于是被征服者，其盟、旗长官由征服者任命，必须服从清王朝的统治。清王朝的历代统治者，均对蒙古采取了盟旗制度，实行"众建诸侯而少其力"的方针，以此来削弱蒙古的军事力量，达到解除清王朝北部威胁的目的。

在形式上，清王朝允许蒙古部落改建旗，保留原来部落的名称。但是，在旗的性质上，清王朝根据蒙古部落的不同情况，建立不同性质的旗，即将蒙旗分为外藩旗和内属旗。外藩旗是间接的统治，内属旗是直接的统治。外藩旗直隶理藩院，受中央监督，旗设置亲王、郡王、贝勒、贝子、镇国公、辅国公和协理台吉、管旗章京、梅伦、笔帖式等僚属，协理旗政，战时动员和统率本旗军队参战，平时管理旗内行政、司法、税收等，其职世袭，成为封建领主。

康熙十四年（1675 年）三月，察哈尔林丹汗之孙布尔尼、罗卜藏兄弟二人乘南方"三藩之乱"，联合奈曼旗王札木山起兵反清。清王朝调动蒙古各部大军讨伐察哈尔部，布尔尼战败身死，罗卜藏率领万余兵丁二次降清。

经过这次战乱，清王朝对察哈尔部甚为担心，便把原驻牧地义州收回，余众被迁至宣化、大同边外，正式编定察哈尔八旗。同时，废止察哈尔部札萨克旗制，改为总管旗，直属朝廷控制，并将察哈尔八旗编为左翼、右翼各四旗，编制、组织形式仍仿照满洲八旗制军队组织形式。察哈尔八旗驻牧地东南距京师430 里。东界克什克腾，西界归化城土默特，南界直隶独石口、张家口及山西大同、朔平，北界苏尼特及四子部落，袤延千里。

乾隆二十六年（1761 年），察哈尔八旗在张家口设立都统，由清王朝派遣总管。

察哈尔八旗，其官阶品位与内地县相同，但是，清王朝为了防止八旗官兵再次起义反清，采取了笼

通往张家口的大道遗址

走草地的车队

络的办法，给总管以很高的荣誉和优厚的待遇。内地知县一般是七品官，而八旗总管由清王朝直接任命为三品官，个别甚至为一品官；并按官职发给顶戴花翎和服饰。总管每年俸银为200两。光绪二十九年（1903年），八旗官职俸禄由银改为随缺地，总管15顷，佐领12顷，孔督（骁骑校）、转达（护军校）6顷，贝热2顷，胡雅格1顷，此待遇一直延续到民国末年。

康熙年间，清王朝为了在政治、军事上对蒙古实行有效的控制，在漠南蒙古地区的军事要冲、山川所在的出入隘口以及边境地带，遍设驿站。察哈尔八旗境内建立一路驿站，共设九台。

光绪二十七年（1901年），清王朝与八国联军签订了不平等的《辛丑条约》，向各国赔款。光察哈尔右翼四旗就拨出土地1 250顷、白银1 500两，分别交给当地教堂，作为给列强的赔偿。

光绪二十八年（1902年），清王朝在察哈尔八旗推行"移民实边"政策，任命贻谷为督办蒙旗垦务大臣，赴内蒙古西部督办垦务。光绪三十四年（1908年），全面放垦蒙地进入高潮时期，内蒙古西部包括察哈尔八旗在内，共放垦土地75 700顷，其中察哈尔八旗放垦土地26 000顷。正红旗红旗庙一带，以张万武为首的大地主勾结蒙古族上层章盖（佐领），在马莲滩五、六、七苏木南部大量开垦牧场，中特拉滩的大地主高玺、三大头也勾结上层大量放垦牧场。此外，还把正红旗北部的大片草原划归集宁县礼乐公，把正黄旗北部地区（包括蒙古族群众）划归集宁县二区。经过民国4年（1915年）的两次放垦、民国6年（1917年）的清丈余地，至民国9年（1920年），放垦土地已至辉腾锡勒以北。民国14年（1925年），清丈四旗巴拉古土地，使四旗耕地由南往北逐步扩展，草场愈来愈小。蒙民由于丧失了地权，牧业逐渐破产。广大牧民不得不移居他乡游牧或从事农耕，形成农牧插花、蒙汉杂居的局面。

察哈尔右翼四旗

察哈尔八旗分左翼四旗，即镶黄旗、镶白旗、正白旗、正蓝旗，

将军服饰

亦称东四旗；右翼四旗，即正黄旗、正红旗、镶红旗、镶蓝旗，亦称西四旗。西四旗由东至西顺序为正黄旗、正红旗、镶红旗、镶蓝旗，地形为东西窄、南北长的条状。正黄旗区域最大，管辖18个半苏木，其他3个旗管辖12个半苏木。旗行政长官称总管，掌握全旗军政大权。苏木行政长官称佐领，负责处理苏木事务。

民国元年（1912年），各旗设忽仁达（法官）2名、笔帖式（文书）3名、单斯达（档案员）2名、宝希乎和高其格（通信员或总管侍卫）若干名。

民国25年（1936年），绥东四旗总管衙门改称旗公署，设总务科、民教科、警务科。民国34年（1945年）8月以后，绥东四旗相继成立了"内蒙古自治运动联合会"支会。

民国38年（1949年）3月15日，绥蒙政府在集宁成立绥东四旗办事处。

察哈尔右翼正红旗

察哈尔右翼正红旗原驻古尔班托罗海山，东南距张家口185千米，距京师400千米。汉，雁门郡北境。牧地当山西陶林厅之东北，丰镇厅之北奇尔泊（今黄旗海）。东界察哈尔正黄旗，西界察哈尔镶红旗，南界陆军部右翼牧场，北界四子部

察哈尔正红旗旗帜图案

察哈尔正黄旗旗帜图案

落旗。东西宽约28千米，南北长约140千米。其山：东有阿伯达兰台山，北有伊克和洛图山，东北有哈撒克图山，西北有插汉峰。其泉流：南有昆都仑泉、胡芦苏台泉，北有诺尔孙泉。东南流入察哈尔正黄旗，为纳林河，又东南注入希尔池。民国19年（1930年）前后，旗设总管、参领、副参领各一人，管理全旗政务。总管为正三品，均从本旗原有的贵族官员中选任，由清王朝直接任命。参领亦为三品官，是旗军队的总指挥官。副参领品位不固定，是协理官。旗的基层组织为苏木，苏木设章盖、孔督、转达各一人。

察哈尔右翼正黄旗

察哈尔右翼正黄旗原驻木孙式克山，西北距张家口160千米，东南距京师380千米。旗辖地东西55千米，南北140千米。民国19年（1930年）前后，旗设总管、参领、副参领各一人，章盖18人，孔督19人，转达18人，护军607人，马甲678

人，捕盗官1人，官兵共计1344人。旗的基层组织为苏木，苏木设章盖、孔督、转达各一人。全旗1092户4667人。旗总管署设塔拉审判处，监督审判员1人、审理员2人、书记1人、法警8人，全年经费206元，受理正黄旗、正红旗诉讼事宜。全旗大小庙宇14座，喇嘛579人。民国15年（1926年），成立的右翼东路蒙兵游击队，辖5个支队，有持枪蒙兵300人。旗敖包在磨子山（今察哈尔右翼前旗弓沟乡）。民国37年（1948年），正黄旗总管改称旗长，参领改称副旗长。

绥东中心旗

1950年1月20日，绥远省人民政府决定"绥东四旗办事处"予以撤销，另建立中心旗制。以正红旗为中心旗，属省人民政府领导。中心旗之职权，除处理本旗一切日常政务外，还领导正黄旗、镶蓝镶红联合旗。中心旗人民政府按丙等县编制，其他三旗人民政府按甲类

绥东抗战时的蒙古骑兵

区编制。

中心旗人民政府设秘书室、民教科、财政科、建设科、公安局、法院。中心旗人民政府驻地集宁县桥东半马路。

1950年1月20日，绥东中心旗建制管辖3个区、18个行政村、100个浩特（自然村）。

1954年3月，察哈尔右翼后旗正式建制，中心旗予以撤销。原中心旗的党政干部转至人民政府工作，财产、档案资料等大部分移交到新组建的察哈尔右翼后旗人民政府。

察哈尔右翼后旗行政区划是以原绥东中心旗第一区，原正黄旗第一区，原陶林县红格尔图、土牧尔台两区，集宁县第七区为基础，并

将原绥东中心旗第三区大房子乡，集宁县第三区高家地、三苏木房子、刘五村3个乡划入后形成的。

前行中的察哈尔右翼后旗
1954—2000 年

一

察哈尔右翼后旗位于内蒙古自治区中部、乌兰察布市东北部。境域呈长方形，东西宽约50千米，南北长约80千米，总面积3 910平方千米。

旗境东与商都县、兴和县接壤，西和察哈尔右翼中旗、四子王旗交界，南与察哈尔右翼前旗、卓资县为邻，北和锡林郭勒盟苏尼特右旗毗连。南距乌兰察布市政府所在地集宁区50千米，西南距内蒙古自治区首府呼和浩特市180千米。旗人

群众文化体育活动

民政府驻地白音察干镇。

二

察哈尔右翼后旗在新石器时代（距今 5 000 年）就有以狩猎为主的古人类活动。

中华人民共和国成立后，1950年1月20日，撤销绥东四旗办事处，建立绥东中心旗。1954年3月17日，撤销绥东中心旗、正黄旗、镶蓝镶红联合旗和陶林县建制，察哈尔右翼后旗正式建制，隶属平地泉行政区。1955年9月15日，旗人民委员会从平地泉镇迁至土牧尔台镇。1958年4月2日，平地泉行政区建制撤销，察哈尔右翼后旗改属乌兰察布盟。1971年3月，察哈尔右翼后旗革命委员会从土牧尔台镇迁往白音察干镇。

2000年，察哈尔右翼后旗行政区划为3个苏木、15个乡、2个镇、119个嘎查（村民委员会）、667个浩特（自然村）、678个村民小组、13个居民委员会。1949年，全旗人口 70 088 人。之后，随着政局的稳定、经济的发展，人口逐年增加，到1980年，总人口达到 201 596 人。这一时期，全旗人口处于高速增长时期。20世纪80年代以后，全旗逐步实行计划生育政策，人口增长得到有效控制。2000年，全旗居民 63 980 户 203 473 人。其中，男性 112 071 人，占总人口的55.1%，女性 91 402 人，占总人口的44.9%；农业人口 167 946 人，占总人口的82.5%，非农业人口 35 527 人，占总人口的17.5%。人口密度为每平

11

方千米52人。察哈尔右翼后旗是一个汉族占多数的多民族杂居地区。2000年，少数民族有蒙古族、回族、满族、达斡尔族等，其中蒙古族人口12 098人，占总人口的5.9%，汉族人口190 992人，占总人口的93.9%，其他民族383人，占总人口的0.2%。

蒙古族有自己的语言和文字，其衣、食、住、行及婚、丧礼仪等传统习俗在察哈尔右翼后旗城乡，特别是牧区仍有保留。在饮食上，蒙古族以炒米、奶制品、面食、手把肉为主餐，有喝奶茶的习惯。在礼节上，遇有长辈要问安，招待客人敬酒、献哈达。婚礼程序主要有：提亲、定亲、订婚宴、送"红帖"宴、祝福新房仪式、姑娘宴、送亲、迎亲、举行婚礼等。蒙古族的那达慕、祭敖包、祭火仍按传统习俗举行。历史上，牧民住蒙古包，从事游牧生产；中华人民共和国成立后，逐步实现了定居。勤劳善良、热情好客是察哈尔蒙古族人民的传统美德。

三

察哈尔右翼后旗地处中纬度地带，属中温带半干旱大陆性季风气候。其显著特点是：春季空气干燥、少雨多风，夏季气候温热、降水集中，秋季凉爽、雨少、霜冻早，冬季寒冷、漫长、多寒潮天气。年平均气温3.8℃，由南向北递减。最冷月1月，平均温度零下14.9℃，极端最低温度为零下35.2℃（1971年）；最热月为7月，平均温度19.4℃，极端最高温度为35.1℃（1961年）。全年日照总时数为2 986.2小时，太阳总辐射量136.04千卡/平方厘米。年平均蒸发总量为2 171.0毫米，为年降水量的6.5倍。年平均降水量一般为240～410毫米。年平均风速为4.6米/秒，瞬间最大风速为30.3米/秒（1980年）。年平均无霜期为70～120天，平均冻土深度为140厘米以上，最大冻土深度为271厘米（1972年）。

察哈尔右翼后旗地貌南高北低。海拔1 322（三井泉乡）～2 053.4米（胜利乡），相差731.4米。中低山丘陵占总面积的21%，盆地平原占29%，玄武岩台地占28%，熔岩台地占10.9%，丘间洼地占11%，河谷洼地占0.1%。境内山脉主要分布在西南部辉腾梁山区，面积在0.2平方千米以上的山峰有54座，平均海拔1 900米；1 000米以上长的沟壑28条，最长达21 000米，沟宽30～600米，沟最深达300米，一般为3米以上。

察哈尔右翼后旗土壤分为4个土类、10个亚类、26个土属、129个土种。栗钙土是全旗分布最广的

乌兰哈达火山群航拍图

土壤类型，包括暗栗钙土、普通栗钙土、盐化栗钙土、草甸栗钙土、粗骨栗钙土5个亚类，面积552万亩，占总土地面积的94%。黑钙土分淋溶黑钙土和草甸黑钙土2个亚类，面积9万亩，占总土地面积的1.6%。草甸土分盐化草甸土1个亚类，面积为3万亩，占总土地面积的0.6%。盐土分碱化盐土和沼泽盐土2个亚类，面积3万亩，占总土地面积的0.6%。

察哈尔右翼后旗河流属内陆河水系，季节性特征非常明显。内陆流域有碱海子水系、小海子水系、黄旗海水系、东岸海水系、莫石盖水系、韩盖淖水系和翁滚诺尔水系。主要河流有霞江河、哈不泉河、壕赖沟河、丹岱河等12条，总长340.3千米。湖泊主要分布在旗境东西部，较大而常年集水的有察汗淖海、乌兰忽少海、小海子、莫石盖海、韩盖淖尔海、西海子和阎家海子，水域面积29.3平方千米，其余都为季节性积水洼地，排泄条件较差。经过长期蒸发，水质低劣，矿物质阴阳离子含量很高，矿化度均在12~26克/升。全旗泉水有41处，总涌水量5 038.6吨/昼夜。河网密度0.1千米/平方千米，径流总量0.474亿立方米。

察哈尔右翼后旗自然资源丰富，矿藏有金、银、铜、铁、钨、铅、大理石、石英岩、石棉、石墨、浮石、火山渣、石灰岩、玄武岩、花岗岩、煤等27种，其中尤以石灰石（总储量0.9亿吨）、浮石（总储量1亿立方米）、大理石（总储量12亿立方米）最为丰富。

全旗地表水资源总量为0.474；地下水资源比较丰富，总储量为7.45亿立方米。全旗总用水量0.19亿立方米。2000年，已开采利用0.09亿立方米。

境内野生植物比较丰富，拥有50科173属337种。主要有乔灌木树种、饲用植物、药用植物、水生植物、固沙植物、食用植物等。

动物有哺乳动物20余种、鸟类40余种、鱼类10余种、昆虫纲7目92种、蛛形纲5目、森林昆虫纲8目212种、水域浮游动物27种以及两栖爬行类动物等。

察哈尔右翼后旗旅游资源主要有乌兰哈达火山群、阿贵庙、八号地岩文岩画。

境内自然灾害主要有干旱、风沙、霜冻、雪灾及发生在局部的暴雨、冰雹、虫灾等。"十年九旱"是察哈尔右翼后旗最典型的自然灾害的真实写照，其出现范围广、频率高、持续时间长、危害严重。旗境年均大风日数63天，春季大风日数占全年的45.6%，最大风速24米/秒；冬季大风日数占全年的42.1%，最大风速30米/秒，素有"每年一场风，从春刮到冬"之说。境内北部地区刮7级以上大风时，可产生"沙尘暴"。每年都程度不同地发生"扬沙"或"沙尘暴"天气。年均霜冻日263天，辉腾梁山区最长达300天左右。雪灾也称"白灾"，遇有大风即形成"白毛糊糊"，平均每3~4年发生一次，是危害畜牧业生产的主要

自然灾害。冰雹日数年均3~4天，最多8天（1976年），俗语有"风刮一大片，雹打一条线"的说法，一般范围小、时间短，但破坏力极大。暴雨多发生在汛期的局部地区，遇有秋雨偏多的年份，易造成涝灾。

四

察哈尔右翼后旗人民具有革命斗争的光荣传统。早在民国14年（1925年），察哈尔正红旗十苏木、察哈尔正黄旗三苏木设立秘密联络点，始有中国共产党的活动。民国16年（1927年），革命转入低潮，许多共产党员在"白色恐怖"下秘密从事地下工作。蒙古族青年纪松龄从苏联学习归来后打入绥东达密凌苏龙部队，开展党的地下军事活动。民国25年（1936年）11月，全旗各族人民在中国共产党的领导下，拿起武器与日本侵略者展开了艰苦卓绝的斗争，配合国民党傅作义部参加了著名的红格尔图战役，被中共中央誉为"全国抗战之先声"。民国27年（1938年），八路军大青山支队挺进旗境辉腾梁地区，发动蒙汉军民并肩战斗。民国30年（1941年），成立绥东工作团，开展绥东游击战争，建立以辉腾梁为中心的抗日游击根据地。民国34年（1945年），建立今察哈尔右翼后旗第一个中国共产党的地方组织——中共

陶集县委。党组织在群众中宣传马克思主义，在察哈尔大地上播下了革命的火种。民国35年（1946年），在陶集县陶家村成立党小组，这是今察哈尔右翼后旗农区最早的基层党组织；同年3月，正黄旗北六佐党支部在阿贵庙成立，这是今察哈尔右翼后旗牧区最早成立的基层党组织。陶集县和北六佐人民群众在党的领导下，贯彻执行了中共中央关于土地问题的《五四指示》，开展了减租反霸斗争和民主建政工作。在抗日战争中，孟克吉勒格尔、崔则温、王定洲、郝恩科、郝登鸿、庞忠义、杨清河等一大批优秀共产党员，在这片热土上浴血奋战，献出了自己宝贵的生命。在历次革命战争中，察哈尔右翼后旗籍111名优秀儿女为国捐躯，察哈尔右翼后旗人民将永远把他们记在心中。

中华人民共和国成立后，察哈尔右翼后旗各族人民在中国共产党的领导下，在建立和巩固人民政权、民主建政、土地改革、围剿土匪、维护治安、抗美援朝、征兵以及社会主义建设事业中，以坚强的意志和勤劳的双手做出了不可磨灭的贡献。1987年6月，乌兰察布盟行署、乌兰察布盟民政处审核划定察哈尔右翼后旗韩勿拉、乌兰哈达、白音察干、阿贵图、贲红、石窑沟、胜利、

锡勒8个苏木、乡以及12个村民委员会为革命老区根据地。

在全旗各条战线上，先后涌现出70多名国家级、省部级各种荣誉称号获得者和英雄模范人物。红格尔图农民陈良福，试验培育成功胡麻、谷子、黍子和莜麦新品种，被授予"农民育种家"称号；原乌兰格日勒嘎查牧民旭仁花，打破世俗观念，在绵羊人工配种和大畜人工配种改良工作中成绩显著，两次受到毛泽东的接见。50多年来，奋战在察哈尔右翼后旗各条战线上的各族人民群众以主人翁的姿态，以自己的聪明才智，默默地劳动、工作和奉献，为察哈尔右翼后旗的经济、文化、社会等各项事业的发展，付出了心血，付出了汗水，功不可没。

五

中华人民共和国成立以来，察哈尔右翼后旗经过社会主义改造和社会主义建设，国民经济有了较大的进展。特别是1979年以后，在改革开放方针指导下，在加强农牧业生产的同时，大力发展乡镇企业，注重搞活流通，使全旗社会、经济有了很大发展，城乡面貌发生了巨大改变。2000年，全旗国内生产总值达到62 127万元，其中第一产业28 666.8万元、第二产业18 490.9万元、第三产业14 969.3万元。全

旗人均国内生产总值3 053元。

察哈尔右翼后旗国民经济以农牧业为主。农业生产由于受自然条件的限制，基础建设和抗灾能力薄弱，经营管理落后，每年都会不同程度地受到自然灾害的侵袭，农作物产量低而不稳。中共十一届三中全会以后，在建立健全社会化服务体系和开展科技兴农的政策引领下，大力进行农业基础建设。农业生产全面实行家庭承包责任制以后，通过实施"三亩田"(1亩水浇地、2亩旱作稳产田)建设和"进一退二还三"(人均建成1亩水浇地或2亩旱作稳产田，退出2亩坡梁地，还林、还草、还牧)政策，逐步改变了靠天吃饭、粗放经营的落后状态。2000年，全旗实有耕地面积88万亩，农作物总播种面积82.9万亩。

粮食作物主要有小麦、莜麦、马铃薯、玉米等，经济作物有胡麻、油菜籽、甜菜等，总产量分别达到1.09亿千克和249万千克。在调整种植业内部结构中，打破传统的"两麦一薯"(小麦、莜麦、马铃薯)格局，在全旗范围内规划了9个种植区。为养而种，以种促养的新型种植业已形成，种植结构稳定，马铃薯和玉米种植面积占总播种面积的比重达75%。特别是提出"土豆立旗"的战略思想后，开展了以红格尔图、白音察干、贲红、当郎忽洞为主的马铃薯良种繁育，商品薯、专用薯和红萝卜及保护地蔬菜基地建设。马铃薯成了全旗的大产业，播种面积年均30万亩左右，占总播种面积的36.2%，并在乌兰哈达建成乌兰察布市最大的马铃薯交易市场。"富奇"

马铃薯指针式喷灌图

牌马铃薯取得国家A级绿色食品标识并远销国外。同时，逐步实施了地膜覆盖、配方施肥、立体种植等旱作农业综合配套增产技术，农业总产值达到22 215.7万元（现行价格）。

到2000年，全旗拥有大、中、小型农用拖拉机2 204台、农用载重汽车65辆、农用排灌动力机具2 299台，农牧业机械总动力66 930千瓦，农牧业用电总量1 058.1万度。农牧业机械化发展，改善了农业生产条件，提高了农业综合生产能力和抗御自然灾害的能力，特别是对粮食的增产发挥了巨大的作用。

察哈尔右翼后旗草原总面积366.3万亩，其中可利用面积322.7万亩。畜牧业饲养有牛、马、骡、驴、羊等，以传统的散养为主。由于地处高原、气候干燥、雨量稀少以及过度开垦，草原逐年退化，靠天养畜的状况一直持续到20世纪90年代。之后，通过调整产业结构和生产布局，有计划、有步骤地发展适度规模经营，加强草原基础建设，开展商品畜牧业基地建设，大力推广适用生产技术，加快畜种改良步伐，有效地促进了畜牧业生产的稳步发展。尤其在改革开放以后，在民族区域自治政策的指引下，畜牧业经营体制和经营方式进行了重大

变革，大面积的退耕种草基本解决了畜牧业发展的草畜矛盾，畜牧业经营开始由单纯的数量型向质量效益型转变。

1954年，全旗大小畜总数288 474头（只）。2000年6月末，全旗大小畜总数达到724 508头（只），其中小牲畜656 189只，大牲畜68 319头，生猪达到116 117口。全旗牲畜改良率达到78.1%，传统优良品种有"内蒙古半细毛羊""新疆美利奴细毛羊"。1987年3月，察哈尔右翼后旗被国家批准为半细毛羊商品生产基地。畜牧业占第一产业增加值的比重达到56%，畜牧业的收入占农牧民人均收入的比重达到47%，牧业总产值19 993万元。2000年，奶牛饲养量达到1.03万头，寒羊饲养量达到21万只，配套建设奶站21处；出栏育肥羊31.2万只、牛1万头，以15座冷库为依托，出售牛羊肉3 000吨。不断加大畜产品加工企业的扶持力度，培育出泰发绒毛、环球皮毛等有较强带动力的畜牧业产业化企业。

1954年，察哈尔右翼后旗仅有防护林面积0.1万亩，零星树38 612株。二十世纪五六十年代，多次掀起群众性植树造林运动。20世纪70年代，大力开展农田林网建设。20世纪80年代，全面开展"三北"防

护林体系建设。20世纪90年代，启动实施国家生态环境建设重点旗工程建设。2000年以后，启动实施国家京津风沙源治理工程建设。截至2000年年底，全旗林业用地面积286.5万亩，其中，有林地面积7.3万亩、疏林地面积1.3万亩、灌木林地面积23.8万亩、未成林造林地面积31.8万亩、苗圃地面积0.2万亩、宜林地面积222.1万亩。木材总蓄积量241331立方米，森林覆盖率5.5%，林草覆盖率19.9%。"三北"防护林三期工程建设共完成造林面积119.9万亩。全旗共实施封山育林4.2万亩，累计完成退耕种树种草128.9万亩，绿化治理宜林荒山56.5万亩，共有"四旁"（宅旁、村旁、路旁、水旁）树967500株。全旗还有村办林场2个、联办林场31个、苗圃71个，总面积3.5万亩。1954年林业总产值仅1万元，2000年达到1749万元。以森林公安为主建立了旗级森林防护扑火队，各苏木（乡镇）均建立了5～100人的森林防火队伍。全旗有半专业的森林防火人员720人、防火护林员813人，形成多级防护网络。

察哈尔右翼后旗水域面积33平方千米，其中可养殖面积25平方千米，已利用养殖面积12平方千米。养殖水面透明度为24～72厘米，水域矿化度、总碱度较高。湖泊、河流等水域中，水生动、植物资源丰富，浮游植物69种、浮游动物27种、水生维管束植物14科21种，鱼类主要有鲫鱼、鲤鱼、鲢鱼、草鱼等15种。1958年12月，察哈尔右翼后旗白音察干公社白音淖放养鱼苗，始有养鱼业。到2000年，察哈尔右翼后旗水产品年产量达87吨，渔业总产值174.3万元。

中华人民共和国成立后，全旗人民围绕农牧业生产大兴水利工程建设。2000年，全旗建成机电井449眼，筒井2903眼，中、小型水库8座，总库容3257万立方米。修建人畜饮水工程105处，解决了4.8万人和6.7万头（只）牲畜饮水困难。建成防氟改水工程87处，受益人口3.2万人、牲畜1.9万头（只）。治理水土流失面积106平方千米。修建防洪堤坝24.9千米。全旗有效灌溉面积7.5万亩，保灌面积6.2万亩。已建成米家梁万亩草牧场、大九号万亩滩和石门口万亩灌区工程，在农牧业生产中发挥着重要的作用。

察哈尔右翼后旗工业是在手工业基础之上逐步发展起来的。1957年以后，逐步形成以采矿、冶金为主体的包括印刷、机械、食品、建材、电子、化工在内的多门类结构的国营工业体系。1989年，全旗工业总

中联水泥厂区一角

产值达 3 132.2 万元（1980 年不变价）。拥有石灰矿、砖瓦厂、水泥厂、轻质碳酸钙等 13 家国营工业企业，职工总数 1 372 人，工业总产值 1 101.5 万元。主要产品有砖瓦、水泥、大理石板材、水磨石板材。浮石砌块获区优新产品奖，轻质碳酸钙出口菲律宾等国。拥有机械加工制造、缝纫皮革、建材化工等 69 家集体所有制企业，职工总数 3 210 人，总产值 2 030.7 万元。主要产品有油毡、地毯、塑料制品、服装鞋帽等。元头锤、元钉、童装均被评为区优产品，并远销国内外。还有洗毛厂、油脂厂、皮革厂、砖厂等 3 217 家乡镇企业，从业人员 8 083 人，总产值 2 072 万元，1995 年，土牧尔台镇乡镇企业产值突破亿元，

被列为全国 500 个重点集镇之一。到 2000 年底，全旗 36 家国有工业企业和集体工业企业全部完成转制工作。全旗工业总产值 64 858.5 万元（按当年价格计算），其中国有工业产值 15 411.8 万元、集体企业产值 7 961.3 万元、城乡个体工业产值 22 562.5 万元、其他工业产值 18 922.9 万元。

　　察哈尔右翼后旗矿产资源丰富，20 世纪 50 年代始有开采业，主要开采矿种有石灰石、脉金、煤、钨。20 世纪 70 年代以后，以开采石灰石、大理石、长石、浮石、玄武岩、芒硝、萤石为主。

　　全旗所有重化工企业全部安装了环保设施，环境影响评价工作正式启动，对重化工企业环保设施实

19

施在线监督。对大六号石材、红格尔图石灰窑污染进行了治理，令两家小造纸厂依法关停。察哈尔右翼后旗电力建设从20世纪70年代末开始有了快速的发展。1961年，第一家地方国营发电所建立，到1978年网电接通前，一直以柴油发电为主，1961—1978年，累计发电1 531.2万千瓦时。还有发电企业12家，累计发电量1 963.9万千瓦时。1978年，网电接通后，柴油发电全部关闭。到2000年底，全旗拥有35千伏变电站2座，主变3台，容量6 950千伏安；35千伏输变电线路2条，全长63.3千米；10千伏配电线路1 085.4千米，配电变压器651台/28 638千伏安；380伏低压线路686.7千米；累计供电量31 763.4万千瓦时。全旗20个苏木（乡镇）、119个嘎查(村民委员会)全部通电。通电浩特（自然村）501个，通电率75.3%；通电总户数4.3万户，占83.5%。农牧区一户一表达到4.5万户，初步形成输变设施齐全的供电电网。

察哈尔右翼后旗交通十分便利。集二铁路由南向北纵贯全境，境内总长102千米，沿途设置火车站8个、乘降所2个；集通铁路在全旗境内集二线贲红站分轨，途经石门口乡和哈彦忽洞苏木，旗境线路全长27.548千米。两铁路线年均货运量153万吨，客运量达到56.1万人次。

国道208线大六号—土牧尔台段，全长95千米。省（区）道途经旗境的有3条，一条是0513线（集宁—多伦），全长30千米；一条是0515线（集宁—二连浩特），长120千米；另一条是0516线（集宁—固阳），全长70千米。旗县公路在境内有5条，境内长度为133.6千米。境内共有乡道18条，总里程222.052千米，在乌兰察布市率先实现了乡乡通油路。基本形成了一个四通八达、干支相连、人便于行、货畅其流的公路交通网络。2000年，全旗拥有各种机动车辆4 796辆，货运量101.1万吨，货物周转量4 799.8万吨/千米；客运量24.5万人，旅客周转量711.3万人/千米。

察哈尔右翼后旗邮电事业发展较快，业务量大幅度增长。先进的科学技术在通讯中得到推广和应用，通讯能力增强；努力发展和开拓新业务，通讯质量和邮电服务有了进一步提高和改善。通信线路从明线向电缆发展，架空逐步转入地下，长途通讯从实线发展到多路载波，电讯自动查询和邮政汇兑稽核微机处理等新技术得到了广泛应用。2000年，全旗设4个邮政支局、6个邮政代办所，邮路总长度1 605千米，其中农村投递邮路1 530千米。全年邮政业务总量达到164.7万元，共发行各类报纸81.7万张，批订销各种杂志2.8万份，邮政储蓄年末余额达到5 269.2万元。电信业务总量达到523万元。城镇电话用户5 447户，其中住宅电话4 925户；乡村电话用户3 603户，其中住宅电话3 048户，移动电话用户达到500多户。城乡安装公用电话101部、IC卡公用电话45部，计算机互联网用户97户。苏木（乡镇）通邮率和通话率达到100%，嘎查（村民委员会）通邮率达到100%、通话率73.1%。城乡电话普及率达到3.7部/百人，城镇电话普及率达到16.5部/百人，全部实现了国内国际直拨。

察哈尔右翼后旗的商业是于民国10年（1921年）平绥铁路修成以后兴盛起来的。由于牧场允垦、交通便利、垦荒耕田、经营商业者络绎不绝。老土牧尔台（今新建村）店铺林立，商贾往来频繁，有荣盛成、万义永、同庆祥、谦合成、广庆隆、广义恒、大德隆、大义昌、恒义德、黄合堂十大商号以及其他店铺作坊60余家。1956年，实现了对私营商业的社会主义改造，逐步建立起以国营商业为主的社会主义商品市场。在"发展经济，保障供给"方针指导下，国营、集体商业进一步繁荣，

初步形成了商、粮、供3个完整的商业体系。20世纪60年代初，因缺乏统筹兼顾，忽视集体、个体商业的辅助作用，国营商业由经营型向分配型转化，流通渠道单一，影响了商业的发展。

1979年以后，确立了多种流通渠道、多种经济成分、多种经营方式、开放式的商品流通体系，初步形成了以国营商业为主、个体商业为辅的社会主义商品市场。全旗个体组成的商业网点布局合理，商品供应丰富，市场繁荣，城乡贸易成交额逐年增长。1949年，全旗社会消费品总额为168万元；1965年上升到1 199万元；2000年超亿元，达到13 000万元，其中，批发零售贸易额7 810万元、餐饮营业额3 680万元。

全旗66户国有、集体流通企业全部完成产权制度的改革，实行了"民有民营"。对12处旧商业经营网点改造，建成商业用楼12幢，建筑面积1.32万平方米，资产增值530万元，增加营业面积7 700平方米，增加经营门店180个。全旗工商企业实行民营转制改革后，个体私营经济得到较快发展。1980年，全旗个体商业网点329户；1990年，增加到1 276户；到2000年，个体工商户达到6 845户，从业人员

20 013 人，年营业额 2.1 亿元，上缴税金 446 万元。

察哈尔右翼后旗出口产品主要有马铃薯、荞麦、亚麻饼、鲜蛋、地毯、肠衣、羊皮、羊绒、炒米等，远销日本、新加坡、马来西亚、美国等国家。1977—1990 年，对外贸易额 2 644.8 万元，创外汇 600 万美元。土特产品"富奇"牌脱毒马铃薯被评为国家 A 级绿色食品标识，为国家免检产品。全旗马铃薯种植面积稳定在 30 万亩，正常年份总产量 3.5 亿千克。建成千吨以上的马铃薯贮藏窖 26 座。"草原西冷"牌牛羊肉选用辉腾锡勒、杜尔伯特和苏尼特草原优良畜种，肉质鲜美、细嫩，是经国家工商总局注册登记的名优品牌。

中华人民共和国成立后，察哈尔右翼后旗财政收入逐年增加。1949 年，财政收入 9.8 万元；1959 年，财政收入 196.5 万元；1994 年，财政收入突破千万元，达到 1 197 万元；2000 年，全旗财政收入 4 479 万元，人均财政收入 213 元。51 年间，地方财政收入累计达到 31 137.1 万元。1949 年，财政支出 7.4 万元；1985 年，全旗财政支出增加到 1 430.9 万元；2000 年，全旗财政支出 8 424 万元。51 年间，地方财政支出累计达到 69 626.8 万元。

金融事业有了较大发展，形成了以人民银行为中心，工商银行、农业银行、建设银行、农业发展银行、信用社以及保险公司并存和分工协作的金融体系。1954 年，察哈尔右翼后旗金融机构现金收入 429.4 万元，支出 527.8 万元。2000 年，金融机构现金收入增加到 183 833.4 万元，其中储蓄存款收入 144 650.7 万元；支出 179 247.3 万元，其中工资支出 8 876.7 万元、储蓄存款支出 130 330.4 万元。1954 年，察哈尔右翼后旗金融机构存款余额 39.4 万元，贷款余额 157.2 万元；2000 年，金融机构存款余额增加到 29 110.7 万元，其中城乡储蓄存款余额 26 680 万元、贷款余额 25 657 万元。2000 年，财产保险种类 32 种，累计保费收入 1 808.1 万元，累计赔案金额 788.9 万元；人寿保险 41 种，累计保费收入 1 321 万元，累计赔案金额 161 万元。

六

中华人民共和国成立初期，旗内城镇建设落后。1955 年，新成立的察哈尔右翼后旗人民政府所在地土牧尔台镇（占地面积 2.6 平方千米），机关单位始有半砖木结构的房屋，其他公用设施一无所有。1971 年，旗革命委员会搬迁到白音察干镇（占地面积 3 平方千米），"马路不平、路灯不明、卫生不净"是当时的真实写照。中共十一届三中全会以后，投入到城镇建设的资金逐年增加。1981年，城镇居民吃上了自来水。1982年7月，察哈尔右翼后旗被内蒙古自治区政府确定为全区农村牧区城镇建设规划试点旗。1983年底，完成了17个"人民公社"、173个生产大队、669个自然村和白音察干镇的总体规划工作。2000年，白音察干镇区南北有白音路、农林路、文卫路3条干道，全长7 740米；东西有北地桥街、迎宾街、校园街、繁荣街、友谊街、文明街、团结街、南地桥街8条干道，全长4 920米。自来水管网总长度59千米，供水普及率89%。新建污水处理排放管道20千米，平均日流量1万立方米氧化塘1座，排水管道9千米。按照50年一遇洪水设计防洪渠3.7千米，布置了4条截洪沟，长1.9千米。城镇园林绿化和环卫事业也有很大发展，全旗从事环卫管理工作的人员35人、从事环卫清扫拉运的工人106人，环卫清运小四轮10辆、畜力拉运污水车10辆、自卸清运汽车4辆、装载机1台、吸粪汽车1台，配备专用垃圾箱20个和垃圾箱专用汽车1辆。全旗人均公共绿地5平方米，城区绿化覆盖率22%。20世纪90年代后，城镇干部职工集资兴建住宅楼，平房基本上停止建设。2000年以后，共建住宅楼、商业楼90多栋。以广场和旗党政大楼为起点，带动整个新区开发建设，规划面积为6平方千米，新区南北距离4千米、东西宽度2千米，中间为

白音察干镇夜景

簸箕山，呼满省际通道横贯东西、穿越新区。朝阳广场占地面积10万平方米，是一个集文化、娱乐、集会、休闲、健身为一体的公共场所。绿地与硬化所占的比重分别为60%和40%，投资额为799.6万元。广场南部为休闲活动区，有较高规格的老年门球场1处、体育器械健身场1处；广场北部为文化活动区，有2个演出平台；东西部为绿化生态区，配有大小雕塑48尊。巨型成吉思汗雕塑坐北朝南，位于广场北部中央。南北主轴线是广场景观的重点和中心。中央设有彩色音乐喷泉，中心雕塑代表着察哈尔右翼后旗各族人民腾飞向上的精神风貌，21根图腾柱代表着全旗人民迈向富裕、文明，奔小康的新气象。广场配置各类彩灯、照明灯80余盏。2000年，全旗固定资产投资总额11 747万元，其中基本建设投资6 726万元、更新改造投资4 500万元、城镇工矿区个人建房投资521万元。

全旗规模较大的旅游景点两处，宝格达乌拉生态旅游区和阿贵乌拉旅游区。宝格达乌拉生态旅游区位于白音察干镇西北11千米、208国道西侧2千米处，占地面积2.5万亩，规划草坪、花草区120万平方米，种植面积44万平方米，建汉白玉雕塑、木雕塑83尊。旅游区分生活区、别墅区、活动区、雕塑区和蒙古大营区。独特的火山群距离该景区2~5千米，是华北乃至全国有特色的火山群，现已列入内蒙古自治区级古地质遗迹文化保护区。

阿贵乌拉旅游区位于白音察干镇东3千米处，占地面积1.2万亩，被列入生态区。景区建成各式蒙古包24顶、仿古式房屋12间。旅游区景点是阿贵庙，建于康熙八年（1669年），是藏传佛教格鲁派最早在内蒙古地区所建的名刹之一。每年农历六月十五举办庙会，佛事活动非常隆重，远近牧民群众扶老携幼、驱车乘马蜂拥而来，热闹非凡。庙会从六月十六开始咏颂《雅日乃经》，直至八月初二结束。2000年，累计接待国内外游客40.7万人次，营业收入2 757万元。

七

随着经济建设的发展，全旗文化、教育、卫生、体育、科技事业也有了很大的发展。

察哈尔右翼后旗出现最早的文化事业机构是成立于1953年6月的文化馆，开展的文化活动主要有文艺宣传、文艺辅导、书报阅览、棋类比赛、业余剧团演出等。1956年，民族舞蹈《孤独的小马驹》获平地泉行政区业余歌舞比赛一等奖，剧照在《人民日报》上刊登；旗装卸

察哈尔文化会展中心

队工人崔金亮赴京参加全国群众业余文化汇报演出，获优秀表演奖；向内蒙古歌舞团选送了莫德格玛、拉西尼玛等5名蒙古族学员，其中莫德格玛成为全国著名蒙古族舞蹈表演艺术家。1956年以后，陆续成立电影队、广播站、乌兰牧骑、新华书店等文化事业机构。1964年，察哈尔右翼后旗蒙古族小学四年级学生老布生尼玛，在自治区少数民族群众业余观摩演出中，获"四胡独奏"奖；国画《千里归程一路春》获自治区优秀奖，年画《独生子女一枝花》《大红花》《同心协力》由内蒙古人民出版社出版并在全国发行。1974年，创办《春潮》文艺刊物，设小说、散文、诗歌、报告文学等栏目。1976年，报告文学《旭仁花》由内蒙古人民出版社出版。1979年6月，文化馆新大楼开馆，设置游艺厅、文化厅、阅览厅、影视厅，文化活动兴盛。1983年，组建起木偶剧组，先后为学校、幼儿园的孩子们演出19个少儿木偶剧，深受少年儿童和群众的欢迎。1984年2月，霞江河乡大九号村办起全旗第一家农民文化站；1989年，高茂村办起全旗第一家农民演唱队，芦家村成立起第一个业余创作组。之后，个体文化户很快在全旗农村、牧区兴起。到2000年，全旗共建立个体文化站21个。

1986年12月，建成855平方米的图书馆大楼，设有青少年阅览室、老干部阅览室、图书借阅室，藏图书4700余册，并创办《书讯》和《百科小知识》宣传手册，开展经常性的知识竞赛活动。1985年12月，白音察干第二小学荣获"全国红领巾读书读报竞赛"金质奖章。

2000 年以后，旗图书馆被自治区文化厅确定为首批国家资助建立的"文化信息资源共享工程"基层示范点。

成立于 1965 年的乌兰牧骑，常年活跃在农村、牧区，为广大农牧民演出，自编节目率达到 80%。1985 年，贲红乡文化站蒙古族农民孟克吉雅的好来宝《歌唱党的十三大》《莲花落》《山水风景》被内蒙古广播电台录制播放；白音察干乡逯家村青年农民任建保四兄弟，自筹资金办起全旗第一家农民乐队，为群众自费演出，深受人民群众的欢迎。石门口乡曹不罕村农民曹世明的 4 首二胡独奏曲被上海音乐出版社出版的《二胡专集》一书和内蒙古艺术学院音乐系选用。1995 年 3 月，乌兰牧骑蒙古族女演员陶高岱参加中央电视台在南宁举办的第二届中国民歌大赛决赛，参赛歌曲《草原上的雄鹰》荣获金奖。

1956 年 6 月，察哈尔右翼后旗电影放映队成立。到 1971 年，全旗各公社普遍成立放映队，成为城乡人民文化娱乐的主要形式。1979 年以后，随着改革开放的深入，特别是电视普及以后，电影事业逐渐萧条。1983 年 9 月 1 日，中央新闻纪录电影制片厂在察哈尔右翼后旗为东方歌舞团蒙古族舞蹈表演艺术家莫德格玛拍摄《草原的女儿》纪录片。1984 年 9 月，八号地乡薛家村出现全旗最早的个体放映户。1985 年 9 月，在乌兰哈达苏木拍摄以蒙古族婚嫁风俗为主题的《察哈尔婚礼》电视剧。1990 年底，全旗拥有电影队 18 个，影剧院 5 个，座位 7 560 个，每万人拥有座位 375 个，年放映电影 5 300 场（次）。1998 年，开展文化下乡活动，组织电影队深入农村、牧区放映电影。1999 年，贯彻全区电影工作"2131"工程，获全区"科普之春"电影汇映活动二等奖；还举办了"迎回归、庆千禧"电影周活动，观众达 2.5 万人次。

1987 年，成立察哈尔右翼后旗文物管理所。经对 20 个苏木（乡镇）、646 个浩特（自然村）普查，查明旗境文物遗址 141 处，征集文物 71 件，采集标本 1 589 件。早在民国 37 年（1948 年），旗境韩勿拉乡二兰虎沟首次发现一处大型鲜卑族文化遗址，出土文物 89 件。之后，又在八号地乡发现金元时期的古村落遗址和文物。1964 年 10 月，经内蒙古自治区人民委员会批准，韩勿拉公社克里孟古城遗址被列为自治区级（第一批）重点文物保护单位。分布在全旗各地的文物古迹还有察汗不浪元代古城遗址、韩元店古城遗址、三道湾古墓群、古长城遗址、石门口金代古村落、玻璃敖包遗址、八号地岩文岩画等。1999年4月20日，察哈尔右翼后旗人民政府首次把乌兰哈达三号和五号火山列为旗级火山地质遗址自然保护区。

民国时期，今察哈尔右翼后旗境内先后创办正红旗初级小学、私立蒙古族小学——"泛蒙塾"、土牧尔台私塾、陶林县立第18小学、县立女子小学。1949年，全旗有小学和教学点49所、教师66名、学生1 917名，城乡文盲率高达95%。1956年9月，始设中学。1965年7月，成立旗民族中学。1972年，始创高中。1982年9月，石门口公社三木匠村民办教师师汉斌，办起全旗第一所私立学校。全旗教育事业认真贯彻落实党的教育方针和民族政策，基本形成了比较完整的具有民族特色的教育体系。2000年年底，旗直幼儿园2所，在园人数220名；私立幼儿园近20所，在园人数近650名。全旗各小学、部分村民委员会学校和教学点附设学前班25个，在班人数806名。全旗有小学73所、教学点162个，在校学生13 140名。旗民族小学已成为初具现代化规模的全盟唯一一所示范性民族小学。全旗普通中学7所（包括1所完全高中和1所民族中学），在校初中生4 525人。职业教育、成人教育和函授教育进一步发展，仅1985—1987

年，察哈尔右翼后旗从内蒙古师范大学附设函授大学毕业本科函授学员123名。全旗共有教职工1 928人，其中小学、幼儿园教师1 050人，普通中学、职业中学及其他学校教师875人。1994年，被自治区人民政府授予"普及实验教学旗"称号，进入全区15个普及旗县行列。1998年10月15日，经自治区检查组评估验收，察哈尔右翼后旗跨入国家普及初等义务教育合格旗行列，小学入学率达到99.9%，辍学率控制在0.07%，毕业率达到99.8%。教师队伍素质明显提高，全旗962名小学专业教师（包括民办教师）学历合格率达到97.03%。1963—1997年，全旗有853人考入全国各地大中专院校（不计算外地考生）。教育经费投入逐年增加。1949年支出2.1万元；1958年上升到36.6万元，占财政总支出的6.6%；1973年，教育经费支出突破百万元，达到102.1万元；2000年，教育经费增加到1 114万元，占财政总支出的13%。全旗教育事业认真贯彻"教育与生产劳动相结合"的方针，各学校积极开展勤工俭学活动，并形成了传统。2000年年底，全旗勤工俭学纯收入80万元。教育基础设施建设得到进一步加强，办学条件明显改善。1988年，全旗457所学校实现了"一

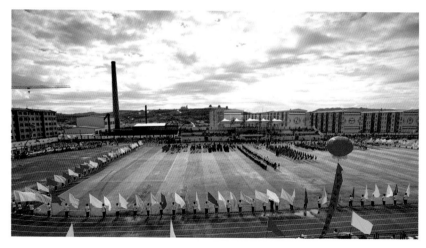

第四届乌兰察布市中学生运动会

无两有"（无危房，有教室、有桌凳），占全旗总校舍的91.8%；城镇中小学开始"两库一室"（仪器库、文体器材库，阅览室）建设。1996年，全旗"排危改造"（排除危房，改造土房）投入800万元，校舍砖瓦化达到82.4%，彻底消灭了危房。1997年后，全旗教育事业得到了全国各地的大力支持，先后捐资建起10所"希望小学"。20世纪90年代初，电化教学也逐步在各校开展。1999年，全盟实施"电脑工程"，察哈尔右翼后旗城镇中小学都建起微机室，开设计算机课，乡级中心校及部分教研组也都配备了计算机。1998—2000年，国家贫困地区义务教育工程共投入1 135万元用于改善办学条件，主要项目有校舍建设，师资培训，购置图书、仪器设备、学生桌凳等；累计向贫困地区发放

助学金20.2万元，使864名失学和面临失学的儿童得到救助。全旗"两基"达标工作，经自治区人民政府评估验收为合格旗。

1951年，绥东中心旗人民政府在区、乡办起农(牧)民夜校、识字班，开展识字扫盲工作。1987年，全旗13～40周岁的总人数为104 746人，其中文盲、半文盲19 048人，占总人数的18.2%。经检查验收脱盲17 745人，脱盲率达93.2%。1988年，经内蒙古自治区人民政府批准，察哈尔右翼后旗为基本扫除青壮年文盲旗。

中华人民共和国成立后，察哈尔右翼后旗学校体育、职工体育、老年人体育、群众性体育、娱乐性体育事业都有了发展。1956年7月，成立察哈尔右翼后旗体育运动协会。1973年5月，成立察哈尔右翼后旗

体育运动委员会。1984年，成立察哈尔右翼后旗老年人体育协会。1989年，成立察哈尔右翼后旗业余体育运动学校，设有田径、篮球、足球、乒乓球、摔跤、射击等专业。全旗9所中小学共组织男女篮球队14个、运动员160人，男女田径队12个、运动员84人，足球队6个、运动员90人，摔跤队1个、运动员10人，射击队1个、运动员6人，并开始有计划地训练。1994年，全旗《中学生体育合格标准》施行面达93％以上，《国家体育锻炼标准》施行面达87.2%，中小学生体育锻炼标准及格率达68.9%。1966—2000年，共举办了15届全旗中小学生田径运动会。

群众性体育除传统的足球、篮球、排球、羽毛球、乒乓球、田径运动外，还增加了健身操、健身舞、中国象棋等体育运动项目。各单位有组织地开展全民健身活动。每年举办1~2次全旗性的比赛。1998年，当郎忽洞苏木、贲红乡被评为自治区"体育先进乡"。1999年，红格尔图乡被国家体育总局评为"体育先进乡"。全旗不定期举办那达慕大会，各苏木每年农历五月中旬都举行传统的祭敖包活动，开展赛马、摔跤、射箭等蒙古族传统项目的比赛活动。20世纪90年代后，老年人

体育活动逐渐活跃，自发形成体育活动队，每天清晨参加跑步、跳绳、健身操、健身舞、交谊舞、健身气功、太极拳和舞剑等体育活动的人数在1 000人以上。

1987年7月，建成标准看台灯光球场，场地面积7 200平方米，建筑面积3 600平方米，其中，标准球场3 000平方米，13层看台，可容纳7 000余人。全旗机关、学校、厂矿、苏木（乡镇）共有体育运动场35个、篮球场75个、门球场3个。体育人口达4.5万人，占总人口的21.7%。有二级裁判员8名、三级裁判员45名。在自治区体育比赛中，有运动员曾荣获女子100米跨栏第二名、女子柔道第三名和乒乓球混合双打第三名的好成绩。

中华人民共和国成立前，旗境医药卫生事业十分落后，天花、霍乱、伤寒、鼠疫、性病等传染性疾病时有发生，城乡各地虽也有几十家药店、诊所，但医疗设备简陋，医疗技术水平低下。广大劳动人民群众无力就医购药，人口的平均寿命只有40岁左右。中华人民共和国成立后，察哈尔右翼后旗卫生事业有了较快的发展，历史上缺医少药、疾病流行的状况彻底改变。1961年，危害牧区人民身体健康的性病基本消除。2000年，全旗共有旗医院、

蒙医院、乡卫生院和个体诊所49处，其中21个卫生院中有15个达到了"一无四配套"（无危房，房屋、人员、设备、管理配套）的标准要求；设病床206张，卫生事业人员441人，其中卫生技术人员367人。全旗预防保健工作成绩显著，建立有卫生防疫站和妇幼保健所，以苏木（乡镇）为单位的计划免疫工作顺利通过国家验收，完成了强化免疫和增强免疫。0~4岁儿童碘缺乏患病率控制到了3%以下，传染病发病率大大降低，婴儿死亡率降到3.3%以下，孕妇死亡率降到0.6%。1998年，旗医院和妇幼保健所通过自治区专家组"爱婴医院"考核验收。1999年，旗医院通过上等级验收，达到二等乙级医院标准。全旗19所苏木（乡镇）卫生院恢复了集体管理功能，村民委员会卫生室覆盖率达到100%。计划生育工作成效显著。1992年，全旗人口出生率1.37‰，人口死亡率1.49‰，人口自然增长率-0.12‰，首次出现人口负增长；2000年，全旗晚婚率44.8%，节育率94.3%，计划生育率98.4%，人口出生率10.02‰，人口死亡率5.98‰，人口自然增长率4.04‰，报领独生子女的夫妇达1 056对。

察哈尔右翼后旗科学技术从无到有，取得了显著的成果。1955—2000年，全旗科技成果获国家专利技术1项，国家科技成果奖1项，自治区科技成果二等奖3项、三等奖5项、四等奖2项，技术革新成果奖2项，全盟科技成果二等奖3项、三等奖3项。1981—2000年，全旗青少年科技小发明、小制作获区级奖1项、盟级奖8项、旗级奖33项。马铃薯良种繁育体系建设取得重大进展，先后建成组织培养车间260平方米、温室2亩、网室200亩、原种田2 700亩，形成年产种薯5 000万千克的生产能力，成为北方地区较大的马铃薯脱毒种薯生产基地和马铃薯科技示范区。

全旗深入持久地开展科普宣传和科技教育活动。利用报刊、广播电台、电视台等开办"科普园地""科普宣传周"栏目。大力开展"科普兴农传播行动""科技宣传日""科技夏令营"和科技、文化、卫生"三下乡"活动。先后组织科普展览、科普报告会、科普讲座以及新技术、新成果展示和科普挂图展牌展示，散发科普（技）资料10万多份（册）、科技录像带500多盘，展出各种科普挂图、图书2 000余册（套），播放科技影片1 000余场（次），观众达10余万人次。累计培训农牧民120万人次，培训科技人员21 000人次，举办各种培训班11 000多期。

有3个乡被自治区科学技术委员会、科学技术协会授予"科技示范、科普示范和科普文明乡"荣誉称号。旗人民政府组织验收并确定科技（普）示范嘎查、村民委员会62个，科技示范自然村253个，科技示范户2 780户。根据"城乡一体化"的方针，全旗各苏木（乡镇）全部建立起农业技术服务站、畜牧兽医服务站和林草服务站，初步形成旗、乡、村三级科普网络。

全旗拥有各类专业技术人员1 498人，其中高级37人、中级549人、初级912人。农牧民技术人员337人，其中中级6人、助理技师51人、技术员280人。全旗本科学历248人、专科学历842人、中专学历878人，分别占总数的12.2%、41.3%、43%。全旗技术人员中有5名获乌兰察布市"跨世纪中青年科技带头人"称号、68名获乌兰察布市"跨世纪中青年科技工作者"称号。1949年，党和政府的方针政策主要靠旗人民政府收音站抄收编印《广播快报》转发基层宣传。1956年6月，成立察哈尔右翼后旗广播站。到1979年，全旗19个"人民公社"全部建立放大站，100%的大队和92%的生产队通了广播，入户喇叭25 100只，入户率52.7%，广播专线总长1 278千米。1958年，

旗广播站自办节目开始转送，每周二、周五播出蒙古语自办节目，一直到1997年停播。

1979年3月30日，白音察干镇建起第一座电子管电视差转台，塔高27米，发射功率30瓦，覆盖半径7～8千米；同年10月15日，首次转播内蒙古电视台节目。1983年，在白音察干镇架设一座49米高的铁塔，发射功率扩大到50瓦，覆盖半径增加到15千米。1986年6月，在白音察干镇南簸箕山建起第一座电视转播台，卫星接收天线直径为6.2米，发射功率50瓦。经卫星接收，直接转播中央电视台一套节目。1987年3月，相继开设《察哈尔右翼后旗新闻》《在党旗下》《民族团结》和《科技专栏》等自办电视节目。1994年9月，白音察干镇和土牧尔台镇先后建起有线电视台。同时，在6个苏木（乡镇）建起有线电视站，转播中央和省市12套电视节目。1999年，全旗实施广播电视"村村通"工程，先后有46个嘎查（村民委员会）建立了无线电视转播台，居住在偏僻山区、牧区的较分散的农牧户，则普遍安装家用卫星地面接收设施，有效地提高全旗电视覆盖率。2000年，白音察干镇能同时收看23套有线电视节目，开辟有《察哈尔右翼后旗新闻》《经济与信息》《歌

曲欣赏》等自办栏目，还设立互动点播台、点歌热线电话，随时点播，全天播出。全旗有线电视用户达到万余户，电视覆盖率93%，广播覆盖率95%。

1959年1月1日，中共察哈尔右翼后旗委员会机关报——《察哈尔右翼后旗报》（汉文版）正式创刊。1959年7月1日停刊，共编发37期。1994年7月1日，重新创刊。1998年1月9日，中共中央宣传部副部长刘云山为《察哈尔右翼后旗报》题写报头。《察哈尔右翼后旗报》全年出52期，每期发行1 800份。2000年底，共发行289期。1980年1月，《察哈尔右翼后旗科技报》正式创刊。1987年停刊，共发行16期60 000余份。1975年1月，察哈尔右翼后旗文化馆主办文学艺术期刊《春潮》，不定期出版，每期印数100册，每册20 000字。1988年停刊，共发行104期。2000年后，察哈尔右翼后旗文学艺术界联合会主办并编辑出版《百花》杂志，在全旗范围内发行。

八

中华人民共和国成立后，旗人民政府对全旗烈属、病故军人家属、军属、残废军人等优抚对象和无依无靠、无劳动能力、无生活来源及困难的社救对象，每年都要发放优

抚救济款。2000年，全旗优待抚恤对象487名，优待抚恤事业费累计支出342.6万元。农村牧区困难户、"五保"户、落实政策"三民"定期定量补助1 745人，社会救济费累计支出737万元；自然灾害救济费累计支出1 316.4万元。1998年7月，察哈尔右翼后旗实施城镇贫困居民最低生活保障制度。2000年，城镇低保对象426人，支付保障金42.2万元。"人民公社"时期，在农村牧区实行"五保"（保吃、保穿、保烧、保医、保葬）制度。2000年，全旗建起敬老院11所，收养"五保"对象204人。为每个敬老院增添了电冰箱和文化娱乐器具，极大地改善了集中供养"五保"户老人的生活条件。

2000年年底，全旗申报养老保险登记企业52家，参保职工3 094人，参保离退休遗属1 616人，参保个体劳动者497人。完成养老保险基金征缴311万元，征缴率为97.2%；收回企业一次性移交养老金137.7万元，收回企业两年拖欠养老金54万元；将48家转制企业的1 107名离退休人员接收到社会保障局实行社会化发放养老金。实现分流安置下岗职工976人，确保714人签订协议进社保中心。为下岗职工基本生活费的足额发放代缴三项保险费

用，为未领取生活费的488名下岗职工代缴养老、失业、医疗保险费，共收缴失业保险金52.45万元，城镇登记失业率控制在3.7％以内。就业安置604人，再就业培训588人，再就业率达60.8％，有序劳务输出464人。全旗下岗职工5 108名，安置和分流3 542名，占下岗职工总数的69.3％。2000年以后，全旗实行城镇职工基本医疗保险制度，136个机关事业单位参加医疗保险，6 896名职工纳入统筹，全旗已初步形成城乡社会保障制度。

扶贫工作取得了一定的成果。1984年5月，察哈尔右翼后旗被国家列为经济不发达地区，每年下拨发展资金120万元，用于贫困地区发展经济。1985年，被定为多灾贫困旗，下达扶贫周转金200万元。1986年，被列为区内重点贫困旗，全旗贫困户16 478户，占农村牧区总户数的35.5％。1988年，被列为国家牧区贫困旗，全旗少数民族贫困户833户，占少数民族总户数的55.5％。1989年，全旗下达扶贫资金451.6万元，扶持贫困户3 229户，占应扶持户的42.5％；解决温饱666户，占应扶持户的20.6％。1996年以后，自治区17个直属机关派遣干部1 563名，进驻察哈尔右翼后旗实施对口包扶。到2000年，投入

资金总额1 072万元，区直机关个人捐资26.2万元，实施各类扶贫项目122个，并全部通过自治区验收。1998年7月，察哈尔右翼后旗被自治区确定为移民扶贫开发试点旗，1 853户7 114人通过异地搬迁实现脱贫。1999年2月，察哈尔右翼后旗世界银行贷款扶贫项目先导工程启动，共投入资金476万元。8个苏木（乡镇）的28个嘎查（村民委员会）的1 495户实施先导工程，受益人口达5 980人。1997年，北京市朝阳区与察哈尔右翼后旗建立了对口帮扶关系，察哈尔右翼后旗先后争取到上千万元的扶贫资金和物资，推进了全旗扶贫工作的总体进程。1998年以后，全旗累计解决温饱1.7万户6.8万人，被自治区党委、政府授予"基本解决温饱问题先进旗县"称号。

多年来，察哈尔右翼后旗人民生活得到了显著改善。特别是中共十一届三中全会召开后，全旗人民的物质生活不断改善，精神文化生活日益丰富。农村牧区实现联产承包责任制以后，人民生活水平更有明显提高，正在由"温饱型"向"小康型"转变。

1980年，农民人均纯收入11元，牧民人均纯收入94元。1996年，农牧民人均纯收入首次突破千元，农

民人均纯收入达到 1 121.1 元，牧民人均纯收入达到 1 331.1 元。2000 年，农民人均纯收入 1 830.8 元，牧民人均纯收入 2 077 元；农民人均总支出 1 580.9 元，牧民人均总支出 2 308.2 元；住房面积农民户均 46 平方米，牧民户均 42 平方米；农村牧区平均每百户拥有自行车的数量为农民 93 辆、牧民 89 辆；每百户拥有摩托车的数量为农民 6 辆、牧民 22 辆；每百户拥有黑白电视机的数量为农民 74 台、牧民 56 台，每百户拥有彩色电视机的数量为农民 14 台、牧民 33 台；每百户拥有电冰箱的数量为农民 3 台、牧民 22 台。城镇居民人均可支配收入达到 4 258.1 元，消费支出 3 426.7。人均住房面积达到 16.66 平方米。城乡居民储蓄存款余额 1 215 万元。

九

察哈尔右翼后旗各项事业的建设成就、经验和教训证明，只有在中国共产党的领导下，坚持走社会主义道路，坚决地贯彻执行党的民族区域自治政策，坚定不移地维护各民族的团结，才能使一个工业基础薄弱、经济落后的少数民族地区的各项事业不断繁荣和进步；只有结合当地的实际，一切从实际出发，坚持改革开放，察哈尔右翼后旗才得以用 20 年的建设速度超过前 30 年的规模和速度飞跃发展。这一时期，察哈尔右翼后旗走过了 50 多年的光辉而艰巨的历程，为今后的发展创造了优越的条件。

2001—2010 年

一

2003 年，察哈尔右翼后旗进行了苏木（乡镇）改革。全旗苏木（乡镇）由原来的 20 个 [（1984—1997 年 21 个苏木（乡镇），1997—2000 年 20 个苏木（乡镇）] 调整为 14 个（5 个苏木、4 个乡、5 个镇），另有 19 个村民委员会（嘎查）、671 个自然村（浩特）、13 个居民委员会，总人口 20.74 万人，平均每平方千米 53 人。

2006 年，苏木（乡镇）进一步改革。全旗苏木（乡镇）由原来的 14 个调整为 7 个（2 个苏木、1 个乡、4 个镇），还有 117 个村民委员会（嘎查）、663 个自然村（浩特）、14 个居民委员会，总人口 21.17 万人。

2010 年，全旗辖 2 个苏木、1 个乡、4 个镇，87 个村民委员会（嘎查），659 个自然村（浩特），14 个居民委员会，总人口 222 174 人（其中非农业人口 40 602 人、农业人口 181 572 人），平均每平方千米 57 人。有蒙古族 14 043 人，汉族 207 809 人，其他少数民族 322 人。

二

2001—2010 年，察哈尔右翼后旗经济社会出现了前所未有的强劲发展势头，城乡面貌发生了较大改变。2010 年，全旗国内生产总值达 49.427 亿元，比 2000 年的 6.213 亿元增长 735.6%，财政收入 2.63 亿元，比 2000 年的 4 479 万元增长 587%，三产业比重为 11.6∶56.8∶31.6。城镇居民人均可支配收入达 14 000 元，比 2000 年的 4 258.1 元增长 328.78%；农牧民人均纯收入 4 630.63 元，比 2000 年的 1 860.59 元增长 248.8%。

跨入 21 世纪后，全旗进一步调整种植结构，大力发展生态农业、设施农业、蔬菜基地，马铃薯、玉米成了大产业。马铃薯播种面积年均 40 万亩左右，占总播面积的 54.8%；玉米播种面积年均 10 万亩左右，占总播面积的 13.7%；蔬菜种植面积 3 万亩，占总播面积的 4%。农民以市场为导向，马铃薯、蔬菜种植逐步形成区域化发展态势。

2010 年，全旗拥有大、中、小型农用拖拉机 4 361 台，低速载货汽车保有量 513 辆，农牧业机械总动力 13.55 万千瓦。农牧业机械化的发展，改善了农牧业生产条件，提高了农业综合生产能力。

全旗草原总面积为 2 433 平方千米，其中可利用面积 2 400 平方千米。主要饲养牲畜有羊、牛、马、猪等。2010 年末，家畜总头数达 1 332 338 头（只），其中大畜 27 669 头（匹），小畜 1 000 998 只，生猪 303 671 口。家禽以养鸡为主，年销量在百万只以上。

全旗建成机电井 425 眼，建成人畜饮水工程 199 处，解决了

农牧业产业化示范园区

11.938 万人和 16.016 万头（只）牲畜的饮水困难。治理水土流失面积 627.1 平方千米，修建防洪堤坝 23 千米。全旗有效灌溉面积 1 231 公顷。

2001 年后，继续启动生态环境建设，沙源治理、退耕还林（草）工程。2010 年，林地面积 220 584.4 公顷，森林覆盖率达 24.81%。全旗有国有林场 1 个、国营苗圃 2 个、私营苗圃 10 个。

三

2001 年后，充分利用旗域和资源优势，围绕具有地区特色的电石化工、建材、农畜产品加工、新能源，广泛开展招商引资。一大批外来独资、合资企业纷纷落户。2010 年，全旗规模以上工业企业达 51 家，

察哈尔广场

完成增加值 77.39 亿元，工业企业实现税收 18 921 万元，占全旗税收 72%。具有当地特色的四大产业不断发展壮大。

2010 年，全旗个体工商户达 2 442 户，从业人员 4 652 人，私营企业发展到 486 户，从业人员 12 000 人。全旗商业网点 1 888 个，从业人员 2.5 万人，商业零售额 2.3 亿元。取得外

贸出口自营权的企业有 17 家，累计完成出口创汇近 480 万美元。

2001 年后，全旗交通事业实现跨越式发展。2010 年末，全旗公路通车总里程达 1 083.366 千米，其中高速公路 32.39 千米。

同时，实施城镇道路拓宽改造工程，修建环城路 7 千米。2010 年，白音察干镇区形成"5 纵 15 横"网

式道路，总长度34千米。

全旗初步形成了民族风情、历史古迹、特色文化、火山草原相互促进、融合发展的旅游态势。2010年，累计接待国内外游客82.9万人（次），旅游收入6261万元。

四

全旗加快科学技术事业发展，全面实施科技兴旗和可持续发展战略。至2010年，全旗科技人员获市级以上科研成果奖4项，推广农业先进适用技术8项，专利申请1项、得到授权1项，培育示范苏木（乡镇）7个、示范村7个、示范户300户，拥有各类专职科技人员431人，基本形成了旗、乡科技服务网络。

全旗学校布局趋于合理，办学条件明显改善，师资水平和教学质量稳步提高。2003年，全旗实现了"两基"（基本普及九年义务教育、基本扫除青壮年文盲）达标。2010年，全旗有中小学13所，旗幼儿园、民族幼儿园、民办幼儿园共32所，青少年学生校外活动中心1所，教师进修学校1所。幼儿园入学人数3490人，在校小学生8454人，在校初中生4611人，在校高中生1324人；教职工1406人，其中专任教师1226人。

全旗有文化馆、图书馆、新华书店、文物管理所等文化设施。苏木（乡镇）设文化站。白音察干镇有人民影剧院、察哈尔广场、马头琴广场、青少年爱国主义教育基地等大型文化娱乐场所。至2010年，全旗广播覆盖率98%，电视覆盖率98%。

2010年，全旗拥有医院、卫生院、个体诊所153个；拥有病床165张，卫生技术人员579人；拥有妇幼保健所1个，技术人员39人；拥有疾病预防控制中心1个，技术人员38人。2007年1月，全面启动新型农村合作医疗制度。至2010年，全旗农牧区人口参合率93.5%。

全旗通过多年实行计划生育，人口出生率由2001年的6.2‰下降到2010年的4‰，人口自然增长率由2001年的3.2‰下降到2010年的-5‰，实现了人口再生产由高出生、高增长到低出生、低增长，进而进入稳定低生育水平的历史时期。

2001年后，全旗体育健身事业持续发展。青少年和中老年体育健身项目和活动不断丰富。旗内还成立了老年人体育协会、农牧民体育协会等组织，群众性体育健身活动方兴未艾。

2011—2015年

2012年，全旗苏木（乡镇）进一步改革，将贲红镇调整为贲红镇和大六号镇，辖8个苏木（乡镇）

蒙维科技有限公司

（2个苏木、1个乡、5个镇）、72个行政村、15个嘎查、595个自然村、82个浩特。总户数86 010户，总人口217 919人（城镇人口37 794人、农牧业人口180 125人，男性110 930人、女性106 989人，汉族204 025人、蒙古族13 358人），常住人口150 174人（常住农牧业人口118 341人，常住非农业人口31 833人）。有蒙古、汉、回、满、壮、苗、彝、朝鲜等少数民族。2015年，全旗苏木（乡镇）保持2012年行政区划。

这一时期，正是"十二五"时期，全旗各族干部群众，面对经济下行压力持续加大的严峻形势，锐意改革，奋力拼搏，推动各项事业迈上了新台阶。

旗域综合实力稳健提升。地区生产总值年均增长10.5%，2015年达到81.6亿元；规模以上工业增加值年均增长14.6%，居乌兰察布市前列；一般公共预算收入年均增长20.6%；城乡居民人均可支配收入分别达到23 692元和8 972元。综合经济实力在区市的排名进一步前移，连续两年在乌兰察布市综合实绩考核中被评为实绩突出旗县。

经济转型升级全力加快。新型工业化进程明显加快。五年累计开工建设重大工业项目50多项，淘汰落后产能近30万吨。依托蒙维、白雁湖、港原、中联、大唐国际、蒙多利等骨干企业，形成了化工、建材、农畜产品加工、清洁能源等优势产业集群。高标准规划建设了建材化工和土牧尔台农畜产品加工两个市级重点园区，建材化工园区跻身全区"百亿园区"行列。工业对财政的贡献率达80%以上。

现代服务业加快了发展。贲红物流园区进入自治区服务业"十二五"规划，实施了祥泓汽贸物流园、北方商贸城、草原明珠酒店等重点项目。编制了全旗旅游业总体规划，成立了电商协会。乌兰哈达火山群申报为自治区级火山地质公园，引进了总投资10亿元的火山草原旅游开发项目。7个嘎查村被列为国家"美丽乡村旅游扶贫重点村"。

城乡一体化进程明显加快。宜居城镇建设取得新成效。编制了旗域村镇体系规划、中心城区控制性详规和城市设计、建制镇总体规划。拆迁改造旧城区22.4万平方米，实施了镇东新区净水厂等重大项目。中心城区环路框架基本形成，供热、给排水等地下管网和园林景观、夜景亮化等地上设施进一步完善。中心城区建成区面积拓展到12.5平方千米，人口达到6.2万人，城镇化率提高到47%。正式启动"五城一先进"创建工作。土牧尔台、红格尔图、贲红三镇被列为全区重点小集镇。

社会民生事业大力发展。广大人民群众得到了更多的实惠。每年的民生支出占一般预算支出的60%以上。城乡居民充分就业，建设1个孵化园和4个创业园。5项社会保险待遇逐年提高，建立了重大疾病二次报销和"一站式"救助机制。建成保障性住房3 886套，完成棚户区改造5 570户、农村牧区危房改造1.58万户，建设互助幸福院3 820户。"三个一"民生工程全面落实，"精准扶贫"、生态移民工程扎实推进。创建食品安全示范街1条、示范店20家。察哈尔右翼后旗荣获全国科技进步先进旗，被列为自治区级可持续发展实验区。中心医院被列为全国县级公立医院改革试点。苏木(乡镇)、社区、村级卫生院(室)实现全覆盖。察哈尔右翼后旗荣获全国民族团结进步模范集体和全区民族团结进步示范单位，并连续四年获得"全区双拥模范旗"称号。

火山草原

HUASHUONEIMENGGUchahaeryouyihouqi

火 山 草 原

HUOSHANCAOYUAN

这里有内蒙古高原南缘最年轻的火山群,是火山家族中的"奇葩"。在这片草原上,有大自然的奇特景观,也有人工建造的绿色生态,还有美丽的传说和民间故事。

壮美景点

火山神韵,一道撒落在内蒙古察哈尔右翼后旗大地上的亮丽风景。

察哈尔右翼后旗是察哈尔文化的发祥地之一,其历史悠久,曾是古代匈奴、契丹、蒙古族等诸多少数民族活动的舞台。后来,唯有察哈尔蒙古族至今仍在这里聚居,几百年来创造了辉煌而灿烂的察哈尔草原文明。

大草原

察哈尔火山草原辽阔、秀丽、独特,四季分明。夏秋之际,气候宜人,芳草绚丽。毡包似白莲盛开,牛羊似珍珠泻地。古老神奇的火山、风景秀丽的堰塞湖、神秘莫测的千年古榆及古岩文岩画、香火缭绕的阿贵庙、碧波荡漾的石门口水库、巧夺天工的杭宁达莱、白音乌拉生态园、察哈尔广场……犹如一颗颗璀璨的明珠镶嵌在察哈尔火山草原

上。传统的祭敖包、那达慕、赶庙会、察哈尔婚礼等活动以及洁白的哈达、醇香的奶酒,独具民族风味的烤全羊、烤羊腿、手把肉等集中体现了察哈尔蒙古民族民俗风情。现在的察哈尔右翼后旗已发展为民族文化与现代文化相互交融、人文景观和自然景观相融一体的新型塞外火山草原胜地。

而今,坐落在草原上、火山边的牧区浩特有的成了"牧家乐"新村。牧民们用自养的羊、自做的肉、自熬的茶、自做的饭、自唱的歌,热情地接待着每一位远方来的客人。

在这里,人们可以骑蒙古马、乘勒勒车观赏火山草原独特的生态美景,领略一望无际的大草原,那种高远宽广会使人心胸顿时豁然开朗;参加祭敖包活动,体会"敖包相会"的异域情调;看室内壁画去追忆一代天骄成吉思汗的成长历程,

乌兰哈达火山锥

领略蒙古民族历史；骑蒙古战马回味金戈铁马的疆场；住艾力毡房享受塞外避暑山庄的情调；点晚会篝火，尽显察哈尔蒙古族姑娘、小伙子们能歌善舞的魅力……

古榆树

察哈尔千年古榆位于乌兰哈达苏木，树高约12米，树冠近3 600平方米，直径约2米，树上有9根大枝条，5人手拉手才能围住，堪称"榆树之王"。经专家考证，古榆树树龄在800~1 200年，这在蒙古高原上极其罕见。现在，古榆树已成为森业保护、民俗文化的"一宝"。中国著名的研究古树的专家李雨和、地质学家白志达认为，这棵古榆至少有千年的树龄，"可以认为是蒙古高原第一树"。它是研究蒙古高原气候演化的活化石。

古榆树高大挺拔、深沉老态，不亚于黄山上的"迎客松"。它的树冠蓬勃生长，像一柄撑起的太阳伞，华盖遮天。远远望去，"神树"上牧民们祈福的哈达随风飘扬，颇为壮观。而关于古榆树，还有着

千年古榆树

乌兰哈达火山群下的白雁湖

许多神秘而美丽的远古传说。

在这里，可以敬献哈达、祭拜神榆、祈求好运；可以置身古榆下，或试着拥抱古榆，感受古榆的魁梧挺拔，或抬头仰望古榆那枝繁叶茂、横逸竖斜、杂芜而立的枝条，由衷地感叹古榆生命的顽强，从中感悟人生的奥秘……

火山群

每个地区都有一个标志性的地方。我们这里最具代表性的就是察哈尔火山草原。据说，数万年前，这里发生了惊天动地的火山喷发，沸腾的熔浆像河流一样奔涌；数千年前，远古先民在这里繁衍生息，创造了丰富多彩的古代文化；数百年来，蒙古民族游牧文明的精髓，

在这里得以保存。荡气回肠的英雄史诗，在这片草原上流传。这就是察哈尔火山地质公园，一个草原深处的天然火山"博物馆"。

察哈尔火山群是蒙古高原南缘发现的唯一全新世有喷发的火山群。它位于内蒙古察哈尔右翼后旗乌兰哈达苏木一带，波及面400平方千米（其中火山群坐落面积约280平方千米）。这里的火山都是由玄武质火山碎屑物和熔岩流组成。火山总体呈北东向线状展布。据《中国国家地理》（2015年12期）介绍，火山群活动分为晚更新世（距今12万年）和全新世（距今1.17万年）两期。

这里是展现近代地壳深部信

息的重要窗口，具有很高的科学价值和科普旅游价值。这里的火山结构要素的完整和保存的完好国内少见，是研究火山资源、环境及灾害的直接参照。这里现已被列为自治区级火山地质遗迹自然保护区，并已向国家申请建设察哈尔火山地质公园。

其中一处火山由于火山渣被开采，整个锥体被切开，剖面宏伟壮观，火山锥体结构一目了然。这是国内火山区无法相比的。

在这里，从三座"炼丹炉"流淌而出的规模宏大的岩熔流，顺地势由西北向东南流淌，前缘抵达白音淖尔一带，其间发育形成了一系

杨孝摄影

列的堰塞湖、"挤压脊""张裂谷"和"塌陷谷"，熔岩展布约200平方千米。有些像洪水漫流呈扇状散开；有些如海浪汹涌起伏，形成了壮观的"石浪""石河""石湖""石海"；有些翻花石像栩栩如生的动物，形态逼真，憨态可亲。

察哈尔火山群拥有丰富的地热能源、火山温泉、火山熔洞、火山稀有矿藏等以及国内外罕见的火山地貌景观和奇特的火山堰塞湖风光。

火山群中有9座火山锥，它们分布在一条弧线上，形同月牙，故有"月牙山"之称。当地的人们把它们称作"圣山"。

来到这里，或可深入天然火山

火山景观

火山冬貌

"博物馆"学习火山知识，进行科学考察；或可潜入火山盆底探究火山喷发奥秘；或可登临而上捡几块形态各异的岩浆石当作工艺品细细揣摩；或可漫步在火山群中遐想火

山喷发时的壮观场面……再深深吸上一口清新的空气，相信大自然的杰作定会让那些久居城中的人们顿时心旷神怡。

雄伟的火山锥、壮观的岩熔流、

火山堰塞湖

美丽的堰塞湖、一望无际的大草原，配上阳光、蓝天、白云、绿草、清湖、牧羊，更展现出了和谐之美。尤其是在夕阳的照耀下，火山群倒映在湖面上，骏马、牛羊、水禽自由自在地吃草、觅食、戏耍，呈现出一幅秀丽动人的画面，给人们留下无尽的遐想。

天鹅湖

火山群周边有众多湖泊，这些湖泊大都是火山群喷发的火山熔岩流堵截河谷（河床）后贮水而形成的火山堰塞湖。火山群与堰塞湖就好比一对孪生兄弟，遥相呼应，点缀在察哈尔草原上。这里较大的湖泊有天鹅湖、白雁湖、莫石盖湖等。特别有趣的是，若从空中俯瞰，其中有7个天然湖泊呈"北斗七星"状，加之察哈尔右翼后旗地处我国正北方，

又更增添了神秘色彩。而天鹅湖正是这"北斗七星"状湖泊布局中最耀眼璀璨的那颗星。

美丽的天鹅湖面积8.1平方千米。湖的四周有大片的草原湿地，是多种鸟类生息、繁衍和觅食的地方。而湿地之外，又是连绵起伏的火山草原，景色分明，风光宜人。

这里的湿地水草丰美，生物种群繁多。每年在候鸟迁徙之季，成群的天鹅、灰鹤、丹顶鹤、野鸭、鸳鸯、苍鹰、大雁等会在这里停留。

天鹅湖

有一年，一位摄影爱好者恰巧拍到了一只大天鹅拖着一只受了伤的天鹅在蓝天飞翔，而这一摄影作品被人们称为"蓝天大爱"。现在天鹅湖已成为乌兰察布市级自然保护区，正在申请自治区草原湿地生态保护区。

每年春、秋两季是天鹅湖观鸟的最佳季节，借助望远设备，一眼便可望到多达几十种上千只鸟。它

们一对对、一群群，时而漂然水上，优哉游哉，时而群集蓝天，上下飞旋。在水草兼杂的浅水区，还可以看到这些水鸟们或双双对对，或三五成群，啄食嬉戏。这一切构成了一幅动静结合、优雅壮美的"蓝天碧水百鸟图"。再细看，清澈的湖面上，大天鹅"白毛浮绿水，曲项向天歌"；鸿雁飞来掠去，令人眼花缭乱；无数的鸭类，如水上奇葩，一群群击

火山雪景

水弄波。人们也可泛舟湖面或登高远眺湖面，只见碧波万顷，水波荡漾，苇浪翻滚，秀色迷人。

察哈尔广场

察哈尔广场位于白音察干镇，富有浓郁的察哈尔蒙古族特色。整个广场配建有蒙古族军事、劳动、生活用品（弓箭、马鞍、摔跤服、蒙古火锅等）景观雕塑47处。南北主轴线是广场所有景观的中心，中央设有彩色的音乐喷泉，中心雕塑是苏勒德成吉思汗统率的蒙古军队的战旗、蒙古民族的守护神，是战无不胜的象征。21根雕有蒙古族日常放牧、生活图景的图腾柱代表着全旗人民迈向和谐、富裕、文明、幸福的新气象。北部出口建有威风凛凛的坐在战车上的成吉思汗雕塑一座，两旁配有身披铁青盔甲、手执钢矛快刀的8名骑兵，他们跨黑

察哈尔广场

骏马，整装待发。广场这些富有标志性的建筑物体现了浓郁的察哈尔蒙古族风情。

红红火火的群众性广场文体活动，丰富了人们的精神文化生活。每年5月到9月，时逢周末，广场上都会上演"消夏文艺晚会"，节目异彩纷呈，或轻松愉快欢乐无比，或雄浑激昂令人振奋，深受人们的喜欢。

如今，每天广场上都有锻炼的队伍，老年群众还组织了自己的秧歌队、健身舞队。广场上男女老少，或欢歌劲舞，或嬉笑游戏，或散步漫谈……其乐融融，尽情享受着快乐幸福的美好生活。

广场文化活动也成了人们一道不可或缺的"文化大餐"。

杭宁达莱生态园

杭宁达莱生态园在白音察干镇正南方，站在生态园制高点眺望，白音察干镇的秀丽全景尽收眼底。神奇雄伟的火山群、碧波荡漾的白雁湖、日新月异的白音察干新区建设、工业园区一座座高耸的厂房、移民新村一排排整齐有序的房屋、塑料大棚共同构成了一幅美妙的山水画，让人惊叹不已、流连忘返。

生态园规划建设有察哈尔文

杭宁达莱生态园

化景区、纪念塔展览区、文化艺术区、植物园观赏区、人造景观游览区……结合地貌条件，利用防洪渠，通过筑堤拦截蓄水，修建了39.1亩人工湖。

现在看来，一个以环山路、红格尔图战役纪念碑、文物展览馆、马蹬广场、生态园人工湖、马头琴广场、文化艺术展览中心以及与中国关心下一代工作委员会教育发展中心合作的"爱国主义教育基地"为重点的生态园基本形成。一处集生态、游园、文化、休闲、纪念、教育于一体的活动场所，再现了人文、自然、和谐、发展的风貌。

阿贵庙

阿贵庙始建于清康熙八年（1669年），以后经过250多年的陆续修建，形成了气势宏伟的建筑群落。因坐落在阿贵山上，故俗称"阿贵庙"。清康熙皇帝敕名"善福寺"。整体群落坐北朝南，依山傍水，鳞次栉比；山上山下错落有致，远远望去，金碧辉煌，气势宏伟。

鼎盛时期，庙里有喇嘛200多人，香火旺盛，远近闻名。由于它与五台山石坊堂寺为一宗，为其分支，故有"朝拜阿贵庙三次等于朝拜五台山一次"之说。因此，这里成为几百年来周围数百里牧民朝拜的圣地。

阿贵庙

阿贵庙山下有一处常年流水的"圣泉"，曾有着"察哈尔第一泉"之称。相传这股泉水取之不尽、用之不竭，同时可供千匹马饮水。泉水中含有对人体有益的矿物质，相传可治皮肤病、风湿病、眼病。

阿贵庙有许多风格不同的景点，如蟒洞、"疗病石"、观音殿、敖包等，均可供人们观赏。2006年，阿贵庙被国家旅游局确定为AA级景区。

石门口水库

石门口水库是一座以防洪灌溉为主，兼顾旅游、渔业等多种经营、综合利用的中型水库。库容1 469万立方米，水面3 000多亩，平均深度11米。常年放养鲤、鲫、草、花白鲢等淡水鱼。

石门口水库

2007年建成的石门口水库度假村，开展有游湖观光、赏鸟、湖边垂钓、游泳、登山观景等风情活动。

不远处的石门口脑包图山，由于成功实施小流域综合治理而闻名，2006年，国家八部委在这个地方召开了现场会。这里的山，近看陡峭、粗糙，典型的北方特点；远看很漂亮，漫山遍野的小美旱杨、柠条、沙棘、山杏和草木樨、沙打旺等树草，一眼望去，五颜六色，层林尽染。人们深深地呼吸着带有淡淡草木香的原野气息，在行走中慢慢地品味着无尽的美景。

白音乌拉生态园

白音乌拉生态园占地103万平方米，主要建有"两湖一山"城镇人文景观。"两湖"是东湖（12万平方米）和西湖（4万平方米），它们是在原来城镇湖泊湿地基础上修建的。"一山"是白音乌拉山，山上实施了"绿化、硬化、美化、景观"四大工程和配套的城中村改造项目。

这个生态园绿化占总面积的54%，其中50%以上种植着松柏等常青树种，同时根据地形特点间种了灌木、草坪，形成了树种多样、高低错落、四季分明、各有特色的8个景观园。

白音乌拉生态园一角

生态园的主雕塑以腾飞的八骏马造型为主，四周建有景观长廊、凉亭……山的南、北两侧建有滴水带景观台阶。湖的外围建有30米宽的滨湖景观带。整个生态园路网四通八达，人流可便捷通行。山、水、林环抱其间，路、园、村贯穿其中，是居民们休闲娱乐、晨练晚练的好去处。

当人们步入察哈尔右翼后旗以白音察干镇为起点的这一风景线后，一定会从内心发出"好啊！多美！"的赞叹。

盛夏的察哈尔火山草原，是人们看草原、观火山、避暑热的绝好胜地。只要踏上这块大地，一座座高插云天的风机塔，一片地绿花开的大草原，便会一下子把人们带到了一个蓝天、白云、辽阔、无边、清晰、明媚交织绘制的"大美自然园"，大家的心与身也便一下子拥有了无尽的愉悦和轻松！

是啊！在我们这里，人们只要踏上草原上的火山、湖泊、水库、庙宇、广场、生态园、风机场……一定会在脑海里浮现出一道自然与人工巧作的亮丽风景，一定会从心灵的深处发出由衷的赞叹！

是啊！这就是所谓的"美丽始源于生态文明，文化盛源于古代遗迹，名城融源于文化产业，人气旺源于旅游发达"。

是的！是这里！这就是火山草原，就是我们亮丽的内蒙古乌兰察布市察哈尔右翼后旗！

美丽传说

有一片草原，在察哈尔右翼后旗；有一份感动，在察哈尔右翼后旗；有一种思考，在察哈尔右翼后旗。当您进入这里，远望就会看到火山群、千年榆、天鹅湖、阿贵庙……仿佛望见了宁静，望见了自然——刹那间，来到了察哈尔右翼后旗。那充满诗意的察哈尔草原，留给您的不仅是无限风光，而且还有许多美丽的传说。这传说是……

九仙女与火山群

察哈尔火山群中有9座火山锥，它们分布在一条弧线上，形同月牙，故有"月牙山"的称谓。火山草原流传着这样一个传奇故事。传说在很久以前，天公委托九天玄女下界创造人类和自然界。他让九个女儿各自完成自己的特定使命，要让下界有人类、飞禽、走兽、花草、树木、风、雷、雨、电等，要让这些自然景观循序发展、和谐生存。天公叮嘱女儿们："你们完成任务后，留下记号，我要派天神去验收。"

九天玄女奉命下界，开始完成各自的使命。大姐从地面上捡起泥土和上水，捏成两个泥人，吹一口

火山脚下的天鹅湖

仙气变成了女人和男人。二姐飞到高处，从怀中掏出用纸剪成的各种鸟儿，吹一口仙气变成了各种飞禽。三姐挥动了一下手中的手帕，将地面上形状各异的石头变成了各种走兽。四姐不慌不忙从怀中拿出各种花的种子，往空中一撒，遍地长出了各种各样的花草。五姐从怀中掏出一枝树枝来，往地上一插，用手一指，大地上到处长出树来。六姐拿出芭蕉扇，狠狠扇了几下，一阵阵凉风扑面而来，从此下界有了风。七姐想起丈夫还在天河另一边，情不自禁哭了起来，泪水变成倾盆大雨。八姐急了，大喊一声："躲雨！"这声音变成惊天动地的雷声。九妹情急之下，取出发钗向上划了一下，一道电光划破了天空。大雨停了，就在她们作法的不远处，有了波光闪闪的多面湖水。

"姐妹们，洗澡去！"大姐一声喊，众姐妹好像听到命令一般，飞向湖面……飞回天宫的时刻到了。大姐说："妹妹们，咱们留下记号吧！"九妹妹说："咱们留下九个山头，让人间永远不会忘记我们。"大姐从湖水中飞出，往东北方一指："就在那儿，叫阿尔斯楞宝格德山。"二姐仿效大姐做了自己的记号，叫敖楞宝格德，其他姐妹们依次做着，九妹做的记号叫巴仁定格德，就是

现在常格尔营祭祀的敖包。据说，现在的9座月牙火山就是当年九仙女的化身。当地蒙古族老乡把它们称作宝格德敖包（蒙古语，"圣山"的意思），每年按时进行祭祀。《敖包相会》的民歌由此产生。现在的天鹅湖、白雁湖、莫石盖湖就是她们曾经洗澡的地方。

五号火山锥叫敦达都希（蒙古语，中砧子山）。三号火山叫吉贡都希（蒙古语，东砧子山）。顶有凹形火山口的锥形孤立山峰，是典型的火山锥之一。相传有一圣人利用都希专为察哈尔人打造铁器用具，用的时间长了，都希的中部下凹，成了现在的样子。

雄鹰与活佛

相传清康熙年间青海省斯尔胡克庙的老活佛夜得奇梦：东方千里之处一座高山上佛光四起，诵经声如雷。老活佛醒来后自己思谋，"此地是召我去也。我年高体弱、无能为力，何不挑选一个心腹弟子替代我去，一来了却我的心事，二来扶持手下弟子成佛，一举两得"。主意已定，活佛复睡不提。

第二天早晨，老活佛召来喇嘛桑杰扎木苏（桑杰扎木苏与师傅在南海宝达楞念《千手佛经》6年之久），指着一块1.5尺高、1尺宽、1寸厚的石头（上面精雕细刻着千手千眼

佛像），对他说："你背上这块石头去东方传教去吧！什么时候走不动了，你就在那里建庙传教，只要心诚，你的愿望一定会实现。"

按照老活佛的旨意，桑杰扎木苏喇嘛简单地准备了一下，背起石条与众师兄、师弟告别，踏上了漫漫建庙传教的征途。一路上风餐露宿，顶风冒雨，不知走了多少个春秋。一天，他走着走着，到了现在察哈尔右翼后旗境内的华山，突然感到身上的石条像有千斤重，压得他汗流浃背，气喘吁吁，两腿一软，便坐了下来。刚一坐下，一阵风刮来，吹落了他的黄法冠。这时一只老鹰飞来，衔起黄法冠，向东飞去。他浑身一惊，顿时来了精神，背起石头向老鹰飞的方向追去。老鹰飞呀飞，喇嘛追呀追，飞到十几里远的阿贵山上，老鹰将帽子扔了下来。此时，喇嘛觉得一身轻松，大步而去。当他爬上落帽的阿贵山顶，拾起黄法冠，极目四望，犹入仙境。山南脚下，弯弯曲曲，溪水长流，清澈如镜，半山坡处，几棵老榆树从石缝中生出，挺拔直立。满山花草郁郁葱葱，清香四溢。山的东、北、西南是一望无际的大草原，远处蓝蓝的天上飘着白云……桑杰扎木苏喇嘛若有所悟：佛意在此建庙。于是他搬了许多石头，在向阳背风处临时垒起一个小石屋住了下来，供奉千手佛像，坐法诵经。

一天中午，他正在小石屋念经，忽然风沙大作，出屋一看，只见离他不远的山洞处一条巨蟒张着血红的大嘴，摇头晃脑地摆动，将半山坡的一个骑马牧民渐渐吸了过去。骑马的人虽然挣扎不前，但也无济于事，逐渐向大蟒的方向移去。在这危急之际，喇嘛一边念经，一边将手中的佛珠弹了过去，将巨蟒吸人的气流打断，大蟒转身缩回洞中，骑马人得救了。喇嘛扶起骑马的牧民，牧民向喇嘛叩头致谢救命大恩，并介绍自己是当地力大超群的摔跤手若登。为了报恩，若登从山下背到山上4块房子大小的青石板，给喇嘛建了一座像样的石屋，让喇嘛躲风避雨，这就是阿贵洞。当时桑杰扎木苏喇嘛就住在这里坐法诵经。石洞内供奉着他背来的石刻千手千眼佛像，还有刻着六字真言的靠石。由于救了若登，桑杰扎木苏喇嘛名声远扬，信教牧民也多了起来。若登带头施舍钱物，草原上的牧民也纷纷赶着牛车上山来施舍。喇嘛筹集了巨额资金，再加上清王朝从国库拨下的让蒙旗建庙的银两，阿贵庙开始建设。由于庙建在高山之顶，建筑所用的青砖据说是羊驮上去的。

石人与古榆

胡勒斯太营子北面有座石人山，山上有块像人蹲在那里的大石头，栩栩如生，故得名"昆朝鲁特"（蒙古语，意为石人）。传说，古榆和石人还有一段情缘故事。

远在唐朝中期，蒙古高原上群雄鼎立，部落纷争。当时有个部落那颜（首领），身边只有一个儿子叫马盖。那颜为了能使自己的儿子继承事业，对马盖管教甚严，每天按时按量让他习练骑射和劈杀。有一次那颜要出征，让马盖戎装随队出发。这次打败了一个小部落，俘获了不少兵民和牧畜。其中有一家三口人，有一个年轻美貌的姑娘叫胡勒斯。马盖见到胡勒斯如同久别重逢一般，爱上了她，他不把胡勒斯当奴隶看。这件事传到了那颜的耳朵里，他大为恼火。他把马盖叫到大帐训斥："胡勒斯那孩子一家是咱们在战斗中俘获的人，在咱们这里就是奴隶。奴隶就是一辈子，不，是祖祖辈辈都不得升迁的人。你身为那颜后代，是将来的继承人，你同奴隶好起来，这成何体统？怎么能作那颜的继承人？你永远不能同胡斯勒在一起，否则，我会采取严厉的办法让你们分开！"

那颜采取了果断的措施，以部落首领的名义命令胡勒斯的父亲把胡勒斯嫁到别的部落。胡勒斯的父亲当然是唯命是从，暗中张罗起了胡勒斯的婚事。突然有一天从外地来了迎亲马队到了胡勒斯家，人们才知道是来娶胡勒斯的。而胡勒斯也才如梦初醒，哭得昏死过去。当她醒来时，口里一个劲地喊马盖的名字，她知道，事到如今，只有马盖才能救她。而马盖对此事全然不知，而且已经被他父亲安置到杭爱淖尔守护牧场，实际上是为了避开胡勒斯的婚礼。

胡勒斯被婚礼上的人们强行扶上马，踏上出嫁之路。当送亲马队走到水井旁，胡勒斯纵身跳入井中，自寻了短见。有人将胡勒斯被逼婚，跳入井中死去的事告诉了马盖。马盖急忙跑去井边寻找胡勒斯，可她已经消失得无影无踪。马盖伤心地哭起来，"她是为我死去的，我连爱自己的女子也拯救不了，活在这世界上还有什么用？"他惜惜懂懂地爬上了一座高山，这时的他已筋疲力尽，坐在山顶上慢慢失去了知觉。后来人们发现马盖爬上的那座山顶有了人一样的大石头，有人说是马盖变的。后人把这棵树所在的村子叫成胡勒斯太营子，把石人山后的村子叫成马盖图营子，以此纪念马盖和胡勒斯之间忠贞不渝的爱情。这棵树同石人遥遥相望已经几千年了，至今还是如此。

是啊！走进察哈尔右翼后旗，走进蓝天白云下的草原，一听到蒙古族音乐、歌声，一见到羊群、马儿，我们就忍不住自己的泪，真的不知道为什么。我们想，这可能是现代都市人的困惑吧。其实，每个人都是大自然的孩子，他们在灵魂深处都渴望着与大地母亲、与大自然亲近，这"亲近"，是一份天然、一份温润、一份奋进……

民间故事
驹鬃马

20世纪30年代，察哈尔正黄旗总管达密凌苏龙饲养了一匹奇马。此马到了成年，马鬃仍然同马驹子的马鬃一样，软绵绵得犹如棉花团。达总管叫它驹鬃马。该马奔跑速度特快，深受达总管的喜爱，成为他的上乘坐骑。

驹鬃马的毛色是赤兔色；察哈尔正黄旗说书人项牧胡儿琴曾赞美说："前胸宽，屁股圆，两只耳朵如竹签。鼻子粗，眼睛亮，四腿秀健身架长。"蒙古族民间传说中的八骏马中就有这种毛色的马。

民国23年（1934年）5月，德穆楚克栋鲁普在张北县策划成立察哈尔盟政府，特地邀请达密凌苏龙参加成立大会，并让达总管出任副盟长之职。达总管对伪职根本不屑一顾，出于同德王的私下交情，他还是决定去一趟张北。达总管到了张北县，把四名随从安顿在城外的一家客栈里，让他们管理好马匹，做好应急准备。

大会举行到一半，达总管听到一个意外的消息，伪兴安省的凌陞总管被日本侵略军谋害，这是主

锡勒高甸草原马群

持会议的日本军官透露的，并且带有威胁的意图。达总管是深谙世故的人，他感觉出日本人没安好心，三十六计走为上。他夜半跑回城外的客栈，骑上驹鬃马，率领四名随从，星夜离开张北，沿着台道飞速踏上回程。他们如同逃跑一样，一鼓作气赶到四台营子，天还没有亮，一个随从的马累了，达总管让他住在四台营子，等马歇过来再回。他们继续策马奔跑，到奎树台，又有两名随从的马累了，达总管让他俩在奎树台歇息。他领着唯一的随从继续赶路。驹鬃马这时已经跑了二百多里，身上还没有汗水。当俩人赶到商都城近郊，那唯一的随从也落下了，达总管头也不回地继续赶路。当晚掌灯时分，他平安地回到了公馆。后来听说，会议结束的第二天，日本间谍就谋杀了牛羊群总管尼冠洲，达密凌苏龙凭着驹鬃马的飞快速度，躲过了一场劫难。

民国26年（1937年）10月，驻守在阿贵庙上的达密凌苏龙部三连连长布·茹普沁给达总管送来急信，说他的部下宋代扎布率领四名战士逃跑了。达总管一听非常生气，他是行伍出身，最恨临阵脱逃的人。他把东大营的吉木格扎木色连长叫来吩咐："你骑上我的驹鬃马带上全连，把宋代扎布一行五人逮回来，

捉不回来休得见我。"吉连长接受任务怎敢怠慢，急忙派人从马群里把驹鬃马套回来，骑上了他早已垂涎三尺的骏马，率领队伍赶到阿贵庙。他同布连长商量好追赶的路线，分头出发了。

再说宋代扎布一行五人从阿贵庙营盘逃跑出去后，一心向往着当一名抗日战士。当他们跑到镶蓝旗境内就放慢了脚步。到了岱海滩，他们住进一户农家，四处打听纪松龄所带的蒙旗保安总队。因为纪松龄曾经担任过达密凌苏龙所带部队的参谋长，他们互相都认识。没想到，吉连长和布连长跟踪追赶他们，没用两天时间就把他们所住的村庄团团包围，并将他们一个不漏地活捉了。

吉连长让部下把宋代扎布、嘎拉登、图木尔布郎、加木住、江西若五人捆绑起来，踏上归程。傍晚，大队人马在一个小山村里暂息。哨兵每人拉一匹马遛腿，其他人吃饭休息。宋代扎布被带进一户农家，这家农户开着窗户，盘着顺山土炕，屋檐很低。他坐在炕上一眼瞅见驹鬃马也在遛腿，顿生逃跑念头。

他要求看管他的士兵给松松绑，那个士兵也没说什么，心想量你也跑不出我们的手心，就给他松了绑。说时迟，那时快，只见他一个箭步

蒙古骑兵

跃出窗户，从遛马人的手中抢过驹騌马，一撇腿就飞上马背，两腿一夹，驹騌马如同离弦的箭一般，冲出山村。"宋代扎布跑了！"人们喊成一团，吉、布连长急忙率领大队人马追赶。开始，他们还能隐隐约约看见人马踪影，后来只能看见驹騌马的蹄铁碰撞山石迸溅出的火星，再后来就什么也看不见了。吉、布连长商量，"不要追了，咱们骑着的这些马匹，越追落下的距离越远，再追也没什么意义了"。

据后人讲，宋代扎布逃出去后，终于追上了纪松龄率领的抗日队伍——蒙旗保安总队，当时这个部队的番号改称国民革命军第三混成旅。宋代扎布担任了排长，成为一名光荣的抗日战士，驹騌马也成了一名抗日"卫士"，在大小上百次战斗中与主人形影不离，立下了汗马功劳。

山丹其其格

从前，在阿贵乌拉山腰住着一户牧民，家里三口人，儿子在边关当兵，老阿妈和媳妇山丹其其格一块儿生活。她的家里有一峰大白驼，一百余只羊、十几头牛，日子过得还算不错。

每天清晨，山丹其其格把挤满奶桶的鲜牛奶先舀一勺盛入银碗内，捧给老阿妈。老人家走到蒙古包东北面的小梁上，用小汤勺把牛奶先向天空扬一勺，再向地面扬一勺，然后向脑包山扬一勺，嘴里还念念有词，祈祷上苍大地诸神，保佑她的儿子平安归来，希望儿媳早生贵

子，保佑她一家人安康幸福。

旧时，做婆婆的对媳妇管教严厉，老阿妈对山丹其其格也一样，就连山丹其其格的饭量也要受到限制。追其缘由，是在山丹其其格的婚礼上，送亲的胡达摔了老阿妈的一个酒杯，而老阿妈却把受辱之仇记到媳妇身上。那时候，阿贵山近处没有水，吃水要到察汗脑包用车拉。

一天，山丹其其格拉着水车走到半路，遇到一位云游僧人，说是口渴，把山丹其其格的一车水喝了个精光，山丹其其格只好返回再拉。这个僧人连续三天，天天这样麻烦她，山丹其其格没一句怨言，总是满足僧人的要求。第四天，僧人又在半路上截住她，赠送给她一枚敖其尔（金刚石），这是山樱桃大的佛家法器，小巧玲珑，银光闪闪。

僧人对她说："念你对老弱病人的怜悯之心，特地赠送给你。你把它放在水缸底部，再也不用拉水了。"

山丹其其格按照僧人的吩咐把敖其尔放好，果然灵验，水缸里的水舀一瓢涨一瓢，永远也舀不完。春天，阿贵山上各种野花盛开，各种鸟儿在树枝上鸣叫，山丹其其格盼来了一年一度的探亲日子。她骑上大白驼，辞别婆母，踏上了探亲的征途。

山丹其其格回娘家的第二天，

大白驼突然咆哮起来，在驼桩上烦躁不安地又踢又吼。山丹其其格急忙告别母亲："阿妈，我要回去了，大白驼有预感，家里一定出了什么事。阿妈要保重身体啊！"说完，山丹其其格骑上骆驼，飞也似的赶回婆家。

走到半道，山丹其其格远远望见大水从阿贵山奔腾而下。原来老阿妈心疑媳妇搞了什么魔法不用拉水，就把水缸里的水一瓢一瓢地往外泼，但是，水缸里的水仍然原封不动。一怒之下，她把水缸推翻在地，顷刻间，缸底露出个大洞口，大水从里面喷出来，一霎间洪水弥漫，把老阿妈卷入了洪流中。

山丹其其格眼看洪水要给下游人家造成灾难，也来不及跳下驼身，就让大白驼卧在大水洞口上，堵住了水源。一会儿，山丹其其格同大白驼都变成了石峰。据说，后来阿贵庙的吃水井就是那次事件后留下的泉眼，阿贵山上盛开的山丹丹花，就是山丹其其格留给后人的纪念。从庙门到圣水井的半路上有一座石峰，那就是山丹其其格和她的大白驼变的。

红嘴燕子

阿贵庙山区每天下午五时后，就会出现成千上万只红嘴燕子。它们不停地叫着"仙手仙眼，仙手仙眼……"这里有一段美丽的传说。

阿贵庙的原名叫"善福寺"，阿贵庙是俗名。善福寺是内蒙古地区较早修建的寺院，大寺的第一世活佛是藏传佛教格鲁派的高僧——堪布喇嘛。这个寺院主祭的神佛是千手千眼佛。在佛教的典记中，千手千眼佛就是阿里雅布拉，是观世音菩萨的化身。堪布喇嘛留下遗愿："我寺供捧阿里雅布拉，是宗师托付我的意愿。此地人剽悍，要教化他们行善积福，要让他们学习阿里雅布拉的精神，要让他们有一颗金子般慈悲为怀的心。"堪布喇嘛向人们说起千手千眼佛的来历。

传说人世间的一代皇上得了一种怪病，他的眼睛模糊，两手麻木。御前大夫们没有一点儿办法。一日，

皇宫中来了一位西方僧人，眉清目秀，长手大耳。皇上一见便知来人非凡，按上等贵宾款待。僧人对皇上说："皇上以礼相待，尊崇我佛，我深受感动。对您的病我有一方，可以根治，但是，药引子必须用您亲生女儿的手和眼睛，不知皇上意下如何？"

贪婪的皇帝为了根治自己的病，当然顾不得女儿死活。他先向大女儿要眼睛和手，大女儿说："父皇老了，眼睛和手有无并不重要。我还年轻，失去了眼睛和手，往后的漫长岁月怎么过呀？"皇上被大女儿回绝了，只好向二女儿乞求。二女儿说："眼睛和手是女儿的生命，你这是要我的命，我可不干。"三女儿天生丽质、聪明贤惠，她孝顺

阿贵乌拉山

父母，对父母唯命是从，听说大姐和二姐拒绝了父皇的要求，心里十分难过。

三女儿心想，父皇是一国之主，眼睛和手对他来说比女儿更重要，做女儿的理应先顾父母的需要。既然老人家提出了要求，做女儿的就没有回绝的理由，她深为自己的姐姐们不孝顺父皇而难过。三女儿决心用自己的实际行动报答父皇的养育之恩。她走到父皇面前说："我情愿把眼睛和手献给您，希望您为天下百姓多做好事。"皇上深为三女儿的孝心感动，父女俩抱头痛哭一场。

西方僧人用三女儿的眼和手做药引子，果然治好了皇上的病。看着三女儿失去眼和手的痛苦状况，皇上履行了他的诺言，真诚地为老百姓做好事。佛祖知道了这件催人泪下的故事，深为三女儿的孝心所感动，委托灵山上的燕子传达佛意："让三女儿长上仙手仙眼。"不料山燕子传达佛意时把"仙手仙眼"说成"千手千眼"，结果让三女儿长出一千只手，每只手上长出一只眼睛。

三女儿成了千手千眼的人，当然无法嫁人了。佛祖怜爱她的遭遇，赞赏她的善心孝忠，封她为观世音的化身，受世人的供奉。同时，佛祖命

令善童用朱砂洗了山燕子的嘴，避免它再犯错误，并且让它到阿贵山练习发音。这就是红嘴燕子的来历。

崖梅的胡子

相传北元年代，阿贵乌拉山区有个哈登艾拉蒙古营子。那里住着一位叫崖梅的老头儿。老人家膝下无儿女，孤身一人过着清贫的生活。

有一天，崖梅老人放牧归来，正准备烧火做饭，牧羊犬"汪汪"叫唤个不停。他走出蒙古包一看，门前站着一位陌生人，年龄大约40岁，黄白小脸，说着不太流利的蒙古话，口语中还带有南方人的声调。崖梅老人把来客让进包里，靠火堪子（火炉）的西边落座。

寒暄一阵子后，来人说，"我叫陈探宝，家住南沿州，来草地6年了，发现前面的山峰里藏有宝贝，而这宝贝只有我才能取出，也只能靠你帮忙。咱们来个君子协定，事成之后，利益对半分成。老人家今后的日子就好过了，您会成为草地上的百万富翁，您说说看，能不能同我合作？"

崖梅老人也听说过南蛮子跑草地取宝的故事传说，眼下有其人要同他合作，心中不免有点嘀咕，一时回答不出所以然来。

陈探宝停顿一会儿又说："咱们这趟合作，您老人家不需要付出

任何代价。我只要您颌下的三根胡子就成了。"陈探宝看看崖梅老人没有反对的意思，又说："您合算一下，您并没有失去什么，而得到的是成千上万的财宝，这个账您是算得过来的。"

崖梅老人摸了摸颌下的三根胡子，心想："这三根胡子跟了我多少年，没有给我任何好处，有它无它对我确实无关紧要，也许这一次它要发挥作用了。"他寻思了一番后，答应了陈探宝的要求。

第二天，崖梅老人同陈探宝来到阿贵乌拉主峰前，俩人爬到顶峰的半腰，那儿是齐茬茬的花岗石崖。陈探宝告诉崖梅老人："我用您的胡子把山门打开，您跟我走进去，我做什么您就学着我做什么，千万不要说话，如果说话山门就关闭了，那样的话，你我不但取不到宝贝，甚至会被关在山洞里，永远也出不去了。"崖梅老人说："没关系，我就学着你，肯定不说一句话。"

正如陈探宝所说，用崖梅老人颌下长在一颗黑痣上的三根胡子，朝山峰石崖直指三下，"呼啦"一声巨响，山门大开现出洞口。陈探宝拉着老人急匆匆跑进山洞。山洞里宝光闪闪。红嘴燕子满洞飞舞。陈探宝忙着捕捉燕子，崖梅老人也学着捕捉燕子。一刻钟过去了，陈探宝招呼崖梅老人时辰到了，赶快出洞。于是，俩人几乎同时冲出山洞，听得一声巨响，山洞关闭了，一切又恢复到原样。

崖梅老人定神一看，陈探宝已经不见踪影，自己捉的三只燕子在忙乱中飞掉了两只，握在手中的一只则变成了沉甸甸的金燕子。老人家把金燕子变卖后，娶妻生子，过上了幸福的晚年生活。

据说，现在阿贵乌拉山区很多红嘴的燕子，都是当年崖梅老人放跑那一对燕子的后代。

卞梁变狼

从前，在老土牧尔台（今新建村）一带流传着这样一个故事。有个叫卞梁的人，自幼父母双亡，叔婶把他抚养成人。20岁那年，叔婶张罗着给他娶了媳妇，安顿成了家。一年后，媳妇生下一个大胖小子，取名吾娃。小两口恩恩爱爱，孝顺叔婶，邻里和睦，小日子过得红红火火，叔婶看在眼里，喜在眉梢。

吾娃三岁那年，从春到秋，风调雨顺，庄稼十分茂盛。秋天，地里的麦子多得割不完，卞梁一个人自然忙不过来。媳妇看在眼里，也没说什么，安顿好家务后，带上干粮、背上孩子到地里帮忙。

遥望着黄澄澄的麦田，小两口喜吟吟地偶语，相视而笑。忙乎到

土牧尔台村庄

贴晌吃了一口干粮，两个人一直到太阳落山才收工歇息。久不做田地活的媳妇，一天下来便腰疼腿酸，早晨睡着起不来。卞梁心疼媳妇，不让她再下地干活，聪明贤惠的媳妇怕累坏卞梁，强打着精神仍和卞梁一同下地。看到媳妇身上背着孩子干活不便，卞梁就用麦捆子垒起一个避风的草窝，把吾娃放了进去。

小两口只顾低头干活，中午时分来到窝棚一看，吾娃不见了。媳妇连累带急没等哭出声来便昏死过去，卞梁手慌脚乱地好不容易才把媳妇唤醒过来。夫妻俩细细一看，窝棚里留下一双小绣鞋，还有星星滴滴的血迹。卞梁安顿媳妇在窝棚四周寻找，自己顺着血迹追去。在一道沟沿下血迹消失了，卞梁朝下一看，黑黢黢一个洞口，他什么都明白了，吾娃被狼叼走了。

一夜，媳妇不住地嘤嘤哭泣，卞梁越思谋越气，越气胆子越大，于是安顿好媳妇，右手提一把板斧，左手举着火把悄悄地出了村子向狼窝摸去。卞梁怕有闪失，一直熬到天色微明，才慢慢地向狼窝靠近。正在这时，从洞里窜出两只大狼，身后还跟着一只小狼崽，卞梁正想上去与狼决斗，不料一只狼回过身把崽子叼回洞中，然后两只狼一前一后向西奔去。

卞梁暗自盘算，与两只狼决斗怕不是对手，不如乘狼出洞，带走他的崽子，然后再作打算。拿定主意，卞梁小心翼翼地靠近洞口，定定神，钻进洞内，狭长弯曲的狼洞散发着一股血腥味，洞的尽头一堆发霉潮湿的草堆里卧着一只小狼崽，旁边散落着吾娃沾有血迹的衣服碎片。卞梁不敢久留，提起狼崽离开洞穴。

当晚，两只狼凄凉地号叫着扑进村里，一夜折腾得鸡飞狗跳，咬死许多猪、羊，全村人吓得没敢闭眼。直到天亮，两只狼才悻悻地离去。

村民们猜测卞梁掏了狼崽，一问果不其然。忠厚的卞梁为了村人的安全，只好忍气吞声地把狼崽送回洞中。当晚，村里风平浪静了。从此，卞梁就开始跟踪狼，以寻求报仇的机会。一次，卞梁跟踪狼进了一个村子，只见一只狼在外望风，另一只狼跳进一户人家的猪圈，把躺在圈里的猪轰了起来。狼用嘴含住猪耳朵，与猪并排站着，然后用尾巴一个劲地甩扫猪屁股，猪竟乖乖地跟狼走出猪圈进了狼窝。又一次，两只狼偷吃了村里的一只羊，肚子撑得鼓鼓的，刚要离开，碰巧叫羊的主人发现了，俩人一同骑上马便追，狼没命地逃窜，渐渐地，狼有些力不从心了，眼看就要落网，只见狼窜至一条小溪边，猛喝了几口水，又跃起奔跑起来，一边跑，一边拉稀，很快就把肚里的食物全部排泄出去了，转眼间就逃得无影无踪了。

卞梁终于摸清了狼的行踪和生活习性。他便在狼窝边支了一只狼夹，并伪装好，就在不远处的草丛中潜伏下来等待时机。母狼进洞奶狼崽时，被狼夹夹住了后腿，卞梁猛扑过去正要杀死她，不料狼开口说了话："求你放了我，我告诉你人变狼的秘密。"

卞梁一盘算，狼有高超的捕食本能和逃跑的绝招，我要真能变成一只狼，也能往回赶猪叼羊，总比种地强，于是便答应了狼的请求。

狼说："你在十五的晚上，不脱鞋盘坐在炕上，对你媳妇说，我能变成一只狼，给你往回叼猪羊，你媳妇肯定不相信，你就叫你媳妇捉住你的脚脖子，只要你媳妇一捉，你立马就能变成狼。"

卞梁又问："我怎样还能变成人呢？"狼说："这个更容易，你只要吃一只大白公鸡，立刻就能变成人。"卞梁掌握了人变狼、狼变人的秘密，心里暗想，如果不除掉狼，后患无穷。再说儿子是他吃掉的，不报这个仇，没法向媳妇交代。于是，卞梁违背了自己的诺言，杀死了狼。

等到十五那天，他把狼告给的秘密对媳妇一说，媳妇笑他说胡话。他央求媳妇捉他的脚脖子，媳妇也好奇地想试试，伸手一捉，卞梁真变成一只黄灰色的狼。媳妇吓得尖叫一声，卞梁"蹭"地跳下了地，不巧一只鞋叫媳妇给揪下去了。缺一只鞋，他的那条腿不敢着地，怕磨钝了锋利的爪。卞梁想还原人身，吃了几只大白公鸡也没能奏效，原

火山脚下的新牧户

来那只狡猾的狼没真正告诉他变人的秘密。结果,卞梁永远成了一条狼。

卞梁留恋媳妇,留恋村里的乡亲们,经常在村边跳窜,不过村民一看就知道是卞梁变成的那只狼。在外遇见,只要说:"卞梁,别咬我。"这只狼像听懂似的,点点头,摇摇尾,从不伤害村里的人畜。

狼嚎的声音总是"唔哇……唔哇……",传说是卞梁呼叫他的儿子的声音。

菜农与狼

旧时,老土牧尔台(今新建村)有一个菜农叫乔二娃。有一次外出吊丧,在回家的路上,乔二娃听到身后有"沙沙"的声音,回过头一看,原来是一条大灰狼跟着他。

也该乔二娃倒霉,大白天,路上竟没有一个行人,狼在当路蹲着,没有一点畏惧的样子。菜农仔细一看,狼的左眼瞎了,右眼流露出贪婪的凶光,那条血红的舌头吐在嘴外,无力地喘息着。看样子是一条老狼,一条失去捕食能力的饿狼。

荒山野岭,前不着村,后不靠店,菜农害怕极了,心里盘算着如何才能脱身。狼静静地蹲着盯着菜农,菜农很快就镇定下来,心里琢磨,大白天,量你也不敢。菜农心里踏实了一些,就又继续朝前走去,狼也站起来不紧不慢地跟着,菜农走,

狼也走,菜农停,狼也蹲下来不走了。

就这样,走走停停,停停走走,人兽僵持不下,菜农冷汗涔涔,力乏腹饿,狼也有些迫不及待了,跃跃欲扑。常言说"狗怕弯腰,狼怕明刀",可菜农手无寸铁,他绝望了。

就在这生死关键时刻,菜农发现前方不远处有一片菜园地,他灵机一动,紧走几步跳进菜园剥下一枝白菜,揪下绿叶,回过头来,对着狼把白菜帮掖在衣襟里,并故意朝外露出一截。狼盯着看得明白,步子随之慢了下来,虽说没有放弃,但是狼始终不敢发泄它的兽性,仍然不紧不慢地跟着。

菜农原以为山穷水尽,没料柳暗花明,一颗悬着的心慢慢地平静了下来。终于,望见了一个小村庄,听到了人欢马叫的声音,看见了场面扬场的人们。菜农边走边回过头来把白菜帮一扔,对狼说:"去你的吧,哄了你一路。"

说时迟,那时快,狼就地一跃,"呼"的一声扑上前来,菜农大呼救命,扬场的人们操着家伙一齐跑了过来,赶走了狼。事后,菜农感慨地说:"狼既有它凶残的本性,又有聪明的灵性。"

文物遗迹

HUASHUONEIMENGGUchahaeryouyihouqi

文物遗迹

WENWUYIJI

早在北魏时期，这里就是水草丰美的大草原，游牧民族匈奴、鲜卑等在这里留下了丰富的文化遗存。相当一部分古城址、古长城、古遗址、岩文岩画在历史上都具有一定影响。

文物工作概述

察哈尔右翼后旗地域辽阔，历史悠久。早在石器时代就有人类栖息、生活。随着游牧文明的开始，这片土地一直是北方草原诸民族活动的历史舞台。在春秋时期，这里就有我国北方草原游牧民族的足迹。战国时为匈奴属地。秦汉时为雁门郡之徼外地。东汉晚期拓跋部南迁至此。北魏时期为柔玄镇辖地。金时为抚州领域威宁等县属地。元为兴和路、集宁路所属。明为蒙古察汗部大同府边外地。清代为察哈尔部辖地。清编察哈尔八旗，属右翼正红旗、正黄旗之地。在这片神奇而美丽的土地上生活的先民们创造出了灿烂的察哈尔文化，它成为中华民族古老文明的重要组成部分。

文物工作

察哈尔右翼后旗文物机构成立之前一直由文化馆责成专人负责管理。1987年4月，组建察哈尔右翼后旗文物管理所，与旗文化馆一套机构、两块牌子，人员编制4人。1988年4月，文物管理所与文化馆分设办公，为文化局下属事业单位，负责全旗境内的文物保护与管理工作。2004年，察哈尔右翼后旗文物管理所人员编制增加到7人。2011年，为适应新形势的需求，察哈尔右翼后旗加大文物工作的步伐，由旗机构编制委员会批准，成立察哈尔右翼后旗博物馆，与文物管理所两块牌子、一套人马，核定编制7名。

文物普查

1982年6月，察哈尔右翼后旗开展第一次文物普查工作，初步查清了全旗文物遗址分布状况。1987年6月12日—10月13日，察哈尔右翼后旗组织人员对本旗开展第二次全面系统的文物普查工作，对本旗境内97处古文化遗址进行了详细的文字、图片记录。列入内蒙古自治区级、乌兰察布盟级、旗级重点文物保护的遗址有韩勿拉克里孟古城（内蒙古自治区级），当郎忽洞察汗不浪古城，红格图战役遗址，红格尔图赵家房古墓遗址，韩勿拉二兰虎沟古墓遗址，白音察干土城古城遗址，八号地西土城古城遗址，土牧尔台金界壕，乌兰哈达北魏长城，乌兰哈达祭祀台，红格尔图三道湾古墓群，那仁格日勒细石器遗址，贲红张维村辽代墓群居住遗址，霞江河河沿古陶窑遗址，胜利脑门沟古生物化石遗址，石门口西拉图四号地瓮罐遗址，哈彦忽洞大南沟古城遗址，哈彦忽洞阿麻忽洞转达营古墓遗址，胜利玻璃敖包遗址19处。

在文物普查中发现的韩勿拉二兰虎沟、赵家房、三道湾古墓遗址在全国早期鲜卑研究中具有一定的影响。

2007年，察哈尔右翼后旗开展了第三次全国文物普查工作。这次文物普查配备交通工具、照相器材和电脑打印设备。通过这次调查，察哈尔右翼后旗境内共发现古人类活动遗迹、近现代文化遗存180处，其中已公布的国家级重点文物保护单位2处（北魏克里孟古城、金界壕）、自治区级文物保护单位6处（北魏长城、井沟岩画、元代察汗不浪古城、赵家房三道湾北魏墓群、韩元店城址、红格尔图战役旧址）、市级文物保护单位5处、旗级文物保护单位40处。

古文化遗存分类：古长城2处、古墓群35处、古岩画4处、祭祀敖包1处、古城址8处、古代遗址116处、古寺庙2处。

近现代文化遗存：红格尔图战役旧址1处、苏联援建车站6处、60年水利工程3处、人防工程1处。

文物宣传

让人民群众了解文物、认识文物、识别文物，坚持提高全民保护、爱护国家文物的法律意识。

1997年5月，配合内蒙古自治区成立50周年庆祝活动，旗文物管理所向乌兰察布盟文物站借调国家一级文物契丹女尸等系列展品并在白音察干和土牧尔台两镇展出，机关干部职工、中小学生、社会各界人士等观展达5000多人次。

带金面具的契丹女尸

人物故事铜镜

2002年，克服众多困难，文物管理所在文化馆三楼开设文物展览厅并向全旗人民开放。

2012年，文物管理所搬迁到现文化中心大楼。经自治区、市博物馆调集和社会热心人士的捐赠，在文化中心一楼大厅终于完成了能科学、系统、全面地反映察哈尔右翼后旗历史的文物展览。展厅开放以来，自治区、市委领导和各旗县的领导多次来参观和指导工作，全旗组织干部群众和中小学生多次观

中小学组织学生参观历史文物展览

看，为普及文物知识，开展爱国主义教育和精神文明教育起到了良好的作用。

考古发掘

1947年6月，韩勿拉二兰虎沟古墓群首次出土了一尊金马驹，它正面弧形凸出，背凹进，呈跪卧状，蹄尾连成一体，长6.5厘米，高4.9厘米。

金牌饰

同年，乌兰察布盟文物部门对二兰虎沟古墓残局进行了抢救性发掘，并从盗掘者手中征集到出土文物89件。经专家考证，其中有78件为匈奴时期文物，11件为汉代文物。二兰虎沟古墓群应为鲜卑南迁匈奴故地后所发现的中晚期墓葬。二兰虎沟古墓群的文物的发掘，对研究北魏时期鲜卑族的政治、军事、经济、风俗都有着极其重要的学术价值。

1983年7月9日，三道湾墓地被当地群众盗掘，墓葬盗掘面积6 000平方米，挖墓41座，盗掘人数由开始的几个人发展到上百人，

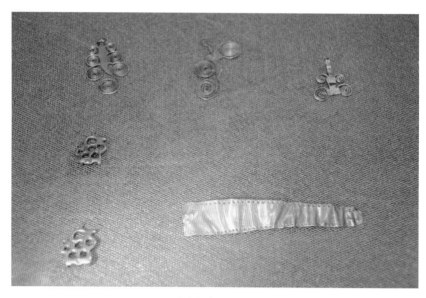

三道湾古墓出土的饰品

最多一天达到 300 人左右。事件发生后，乌兰察布盟文物工作站和旗文化馆立即赶赴现场制止。同时会同内蒙古自治区文化厅、内蒙古自治区文物考古研究所以及察哈尔右翼后旗旗委、旗人民政府和公安部门组成联合调查组进行调查，追回被盗文物 156 件；对已遭受破坏的墓地进行抢救性清理、发掘，共发掘墓葬 23 座，清理破坏的残墓 25 座。1984 年，进行第二次清理，共清理墓葬 50 座。

在清理被破坏的 25 座残墓时，征集到出土遗物 399 件，其中陶器 29 件，铜器 59 件，铁器 53 件，金器 28 件，骨器 43 件，铜镜 11 件（均残），石、珠饰 126 件，桦树皮器具 7 件，丝织品、皮革、漆器等残片 43 件。

三道湾墓地位于阴山山脉以北的一段小支脉里。这段支脉的南部、西北部、西部尽头即为开阔的草原，是古代游牧民族天然的牧场。阴山曾是匈奴冒顿单于的发迹之地，也是汉代匈奴设立漠南王廷的处所。东汉后期，这里又成了鲜卑族首领檀石槐建立的第一个大部落联盟的王廷所在地。据《后汉书》记载，桓帝时（146—167 年），檀石槐乃立庭于"弹汗山歠仇水上"，去高柳北 300 余里，兵马甚威，东西部大人皆归焉。今察哈尔右翼后旗正好在距离高柳（今山西阳高）北 300 余里的地方。

三道湾墓地为东汉晚期拓跋鲜卑南迁至今乌兰察布草原的早期拓

三道湾古墓出土的陶俑

跋鲜卑墓地。

1990 年 8 月，配合国家重点工程——集通铁路建设，对察哈尔右翼后旗石门口乡羊上山村南的坡地上的一处金元时代遗址进行了考古发掘工作，遗址总面积 6 000 多平方米，发掘面积 270 平方米。发现灰坑多座，灰沟一条。出土有陶器、瓷器、铜器、铁器、骨器、玻璃环等 56 件；出土有 13 枚铜钱。2009 年，在集通铁路复线修建前，内蒙古考古所再次对该遗址进行考古发掘，出土器物与上次大致相同。经专家进一步认证，确定为金代晚期村落遗址。

1995 年，为配合国家重点工程

乌兰水泥厂的基础设施建设，内蒙古自治区考古研究所对头道湾古城遗址进行抢救性考古发掘。出土大宗的瓷器、陶器和部分铜器、铁器、骨角器、石器、钱币。

为配合 208 国道赛—白高速公路建设，2009 年 4—11 月，内蒙古自治区文物考古研究所在察哈尔右翼后旗文物所的配合下对红格尔图乡韩元店的古墓群进行了抢救性发掘。在蒙古沟、大羊肠卜子、小羊肠卜子三个地点清理发掘墓葬 23 座；出土骨器、小铁刀、丝织品、陶器、铜钱等，部分墓里有殉牲现象，有马、牛、羊骨等。

根据墓内出土器物形状和宋代

钱币，专家断定其为北魏时代和金元时期的墓群。

古文化遗存

察哈尔第四纪火山群

　　察哈尔第四纪火山群位于内蒙古察哈尔右翼后旗白音察干镇以北至乌兰哈达苏木一带，分布范围约400平方千米。地理位置上属蒙古高原南缘，大地构造上处于华北地区北缘白乃庙、温都尔庙古代陆块和新元古代陆缘增生带交接处。火山群内及周围出露的地质体主要有太古宙乌拉山岩群、新元古界白云鄂博群、新生代地层和华力西期倾入岩山。

　　察哈尔火山群火山活动始于晚更新世纪晚期，休眠于全新世，包括30多座火山，其中晚更新世约20座、全新世3座。火山均由玄武质火山碎屑物和熔岩流组成。火山总体呈北东向线状展布，严格受基底断裂控制。晚更新世火山爆发强度小，由规模较小的溅落锥和玄武质熔岩流组成，但大多数锥体上部形成典型的火山口，总体为裂隙式或裂隙－中心式火山。裂隙大致呈北东40度方向展布，长约12千米。在裂隙上形成约20个喷火口，与冰岛拉基火山相类似，但溢出的熔岩流分布面积不大。这种裂隙长度较长、喷火口数量多，但熔岩溢出率很低的大陆裂隙－中心式火山，国内外罕见。

　　察哈尔火山群是蒙古高原南缘发现的唯一全新世有喷发的火山群。火山结构要素的齐全和保存的完好国内少见，是一处天然火山"博物馆"，是研究现代地壳结构及其活动性的天然窗口，是研究火山资源、环境及灾害的直接参照，同时对中、

乌兰哈达火山群远景

新石器遗址

新生代古火山区火山地质问题的研究也具有重要意义。

新石器遗址

在察哈尔右翼后旗境内有很多距今1万年至4000年的人类生存的遗迹，其中沙坡地遗址、二道湾遗址、那仁格日勒遗址等是国内保存较为完整的新石器时代遗址。这里留下了远古先民深深的印迹，他们点燃了原始文明星火，使早期农牧交融文化得以萌芽，创造出了极具地域特色和文化特征的史前文明。

长城

北魏长城遗址

北魏长城遗址（自治区级重点文物保护单位）位于察哈尔右翼

北魏长城遗址

后旗中部，是一条土筑长城。它是北魏王朝为防御北方兴起的又一民族——柔然修筑的长城，并在长川之南长城险要处设置了六镇加以防御。它东西走向，东从商都县的大拉子乡入察哈尔右翼后旗红格尔图镇、乌兰哈达苏木、当郎忽洞苏木，西北向四子王旗延伸。这条长城留在地面上的遗迹已不太清楚，宽约3米，高不到2米，当地群众称之"边墙"。这条长城两侧是察哈尔右翼后旗古遗迹最多的区域。

金代长城遗址

金界壕（国家级重点文物保护单位）又称"壕堑""保障"。始建于金代天眷年间，承安三年（1198年）建成，主要为防止蒙古势力南下，有内、外两条线。关于金界壕的走向史书有载："金之壤地封疆，东极吉里迷兀的改诸野人之境，北自蒲与路之北三千余里，火鲁火疃谋克地为边，右旋入泰州婆卢火所浚界壕而西，经临潢、金山，跨庆、

83

金代长城遗址

桓、抚、昌、净州之北，出天山外，包东胜，接西夏……"

金代长城遗址在察哈尔右翼后旗北部，也是东西走向，东从商都县格化司台乡入察哈尔右翼后旗土牧尔台镇大青沟、雷家村，经苏尼特右旗的新民区乡再入察哈尔右翼后旗土牧尔台镇辖区，向西北四子王旗乌兰哈达苏木延伸。这条留在地面上的遗迹至今还很清晰，残存遗迹为土建夯实，宽约 4 米，高 1~3 米。长城上骑筑小边堡与马面，马面与小边堡连在一起。小边堡设在长城内，当地人曾发现有炕洞、瓦器，证明它是当年金朝戍边卫士住宿的地方。边墙上每隔 500 米左右有 1 个烽火台，高约 5 米，宽约 5 米，长约 4 米。

曾有人认为这座长城是"成吉思汗边墙"，经专家考证，这是一座金代修筑的长城。10—14 世纪，蒙古高原上经历了辽、金、元三个王朝的迭替。女真族建立金王朝，为防御蒙古南进，修筑了"金界壕"。

金王朝曾三次构筑壕堑和边堡，其形状不同于过去的长城，主要是挖掘一条长壕，壕宽仅略长于马身，以防止战马从界壕越过。挖壕取出的土，堆积在壕的南侧，称为堤，高 2~3 米，一般均未经过夯实。前两次构筑的都是单堤单壕，后一次构筑的是双堤双壕，称作主堤主壕，部分在南侧，副堤、副壕在北侧。

第一次构筑的壕堑，约在金灭辽后不久，分布在大兴安岭以西的草原地带。遗迹东起今额尔古纳旗上库力，沿根河南岸向西延伸至额尔古纳河交汇处，折南向陈巴尔虎旗北部，越河至俄罗斯境内，再延伸至满洲里市北面，经新巴尔虎右旗北部向西进入蒙古国境内，西北至肯特山南麓为止，全长约 700 千米。这一段壕堑，曾有人推断为辽代所筑，认为女真人势力不可能进入蒙古高原北部。

由于蒙古族势力强大，金王朝军队退守到大兴安岭的东、西部。世宗大定年间（1161—1189 年），第二次构筑壕堑。遗迹东起今呼伦贝尔市莫力达瓦达斡尔族自治旗的尼尔基，沿大兴安岭向西南方延伸，经阿荣旗、扎兰屯市、扎赉特旗、科尔沁右翼前旗、突泉县、科尔沁右翼中旗、霍林郭勒市，穿越大兴安岭的山谷，经乌珠穆沁旗东北部

克里孟古城遗址全貌

延伸入蒙古国境内，再经阿巴嘎旗北部穿入中国境内，经苏尼特左旗、苏尼特右旗、察哈尔右翼后旗、四子王旗、达尔罕茂明安联合旗，至大青山北麓到武川县庙沟为止，总长约2 500千米。

古城址

克里孟古城

克里孟（蒙古语，意为"墙"）古城（国家级重点文物保护单位）

克里孟古城城内圆形土台

位于察哈尔右翼后旗韩勿拉山脉西缘中段，南部约5千米是辉腾梁山脉东北尾端，东南是辉腾梁山脉与韩勿拉山脉的隔离带。发源于麻迷图、哈拉沟一带的溪流和源于白音堂一带的小溪，在福虎堂汇合为哈卜泉河。河水自南向北与白（白音察干）—当（当郎忽洞）公路平行，穿古城而过。古城西部是起伏不平的丘陵地，北部是一片草原。克里孟古城海拔1 455～1 459米，地理坐标是北纬46°05′，东经112°54′。距察哈尔右翼后旗人民政府所在地白音察干镇27千米。正北是脑海卜村，南是克里孟营，该地现属乌兰哈达苏木管辖。

克里孟古城东窄西宽呈梯形，

克里孟古城东北角楼

南、北两边都长于东、西两边，东城墙中间凸出折角。古城址面积约75万平方米，城内分东、西两城，地势为东高西低，属平直坡，东墙坐落于坡顶，古城中部有几户牧民房舍建于南墙内。由于哈卜泉河在此流经，冲出宽约150米的河床，形成了下切的河滩地。河床破坏了原来的地貌，冲毁了东、西城间的隔墙70米，西城地势较为平缓。有些地方从河床两边的断层面上可以看出约有2米厚的灰土层，里面夹杂着大量的素面灰陶片。古城内地表上曾采集过绳纹陶片。

城外四周30米处，筑有围绕整个古城的土梁，土梁宽约4米，残高0.8米，为该城的第一道防御设施。克里孟古城遗迹、遗物主要分布在东城内，西城内只在其东部发现有少量的砖、瓦、陶片等。东城的南墙长600米，面积约32万平方米，东城内距东墙200米、南墙192米处，筑有直径31米的圆形土台。土台依坡而筑，台面平整，土台东

面距地表1米，西面距地表1.7米，建筑遗迹主要分布在东城的西北部。在东城的西部，距南墙92米处，有一条东西方向的土墙，长168米，宽3米，高0.5米。在土墙北50米处，有建筑群倒塌的痕迹。该建筑群依东城西墙，距北墙84米，筑成一个边长160米的方形围院，建筑堆积宽12米，高0.8米。堆积中包含有大量的砖、板瓦、筒瓦、瓦当等，方形院内地势较为平整。灰褐色土土质颗粒较大，结构疏松，包含有大量的砖、瓦、陶片等物。

根据遗物推断，克里孟古城筑城年代不会晚于北朝，上限可能到东汉晚年。

1964年10月22日，内蒙古自治区人民委员会（64）蒙古文430号文件把"察哈尔右翼后旗克里孟古城遗址"列为内蒙古自治区级（第一批）重点文物保护单位。

2006年5月，克里孟古城遗址被列为中华人民共和国（第六批）重点文物保护单位。

察汗不浪古城

察汗不浪（蒙古语，意为"白土湾"）古城遗址（自治区级文物保护单位）位于察哈尔右翼后旗当郎忽洞政府苏木境内，在察汗不浪浩特西南约0.5千米处，距当郎忽洞苏木政府所在地约7千米。古城址

察汗不浪古城遗址全貌图

在一处较为平坦的盆地内，四面环山，城北一条小溪向东流去，为一片天然牧场。

察汗不浪古城遗址基本呈长方形，长666米，宽636米，占地面积423 576平方米。古城墙高约3米，四角均设有角楼。城门设在南城墙正中央，现只残留一个缺口，方向为150度，宽10余米。东城墙有部分残破，北城墙有缺口，南城墙、西城墙保存较为完整。

古城内明显的建筑遗址有21处。其中城中央略偏西北1米处最大，为长方形大土台，南北长20余米，东西宽10余米，高1米以上；其南端留有石狮1对，高2米，为花岗岩凿制，因多年风雨侵蚀和人为破坏，纹饰已不清晰。20世纪80年代，还有龟形石碑座1件，后散失民间。

该土台面上散布很多破砖碎瓦，砖呈长条形，略大于现代砖，素面无纹。筒形瓦素面，瓦里印有布纹者最多。另外还有波浪形滴水花缘板瓦、沟纹砖、少量琉璃件等。

该土台北约15米处，有4处建筑遗迹，横排整齐，每个距离10米，均呈方形，高1米以上，长、宽各约10米，上面的砖瓦瓷片均与大土台相同。南部2米处距大土台10米

察汗不浪古城内的石狮

左右，其建筑遗迹与北部4处相似。城中部西南地区，暴露有较多的灰坑，出土有大量生活器皿残片。古城北部应为官府所在地，中部偏南地区应为普通居民区。城南紧贴城门处，为城内防御设施，所出遗物极少。

1987年6月，察哈尔右翼后旗文物普查队和乌兰察布盟文物站进行联合调查，在古城内发现有大量陶瓷器皿，质量、种类和数量在同时期同类遗迹中均属上乘。瓷器分别属官窑、章窑、汝窑、钧窑、定窑、磁州窑等窑系。

察汗不浪古城四周还发现同时代村落遗址5处。这些遗址与古城址相距近则3里，远则10余里，分布较为密集。文物普查收集到散落于城内的大量瓷片及粗沙大瓮残片。经鉴定，与元代集宁路古城址发掘所获残片完全相同。

由此初步推断，察汗不浪古城应属元代，该古城在其鼎盛时期应该是该地区军事、文化、经济的中心。

该古城于2006年9月被内蒙古自治区人民政府公布为内蒙古自治区级（第四批）重点文物保护单位。

古墓葬

三道湾古墓群

三道湾古墓群位于察哈尔右翼后旗红格尔图镇光明村民委员会北

约3千米处，南距旗人民政府所在地白音察干镇30千米。古墓群在一条东北走向、较为宽阔的山湾之内。古墓地处浅山丘陵地带，平均海拔1 300米。该地区曾是古代北方游牧民族频繁活动的地带。

该墓地中各墓的随葬品数量多寡不一，多者40余件，少则1~2件，个别墓葬中无任何随葬品。未经盗掘的25座墓中，有少量墓葬有殉牲习俗。有5座墓中殉有羊头骨，一般数量较少，多为1~3个，均置于人头骨上方近墓壁处。随葬陶器大多为1墓1件，最多的有3件，还有一定数量的墓葬无陶器。

随葬品以铜器、铁器、珠饰为多，金器、骨器次之。铁器有剑、矛、刀等兵器和斧、铲等生产工具；金器和珠饰多为装饰品；骨器除装饰品外，还出土一定数量的弓弭、片状弧形器等。还出土有少量的铜镜、铜钱、桦树皮器皿及皮革、丝织品残片等。

三道湾墓地为东汉晚期拓跋鲜卑南迁至今乌兰察布草原的早期墓地。

二兰虎沟古墓群

二兰虎沟（蒙古语，意为"斑驳的山沟"）古墓群位于察哈尔右翼后旗白音察干镇西北约30千米处，属乌兰哈达苏木管辖，地处韩勿拉山北部余脉、东西走向的一条大沟中，沟口朝西。古墓群位于沟北山坡及平地上，直径约1 000米。

二兰虎沟古墓群的文物，在全国都是不可多得的文物珍品，对研究北魏时期鲜卑族的政治、军事、经济、风俗都有着极其重要的学术价值。

岩画

察哈尔右翼后旗岩画发现的数量不是很多，但分布范围很广。大六号东山（北号村），贲红镇古墓，锡勒乡玻璃脑包山，乌兰哈达苏木猴山，当郎忽洞苏木七郎山，土牧尔台镇赛忽洞、号半地、毛驴沟、小当郎忽洞、黑石崖等均有发现，其中尤以土牧尔台镇发现居多。

土牧尔台镇辖区发现的岩画多数分布在一些比较隐蔽、又有水源（溪流或水井）、并且地貌独特的地方，也有一些分布在古驿道旁边。

从岩画图形来看，绝大多数是动物图像，如马、羊、鹿、狗、狼等。虽然线条简洁，但也活灵活现，表现了较高的艺术水平。当然也有些比较粗糙，构不成完整的图案。岩文均为藏文六字真言。颜色为黑色（岩画一般无色）。岩文也曾有人凿磨过，当时模糊看不清，但过一段时间就会清楚地显现出来，原因至今不明。

赛忽洞岩画

赛忽洞岩画位于察哈尔右翼后旗土牧尔台镇西北部，地处赛忽洞村南，这里距中蒙边境线约300千米。以岩画所在地为中心，东面是较平坦的丘陵草原。

赛忽洞村南0.5千米处有1座巨石堆成高的10米左右的小山丘，很像人工做的假山，千姿百态，十分壮观。东边向阳的石面上写有黑色藏文。小山丘南面一块较大的孤石上，刻有饰尾舞者单人图像，十分引人注目。靠东的一块巨石上画有羊形图案。旁边有一眼水井。斜坡东南高而西北低，坡面斜度为40度左右。从有岩画的岩石顺斜坡而下，30~40米处是一条南北走向的季节性河流。

在这个斜坡上，有一条同坡面倾斜度基本一致的岩石盘散在其间。岩石多高出地面0.3~0.7米，有的则在1米左右，岩石的色泽为灰黄色，石质虽然粗糙，但石面却较为平滑。这些岩石基本呈弧形带状分布，弧

赛忽洞岩画

形凸出的一面朝着正北方向。

岩画经历了几千年的日晒雨淋，表面还有黄、绿色的岩垢。从岩面上仔细观察，没有发现有敲凿的痕迹，而是采用一种磨刻的方法制作而成的，即用石器接触岩石表面，使所要表现的画面轮廓的线条呈凹槽式（或称作阴刻），并修整得细致光滑。凹槽浅，用一种白色物体随着凹槽涂抹后，画面的轮廓才能显现出来。这些岩画，最初看上去极像马蹄印的痕迹，但是仔细观察，这些蹄迹有大小之差，划沟也有深浅之别，特别是岩画中刻画出的种种标记图案，与真蹄子印迹毫无共同之处，显然，这种标记在古代艺人创作中具有特定的意义。

小当郎忽洞岩画

小当郎忽洞岩画在目前的条件下，辨别是比较困难的，但将这里的岩画与蒙古的突厥岩画进行比较，将岩画共存的符号与古突厥文进行比较，将岩画的风格特征同突厥时期墓碑上的画像进行比较，便可以将突厥岩画从小当郎忽洞岩画整体中大致区分出来。在土牧尔台镇毛驴沟村北发现一幅凿刻鹿形岩画，鹿腿短细，不成比例，而身躯修长，面部长而宽，是典型的青铜时代形象。这在蒙古岩画中较为常见，风格明显。

小当郎忽洞岩画

山羊岩画是最常见的题材，在突厥岩画中居首要地位，数量最多。岩画上的小羊形象与阿尔泰山突厥"围墙"出土的银器底部符号状山羊形很相似，而且众多的山羊形岩画如同一模铸就，在风格特征上十分相似。

号半地岩画

号半地岩画群有一种马形，呈怀孕的体形，背部低凹，鼓腹。特别有趣的是三花马形象，将颈上的鬃剪为三花，高高耸立。将马鬃剪成三花是突厥人流行的手法，这种装饰手法，直到唐初才由突厥地区传入内地。

野兽和家畜是游牧社会赖以生存的物质基础。追踪野兽、寻找家畜，

号半地岩画

都要具备识别蹄印的技巧。在山岩上凿刻蹄印最初的目的只是为了狩猎或指示动物的存在或走向。以后便与"拟巫术"的思想联系在一起，成为一种原始宗教思想，即在行猎前，凿刻上想要获得野兽的蹄印，就认为在即将到来的行猎中可真正猎获野兽，因此便有了众多的马、鹿、犬、虎等动物的蹄印岩画。

察哈尔右翼后旗土牧尔台地区岩画的年代上限大致在新石器时代，下限大致在青铜时代至铁器时代。岩画对于察哈尔右翼后旗的整个历史来说尤为可贵，它不仅是古代游牧民族的艺术典范，还是远古民族原始的世界观和精神生活的实物资料。

三井泉岩画

三井泉岩画位于土牧尔台镇三井泉村与杨铁房村之间的丘陵上。在这个丘陵上有巨石盘散落在其间，这些巨石上刻画着许多岩画。岩画的内容有山羊、奔羊、符号等，年代为青铜器时代。

三井泉岩画

三井泉岩画

岩文

察哈尔右翼后旗境内所发现的"岩文"一般是两种形态：一是敲凿、划刻在石岩上，二是用特殊颜料书写在石壁上。

土牧尔台镇毛驴沟村北山上发现的岩文，就是典型的敲凿岩文，长约60厘米，宽约20厘米，岩文内容是藏文的六字真言。此山崖上还有多处藏文六字真言和藏文经文，均凿刻清晰，承袭了北方草原早期岩画的传统作画方法。

土牧尔台镇赛忽洞村南岩石上发现的岩文，凿刻在东边向阳的石面上，是用黑色藏文刻写的六字真言。据专家考证，文字是用石灰拌植物油并加黏合剂制成浆液绘写而成，虽经多年风雨侵蚀，并有好事者用石头或铁器将字蹭掉，成为白印，但只要雨水淋过，白印处又呈现出黑色字迹。八号地乡黑石崖沟洞窟内发现的岩文，也是书写在石壁上的，而且面积较大，文字较多。但由于洞窟内地势狭小，无法看清

岩文

全貌，很难辨别内容。据初步分析，应是藏文经文。

乌兰哈达苏木哈拉忽洞村北祭祀台遗址附近，有一天然石碑，上有划刻的岩文，其内容为六字真言。字迹线条清晰，刀刻痕迹历历在目，边缘齐整。刻画岩文时代应晚于敲凿岩文。

关于岩文，有研究者认为，明清时代的喇嘛，在荒无人烟的深山幽谷中看到各种各样奇特的岩画时，感到疑惑难解，认为是神灵的显现，虔诚的宗教之情油然而生，于是在岩画或其旁刻下祝词——六字真言。

岩文的功能与早期各时代的岩画有很大不同，尤其到元、明、清时代，其主要目的是弘扬宗教。身居岩穴的喇嘛，与外界绝少往来，他们的信仰以山岩为文化载体，将喇嘛教旨的诸种内容刻于石头上，以此来弘扬和传播宗教。

敖包遗址

玻璃敖包遗址

玻璃敖包遗址位于察哈尔右翼后旗锡勒乡西南部和察哈尔右翼中旗、卓资县的交界处，距史家村南约2千米。它是辉腾梁东部最高点，海拔2 053.4米。

遗址所在地不仅景色奇特壮观，可供游览，而且地势高寒，宜于避暑。夏秋季节，水草丰美，还可供大批兵马集结，故这里自古以来就受到北方游牧民族的青睐。

历代史籍及方志中，谈到这里，都曾有"九十九泉"这处阴山胜迹的记载。据《魏书·太宗纪》记载，北魏太宗拓跋嗣泰常元年（416年），"六月丁巳，车驾北巡。秋七月甲申，帝自白鹿陂西行，大狝于牛川。登釜山，临殷繁水而南，观于九十九泉"。这次从阴山以北的草原地带，向东南行至辉腾梁上的"九十九泉"。拓跋嗣行经的地方，大致方位是从今察哈尔右翼后旗东北部先向南行，殷繁水应是今之旗境霞江河，沿此河上行即登临辉腾梁，从而折向西行，即可达"九十九泉"。

这条史料说明，从北魏时期起，"九十九泉"已作为重要名胜载入史册。可见其闻名于世已有1 500余年。而玻璃敖包与此有着天然的历史联系。

玻璃敖包由大小不等的石块垒砌而成，高约6米，石块历经多年裸露，风蚀明显。正南面有祭祀台，

锡勒敖包遗址

可供奉祭品。西约 5 米处有石砌房屋基址，石块露出地表高 10~30 厘米、宽 50~80 厘米，地表曾采集过少量北魏时期灰陶碎片。敖包向北约 500 米处有北魏"九十九泉"御苑墙址，东西走向，沿苑墙有瞭望台遗址，即守卫苑墙而设的瞭望点。《魏书·太祖纪》记载北魏道武帝拓跋珪于天赐三年（406 年）"八月丙辰，西登武要北原，观九十九泉，造石亭，遂之石漠"。说明曾在此兴筑石亭等一系列卫戍设施，将"九十九泉"包围起来，辟为专供皇帝游幸的御苑。《史记》正义引顾胤支"障，山中小城；亭，侯望所居也"。据此推断，玻璃敖包最早应为用于卫戍"九十九泉"御苑的"石亭"。

辽代时，帝王曾行幸"九十九泉"避暑消夏，这在史籍上有所记载。辽兴宗在首次准备征讨西夏时，就曾利用"九十九泉"地区的天然良好牧场，在此集结大批兵马。金元时称辉腾梁一带的阴山为官山。《元史·太宗纪》记载，元太宗三年（1231 年）五月，窝阔台汗避暑于"九十九泉"，并筑议事台，筹划南下攻金事宜。由于窝阔台汗的大帐设在"九十九泉"，这里便成了指挥作战的中枢。

"九十九泉"御苑亭址，后经改朝换代，已不复原貌。因其修筑多用石块，且位于辉腾梁东部最高点，后人在其毁弃之处垒石以记。元朝蒙古族统一天下，崇拜高山祭祀，垒石为敖包，渐形成今日规模。而在乌兰察布市的四子王旗红格尔苏木有一处类似规模的敖包，其形制稍大于玻璃敖包，号称"亚洲最大敖包"。但其年代最早可上溯至元代，而经考证推断，玻璃敖包遗迹年代早于四子王旗红格尔敖包，应是北魏始有亭址，至元代形成敖包。

由于玻璃敖包形成年代久远，也由于这里曾是皇室王廷御览之地，更增添了其无穷的魅力。之后一直是游牧民族及其当地人们祭祀天地祖先的重要活动场所。清王朝组建察哈尔八旗后，这里便成了察哈尔正红旗的旗祭敖包。中华人民共和国成立后，当地人民政府及其农牧民对这一历史遗迹采取了力所能及的保护措施，使之得以存续。

汗博格达敖包

汗博格达敖包位于察哈尔右翼后旗乌兰哈达苏木境内的汗博格达山主峰顶上，海拔 1 700 多米。"汗博格达"为蒙古语，意为大汗一样的圣山。民间口耳相传认为，这个敖包在北元时期曾是可汗祭祀的敖包，敖包的名称是因蒙古大汗曾经祭祀而得名。

据察哈尔文化研究方面的专家研究考证，明弘治十年（1497 年），北元达延汗与察哈尔万户驻帐于威宁海（今乌兰察布市察哈尔右翼前

旗黄旗海）以北克里孟、察汗不浪一带，遣使与明朝通贡不允，遂起兵攻击大同、太原等地，出兵前曾祭祀汗博格达敖包。明朝迫于达延汗的压力，命大同守臣在德胜堡（今丰镇市北）以彩缎、衣服、铁器等易察哈尔蒙古马匹，开启了蒙古与明朝的和平互市关系。因此，汗博格达敖包是有据可考的汗廷皇家敖包。中华人民共和国成立之前，敖包由察哈尔右翼正红旗六苏木和七苏木共同祭祀。

为了恢复这个具有数百年历史传统的敖包祭祀，从 1983 年开始，遵循该敖包在农历五月十五祭祀的规则，原韩勿拉乡的照日格图家连续两年用整羊祭祀了这座敖包。由于祭祀此敖包后，出现了风调雨顺的年景，解除了多年来的干旱，当地的牧民们便对汗博格达敖包崇拜有加。经照日格图与巴彦乌拉嘎查的斯仁本巴、那达米德苏荣等人商量，又征求了嘎查其他牧民们的意见，大家决定，从 1985 年开始共同用 3 只整羊来祭祀此敖包。照日格图和那达米德苏荣被选为敖包祭祀的主持人。这一年的汗博格达敖包祭祀，迎来了邻近浩特的很多牧民，并且举行了蒙古族传统那达慕。

1992 年，通过额尔登达忽尔的阿格登赛喇嘛从塔尔寺迎请了装有

多种宝物的奔巴瓶，让阿格登赛喇嘛选择了开光日期。1992年农历五月十四，照日格图、那达米德苏荣、萨拉扎布、高特布4人开始修复敖包。同时用原红旗庙劳布森活佛亲手刻制的海莫日（禄马风旗）印版印制了五色彩绸海莫日，悬挂在了敖包四方。萨拉扎布用木板刻制了日月的图案，竖立在敖包中央。从此，汗博格达敖包重新成为有了真正灵气（蒙古语叫"逊"）的敖包。

汗博格达敖包有了"逊"之后，祭祀的人越来越多。20世纪90年代初期，当郎忽洞苏木察汗不浪嘎查的孟克吉、沙金泰、小道尔吉等老人骑着马，领着晚辈们前来参加祭祀，并参加了祭祀期间的摔跤、赛马活动。察哈尔右翼后旗蒙医院老大夫旺登诺日布连续几年参加祭祀敖包并敬献了供品。孟克吉老人虽然年逾古稀，依然不辞辛苦赶着毛驴车连续两年请来色拉嘎查的热平道尔吉喇嘛念经。汗博格达敖包的祭祀诵经，由金巴喇嘛和热平道尔吉喇嘛连续承担了数年。遗憾的是两位老喇嘛过世后，汗博格达敖包祭祀中的祝赞诵经环节便中断了。2000年以后，牧民们开始三户两户联合起来祭祀敖包，甚至有巴颜乌拉嘎查的汉族牧户也开始参加敖包祭祀活动。

汗博格达敖包是一座具有灵气的敖包。祭祀敖包的时候必须用整羊荤祭，并且有吹法螺、祭天祈雨的传统。祭祀敖包期间，严禁打猎、砍树、割草等危害生命、破坏大自然的行为，严禁骑骒马上敖包，不许妇女上敖包山顶，不许女孩子骑赛马等。这些传统至今仍在遵循着。

从20世纪80年代初至今的30多年来，照日格图家族一直坚守着用整羊虔诚地祭祀汗博格达敖包的传统。1995年，照日格图与那达米德苏荣把敖包祭祀主持的任务移交给了萨拉扎布、高特布两个人，希望他们把祭祀敖包这个民间宗教传统习俗传承下去，为保护草原生态环境、祈求大自然风调雨顺和牧民五畜兴旺做一点微薄的贡献。

寺庙遗址

善福寺（阿贵庙）

阿贵庙是一座黄教喇嘛庙，位于察哈尔右翼后旗白音察干镇东南7千米处，在原正黄旗第九苏木境内，是原正黄旗北部6个苏木的庙。始建于康熙八年（1669年），以后经过250多年的陆续修建，形成了气势宏伟的建筑群落。由于坐落在阿贵山上，俗称阿贵庙，清康熙皇帝敕名"善福寺"，蒙古语叫赛恩宝音图。整体群落坐北朝南，依山傍

善福寺（阿贵庙）

水，鳞次栉比；山上山下错落有致，远远望去，金碧辉煌，十分壮观。

红旗庙（清代）

穆尔固楚克庙是察哈尔正红旗第六、第七苏木的庙，亦称红旗庙，位于今察哈尔右翼后旗锡勒乡北部，集（宁）—科（布尔）公路东阿贵忽少处。据该庙老喇嘛们讲，它的建造年代在康熙初年或更早一些。

红旗庙

其他遗址

北魏柔玄镇

为什么说白音察干古城是1 500多年前的北魏柔玄镇呢？这要从北魏政权的建立说起。

古代，我国北方居住着匈奴、鲜卑、突厥、柔然等民族，他们过着游牧狩猎生活。338年，鲜卑族拓跋部首领什翼犍建立代政权，其于盛乐（今和林格尔县土城子）建都后采取了一系列建政措施，诸如提倡农业生产，制定各种法律，设置各级官吏等。30多年后，什翼犍所统率的几支军队被前秦苻坚打败，代政权灭亡。386年淝水之战，前秦苻坚战败，政权覆没。什翼犍之孙拓跋珪乘机恢复代政权。

他先在牛川（今四子王旗西拉木伦河）活动；后仍建都盛乐并称代王，国号改魏；随即又征服了周围的独孤部、贺兰部、铁弗部、库莫奚部、高车部等；后迁都平城（今山西大同附近），始称皇帝，即北魏道武帝。传至太武帝拓跋焘时，为了维护其统治地位，形成了拓跋贵族与汉族地主联合的封建政权，自此，军事力量也更加强大，结束了北方分裂割据的混乱局面。统一了北方，对于魏国经济、文化的发展是有利的。到孝文帝拓跋宏时期，进行了均田制和汉化的政策改革，这对各民族的融合与社会经济的发展起了有益的作用。总之，北魏政权统一了黄河流域，为北方各民族大融合，促进统一的多民族国家的发展做出了历史贡献。

北魏建政后，征服了北方许多民族，但柔然族并未屈服而且渐渐强盛壮大起来，称雄于大青山以北，成为北魏政权的劲敌。为了防御柔然的南进，魏明元帝拓跋嗣时（409—423年）修筑了东起赤城（今张家口北）、西至五原（今内蒙古巴彦淖尔市）约1 000千米的长城。到太武帝拓跋焘时（424—452年）沿阴山北麓设置了6个驻兵重镇，以保卫都城（平城），任镇将领都是朝廷亲贵，镇将部下各军官也是鲜卑贵

族。所建六镇由西而东为：沃野镇，今乌拉特前旗一带；怀朔镇，今固阳县百灵淖一带；武川镇，今武川县西乌兰不浪古城；抚冥镇，今四子王旗一带；柔玄镇，今察哈尔右翼后旗白音察干土城；怀荒镇，今河北省张北县一带。对于六镇的确切地理位置，史学界长期以来众说纷纭，迄无定论。然而，近年来，随着文物古迹的不断发现，不少镇址逐渐明确。至于六镇中柔玄镇的确切地理位置，史学家的说法还较为笼统。

陆思贤写的《乌兰察布盟境内的古长城遗迹》一书第四节"关于北魏到隋代的长城"中讲道："除了怀荒镇在张北，其他五镇均在内蒙古，察哈尔右翼后旗白音察干古城相当于柔玄镇……"陆思贤于1983年11月3日又在《内蒙古日报》《草原春秋》专栏撰文讲道："……（孝文帝）由武川车行到乌兰花土城子（抚冥）两日程，没有停留；从抚冥东行三日到了柔玄镇。今察哈尔右翼后旗白音察干，正好有北魏古城一处，与乌兰花土城子东西相距230余里，驾车正好走三天……"还说"怀朔与柔玄两镇正好守卫着大青山东、西两边的南北咽喉大道，在这之间，虽有山路可贯通南北，但需绕深涧，翻峻岭，

车载行人很不方便。魏孝文帝的车驾仪仗，只能从阴山北麓绕到柔玄镇之后，才能南还。而白音察干古城与当时北魏都城平城也正好在一条南北直道上。现在由大同北上去蒙古、苏联的铁路干线，也经过这里，说明古今交通受着地理条件的制约是相同的"。

王龙耿写的《集宁地理沿革考》中"北魏时期的柔玄镇"一节中讲道："为了防止柔然的南下，北魏在阴山南北的重要关隘设置镇戍，驻兵屯守。……北魏因建都平城，为了拱卫皇城，就在今集宁地区设置了柔玄军事重镇。"并引证《水经注·漯水注》曰："又东左得于延水口，水出塞外柔玄镇西……东南流经且如故城南。"还说："延水就是今集宁市东的洋河。所以说，《水经注》很明确地记载了北魏的军事重镇柔玄镇就在今集宁附近，就是防卫平城的前沿阵地。"

从上述说法看，陆思贤先生的主张是符合实际的。王龙耿认为柔玄镇在集宁地区或集宁附近，与陆思贤先生的主张也无大差异。因为察哈尔右翼后旗白音察干古城就在今乌兰察布市管辖之内，察哈尔右翼后旗与今集宁区是毗邻的，两地相距仅50多千米。

20世纪70年代初，白音察干群众搞水利建设时，在大约2丈深处发现古城遗址和城的角楼基础，并有旧城墙、水道和质地良好的土路。还有城门上的瓦片、雕花等。经文物工作者考证，为北魏古城。

北魏时期，现察哈尔右翼后旗一带是一望无际的茫茫大草原，水草丰盛，是鲜卑人游牧狩猎的理想场所。《魏书·序记》中就有"广漠之野，畜牧迁徙，射猎为业"的记述。1983年秋，白音察干古城北30多千米的红格尔图镇三道湾发现了一片面积，6000平方米的古墓群。文物部门清理出的文物有陶、金、铜、铁、骨器和皮革、丝织、桦皮器、五铢钱、珠饰等，其中的骆驼纹金饰牌和透雕镂孔牌是稀世珍宝。初步考证为，这片古墓群属于古鲜卑氏族制时代的集体墓地。红格尔图镇北境有一道东西走向、宽约2千米的闷葫芦大山，中间有一狭窄山口，是南北交通的唯一过道。当初通过此山，只能走山口处的羊肠小道（现已修宽，集二线由此通过）。传说，人们过此羊肠小道时总觉得心里憋闷，故得名闷葫芦口。这是一座天然屏障，是兵家必争之地，再加上更北面的土牧尔台、八号地的北魏长城（据说是成吉思汗边墙），就构成了古代战争防卫的良好条件。此外，白音察干古城北面5千米处

依德格沟遗址

的黑石崖村也有鲜卑人居住的遗址与古墓。由此可见，察哈尔右翼后旗是北魏时期鲜卑人的聚居区。所以说，陆思贤先生认为白音察干古城是柔玄镇的说法是有一定道理的。

依德格沟遗址

该遗址位于察哈尔右翼后旗锡勒乡依德格沟村东1 500米处，坐落在依德格沟村东山坡的南坡上，东、南、北三面环山，北高南低，地势比较平缓，呈缓坡状。遗址分三排：第一排为不规则形，面积约10平方米；第二排为长方形，东西长约200米，南北宽约50米，面积约1万平方米；第三排为长方形，东西长约200米，南北宽约50米，面积约1万平方米。在第二排和第三排之间有宽约40米的过道，均为石块垒砌的石圈，面积约3万平方米。遗址南有壕沟，南2 000米处有一泉眼。西南2 000米处有一条乡村小路通往依德格沟村。地表采集有灰陶盆残片、黑釉瓷罐残片、道光通宝（钱币）等，可见，其为金元时期的遗址。

察哈尔右翼后旗出土文物

"今人不见古时月，今月曾经照古人。"察哈尔右翼后旗的文物藏品和文物遗存，是对草原文化的传承和延续，是华夏文明的重要组成部分。而文物又是最具价值、最为真实的历史资料，当文献资料和历史传说都不足以明了历史的本来面貌时，文物以其自身的形象，记录了它相应时代的各种信息。文物可揭示出人类文明的源起和积淀，揭示出北方草原民族对中华文明的不朽贡献。

察哈尔右翼后旗出土拱形钮别部司马印（二级） 　　察哈尔右翼后旗出土拱形钮别部司马印（二级）

种地沟出土瑞兽镜 　　　　　　　那明山出土人物故事镜

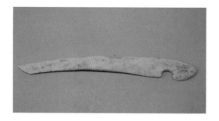

三道湾出土弓弭 　　　　　　　　　三道湾出土弓弭

三道湾出土弓弭 　　　　　　　　三道湾出土陶盆（二级）

三道湾出土纺轮 　　　　　　　　　三道湾出土小陶杯

三道湾出土双耳小陶罐

三道湾出土双耳小陶罐

三道湾出土双耳陶罐（二级）

三道湾出土陶壶

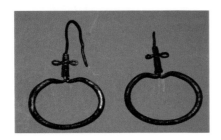

三道湾出土耳饰

三道湾出土耳饰

三道湾出土盘旋纹耳饰（一级）

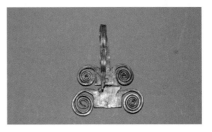

三道湾出土盘旋纹耳饰（二级）

三道湾出土耳饰

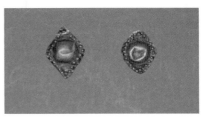

三道湾出土袍饰（二级）

三道湾出土双马纹牌饰（一级）

三道湾出土单马纹牌饰（二级）

三道湾出土单鹿纹牌饰（一级）

三道湾出土双兽纹牌饰（一级）

三道湾出土双鹿纹牌饰

三道湾出土梅花鹿牌饰（二级）（残）

三道湾出土驼形牌饰（一级）

三道湾出土梅花鹿牌饰

三道湾出土铜管器

三道湾出土管状器

战事纪略

HUASHUONEIMENGGUchahaeryouyihouqi

战 事 纪 略

ZHANSHIJILUE

察哈尔右翼后旗人民具有革命斗争的光荣传统。在这块土地上，曾先后历经了著名的"红格尔图抗战"等十多次战役。

红格尔图抗战

1936年，日本侵略者为了实施其蓄谋已久的"满蒙计划"，在侵占中国东北三省以及热河、察哈尔之后，又开始将侵略魔爪伸向了当时的绥远地区。他们一面加紧做战争准备，一面唆使伪匪军对绥东重镇进行试探性攻击。

一

1936年7月30日，在日本侵略者的操纵和驱使下，伪西北防共自治军总司令王道一率其部2 000余众，向绥远陶林县所属土牧尔台进袭。

土牧尔台地处农牧交界之处，东临商都、化德两县，北靠苏尼特大草原，是张家口、大同、平地泉通往草地的必经之地和重要驿站。由于其独特的地理位置，早在民国初期，这里就成了商贾云集的皮毛集散地，之后逐渐成为绥东地区的一个重要集镇。该地距日伪盘踞的商都以及德王府、嘉卜寺（亦称化德）仅有百里之遥，又是当时日伪军来往于在察、绥地区设立的两大军事据点——百灵庙、嘉卜寺的必经之地，战略地位十分重要。因此，土牧尔台也成为绥远的东北门户和国民党在绥东地区扼守的一个重要战略据点。当时这里驻守着傅作义部队的一个连和绥东四旗剿匪司令达密凌苏龙所属保安团的一个中队，另外还有当地民团百余人。

7月30日早晨8时许，先有一架飞机自东南方向飞来，在土牧尔台上空盘旋侦察。随后又有两架轰炸机飞临土牧尔台上空，扔了两枚

日军出动20余架飞机轰炸，被击毁2架

105

红格尔图驻军与民众在修筑防御工事

炸弹,其中一枚扔在西门外未爆炸,另外一枚扔在村东脑包山下爆炸了,但未造成人员伤亡。

飞机飞走后不久,即见伪匪军从东北面蜂拥而来,一边打枪一边嗷嗷大叫。我守军和当地民团迅速进入早已构筑好的阵地,当敌人冲到距我阵地不足百米时,随着守军连长的一声令下,我军阵地上的机枪、步枪一齐开火,一颗颗愤怒的子弹射向敌群。冲在前面的敌人纷纷倒地,而后面的敌人在当官的威逼下,仍然不顾死活继续向前猛冲。此时,我军的手榴弹和民团的土炮不断地在敌群中开花,炸得敌人尸横遍野,死伤惨重。

在战斗中,土牧尔台区区长田树英(中共地下党员)带领部分民团配合傅作义驻军一个排的兵力占据了村东的脑包山,予敌以沉重的打击。当小股敌人冲入城内时,傅作义驻军、中队长陈虎子率领的民团与敌人展开肉搏。此时的陈队长憋红了愤怒的双眼,用自制的大片刀左右抽杀,转眼间,两名敌人已倒在了他的面前,其他敌人见状,纷纷后退。在他的带领下,其他队员与驻军也奋不顾身地向敌人猛杀猛冲,敌人见势不妙,调头向城外溃退。这时,达密凌苏龙所属保安团中队长吉米格扎木色也乘机率蒙古族骑兵冲入敌阵,勇猛冲杀。经过激烈的拼杀,终将敌人击退。

二

伪西北防卫自治军总司令王道一犯我土牧尔台遭受挫败后,又把攻击的重点转向红格尔图。1936年于8月2日拂晓,伪军总司令王道一率其主力千余人向红格尔图发起攻击。驻红格尔图的国军是晋绥军骑兵第三团的两个连。二连连长傅秀峰、三连连长周盈生,还有机枪排排长郭茂修率领驻军与民众依托工事以及天主堂围堡沉着抵抗。激战两昼夜,击退了敌人的多次冲锋。

此时,驻守在贲红的骑三团团长孙风冀于晨时接到前线敌情报告后,一面向上峰报告,一面亲率该团全部兵力向红格尔图增援,于傍晚到达该镇。夜间,伪匪再次向我守军展开攻击，随即遭到了我守军更加猛烈的打击，伤亡惨重。早七时，孙团长指挥守军向伪匪军发起反击，一举将匪击溃。敌死伤累累，仅战场遗尸80余具。

当镇内守军和民团与敌人激战之时，驻守在十二苏木的达密凌苏龙保安团也派出两个中队的兵力，由沙格德尔、尔林庆分别指挥，在红格尔图南山二老牛洼以及红格尔图西北肯特山地进行迂回作战，利用骑兵快速机动的特点，袭扰敌人，配合守军给予伪匪以沉重的打击。

敌人对红格尔图连续进攻两昼夜，毫无进展，且死伤惨重，无奈之下，撤到了红格尔图东面商都境内的阳坡村、头股地、土城子一带进行休整，以图再战。

三

1936年8月2日夜，傅作义将军与晋军骑兵司令赵承绶抵平地泉，了解战况后，于8月3日晚10时命令陆军骑兵第三旅（后改编为陆军骑兵第一师）旅长彭毓斌率部进击犯我之敌。彭毓斌随即命令驻防平地泉的骑六团团长张培勋率部连夜向红山子（即十二苏木达密凌苏龙剿匪司令部所在地）集中，准备配合红格尔图守军歼灭王道一之伪匪军。

张培勋部队奉命向红山子行进途中，彭毓斌旅长也亲率特务连、炮兵连、装甲车于4日晨出发，下午1时赶抵高家地。汇总各方面情报后，彭毓斌决心乘敌不备，夜袭伪匪。随后，即邀张培勋团长一齐

红格尔图战役遗址

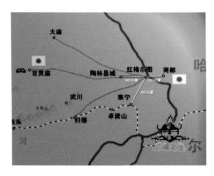

红格尔图战役作战图

乘装甲车先行到达距红格尔图不足10里地的红山子。到达红山子达公馆后，立即与绥东剿匪司令达密凌苏龙及其参谋人员共同研究敌情和战斗的详细部署，决定兵分两路，一路由张团长率该团一、二连绕道向土城子、头股地夜袭，务必于明早3时占领该村，另一路由彭师长亲自带领六团三、四连及特务连一部向阳坡村攻击，于凌晨3时占领该村。为防敌人过早发觉而遁逃，要求部队尽量隐蔽静肃前进，不受任何干扰直达目的地，准时向敌人发动攻击。

时为阴历六月十八晚10时30分，皓月东升，照得大地一片银白，各参战部队在达密凌苏龙所派出的向导的带领下，疾速向目的地进发。

张团长在领受命令后，立即挑选精干弟兄80名为先遣，轻装前进，由小路直插头股地和土城子。他们连续翻过13个山头，于夜间2时许提前赶到目的地。经侦察，伪军毫

无防备，为了出其不意给敌人一个突然袭击，张团长决定不再等待大部队到达，立即发起进攻。但当部队悄悄接近村子时，发现该村围墙又高又厚，如果强行进攻，很难突入。正当其无计可施时，排长王有仁报告说，发现有暗水道可钻入。张团长当即命令部队从暗水道中进入围墙内，并立即布置战士分头将伪军驻院包围起来，派一部分战士爬上屋顶居高临下，以火力压制敌人，其余的用手榴弹向敌猛烈轰击。随着张团长一声令下，霎时，喊杀声、枪弹声响成一片。这时在民户住的大部分伪军仍在梦中，而且又摸不清进来多少人，一时间蒙头转向，乱成一团。有的仓促爬起应战，有的赤身四处逃窜，有的则干脆趴在地上一动不动，等待缴枪，唯有一碉堡内伪军凭借工事顽强抵抗，集中火力向我军射击。另有一股匪徒，十分凶悍，持手提式"自来得"手枪由外面向我猛烈反攻。始知此乃王道一司令部所在地。面对敌人的内外夹攻，我军只好退守在一处高墙院内与敌对峙，等待后续部队的到来。这时，匪徒的进攻更加猖獗，我军沉着应敌，掘枪眼射击，给敌人以很大的打击，先后击退敌人多次猛烈进攻。此时我军子弹业已耗尽，幸好发现室内有匪军储存

前线战壕中的机关枪手

的几箱子弹和不少手掷弹，这才有了喘息之机。另外，在我军进攻时，设置在街口高处的一挺机关枪发挥了重要作用，连续击退四五十名匪军的反攻。苦战至早6时许，随着后续部队的逼近，外围攻击之敌才溃退而去，碉堡内的敌人也被我军集中火力予以消灭。约早8时，战斗方告结束。

由彭师长亲率之两连部队于2时30分秘密绕行至阳坡村南山，由侧面向匪军发起攻击。阳坡村距红格尔图村仅有七八里地，是王道一匪军进攻红格尔图的前沿阵地，构筑有坚固的防御工事。该处约有匪军三四百人，在我军发起攻击之前，该匪军因听到头股地激烈的交战枪声，已有警觉，故进入阵地，依据工事顽强抵抗。因此我军攻击较难

得手，一度陷入苦战。

为了尽快结束战斗，彭师长在月光之下草拟了一纸命令，命红格尔图的三团孙团长率团迅速出击，从阳坡村、土城子以北山地攻击敌人之侧背，配合六团迅速消灭敌人。派人把命令送走后，彭师长又迅速调整了战斗部署，除正面留一部分部队继续与敌人鏖战外，抽出两支劲旅绕至匪军阵地两侧向敌展开猛烈攻击。此举很快奏效，敌害怕被我军包围歼灭，开始纷纷向东北山地溃退，我军很快占领了该村。

之后，我六团第四连及特务连奉命沿阳坡村以北山地搜索残敌，彭师长即率装甲车和其他部队向土城子进击。行进至该村村口时，方见道路已被破坏，村内尚有部分匪徒据炮台抵抗，经我装甲车和骑兵

红格尔图战役遗址

袭击后开始败退而逃。我军正待发起追击，忽然接到商都伪军团长门树槐、连长张风楼派人送来致函信，请求停止进攻，愿接洽投诚。彭师长即命令停止前进并开始收拢部队。此时已8时许，仍闻北面山地枪声不断，知我三团仍与匪军激战，彭师长即派四连寇连长率队前往接应。一个小时后，战斗才告结束。

9时50分，孙团长、寇连长先后汇报战斗情况：三团在接到彭师长命令后，即向红格尔图东北地区攻击，当至台道湾村时，遇到了退集该村四五百名残匪的顽强抵抗，战斗非常激烈。在孙团长的亲自指挥带领下，我官兵不畏牺牲，奋勇冲击，连续四次向伪匪发起猛攻，后在寇连长所部的支援下，经过两小时的激战，终将匪军击败，占领了该村。经清理战场，共毙匪30余名，生擒20余名，敌战地指挥官被当场击毙。我军亦阵亡官长3名，士兵8名，受伤官兵30余名，战斗异常悲壮。

至此，整个战斗胜利结束，匪首王道一冒险犯边，仅仅几天时间即损兵折将，号称2000余人的部队除被击伤击毙者外，其余包括伪司令部人员在内均被打得七零八落、四散溃逃。除损失大量武器弹药、给养外，还有许多伪军的重要官防文件、图章等被我军缴获。

当王道一率残兵败将退回商都后，因损失惨重，被日本人问罪枪杀，暴尸街头，所属溃兵悉数被王英收编。

骑六团在击败王道一伪匪军后，

即奉命与孙绍九骑三团换防，一部由团副张著率领驻守红格尔图，一部由团长张培勋率领在红格尔以南60里地的高家地驻守。孙团奉命撤回平地泉休整待命。

四

日伪初战不利，虽遭受重创，但侵略野心并未收敛，反而变本加厉，积极备战，图谋再犯。在敌我双方紧锣密鼓的侵略与反侵略战争准备中，时间很快到了初冬季节（1936年11月份）。这时，日本侵略者自以为侵绥时机已经成熟，绥省唾手可得，即亲自策动、指挥伪匪军气势汹汹地再次向红格尔图扑来。

红格尔图当时属绥远省陶林县管辖，是一个千余人口的小镇。该镇西距陶林县城80千米，南离平地泉90千米，东距敌伪盘踞的商都30千米，为察绥交界之要冲、绥东的门户。平滂大道途经此地，是张家口通往嘉卜寺、百灵庙的交通要道，历来为兵家必争之地。所以，日伪将进攻绥远的主攻方向首先选择在这里。

11月12日，日本侵略军任命王英为前敌总指挥，将王英所部石玉山、杨守城两个骑兵旅及金宪章一个步兵旅和两个炮兵连，6 000余人作为一线主攻部队，准备进攻红格尔图，并在距红格尔图15里地的商都县境之大拉村设立了前线指挥部。

红格尔图的民众擀毡子（方大曾摄影）

整装待发的蒙古骑兵

当时驻红格尔图的中国军队仅有晋绥军赵承绶骑兵第一师（师长彭毓斌）第二团（原六团）两个连与一个机枪排，还有当地民团80余人协助守卫；另外，还有绥东四旗剿匪司令达密凌苏龙所辖的蒙古军百余人在外围配合作战。

11日下午，日本侵略军数架飞机在红格尔图阵地上空反复侦察。

12日，3架敌机开始对我红格尔图守军阵地进行狂轰滥炸。同时，王英率其所部开始向我红格尔图方向进攻，并派出小股部队对我边境进行袭击，与我侦察小部队稍有接触。

13日，大雪蔽天，日伪多架飞机各带炸弹6枚，结队到红格尔图前线侦察、轰炸。匪部亦全部出动，向红格尔图进袭。但因风大雪厚，飞机在空中迷失方向，未至红格尔图上空，便将炸弹掷下，不料，全在敌群中爆炸开花，致使匪伪死伤甚多，而地面之敌也因风雪迷茫辨别不清方向而暂时停止了攻击。有人说："这是老天爷有眼，天不亡我也。"

14日，伪匪军在李守信与王英的指挥下，于晚间再次向红格尔图进犯。在距红格尔图东3千米的阳坡村一带与我骑探接触，发生了前哨战。我军将士勇敢沉着，随机应付，皆予匪军以重创。同时，另有一股匪军计划乘夜幕掩护对我军进行偷袭。巧的是，在向红格尔图进发时，由于向导带错了路，将部队带到北距红格尔图七八里地的高烟洞村一带，延误了进攻时间。我红格尔图军民已得到消息，全部进入城墙掩体与碉堡，严阵以待。敌见无机可乘，再加上是夜大雪续降，天气寒冷，匪伪兵大多畏缩不前，只好作罢。

15日，伪匪军在日本侵略军的监督下，开始对红格尔图发动大规模进攻，妄图一举拿下这个边陲小镇，打通西进绥远的通道。匪首王英亲自上阵，还在众匪首面前大言不惭地说："我王英是鹰，红格尔图是兔，鹰抓兔哪有不胜之理。"

是日清晨，敌人先有一架飞机飞临红格尔图上空盘旋侦察，接着又出动了四架战斗机，开始对红格尔图守军阵地进行狂轰滥炸。

同时，王英亲率4000余众（内有日本指导官100余人）占领了东面离村约2千米的乌里雅苏台山，开始驱赶匪兵向红格尔图发起攻击。这时驻红格尔图守军和民团早已做好迎战准备，全部兵力部署于碉堡与城壕的掩体内。打头阵的是王伪匪军，3000余人，匪军倚仗人多势众、武器精良，且上有飞机配合，下有大炮助威，后有李守信蒙古军压阵，向我阵地发起了轮番冲击，自以为轻而易举即可取胜。但我守军在张著团副的指挥下，沉着应战，依托工事合理配置火力，与进攻之敌近

距离接战，大量杀伤敌人。王英匪军连战一天，遗尸遍野，损失惨重，毫无进展；而我军士气高涨，愈战愈勇，使敌毫无可乘之机。

对于15日的战斗，战地记者方大曾在战后采访报道中有这样一段描述："匪部当夜把包围的阵势完成，即于15日早晨下令总攻，首先是七八架飞机和大炮的轰炸，结果把东北角的碉堡炸毁，我们有一位守军阵亡，其他阵地均无变化。当飞机来时，我军都避在战壕中的窑洞里，只留几个哨兵在外，等飞机去后，

红格尔图官兵（方大曾摄影）

就是大炮轰击，继之以攻兵的密集冲锋。这时匪方已将东山坡占据，可以很清楚地看见我们的阵地——红格尔图全镇均在他们的视野之下了。"记者来此采访时，曾亲登东山坡拍摄红格尔图镇的全景，并且还可听到战壕里的说话声。

"我军因人少势单，所以枪弹也舍不得乱发，不管他们如何轰击都不还手，当他们的冲锋队爬到离

红格尔图前线部队作战情形

我们的枪口只有50多米远时，才由哨兵发号令，大家群起射击。机关枪这时发挥了很大的威力，敌人已到我们跟前，既进不得又退不得，几乎全部死在外壕附近和东山坡上。他们不断地密集冲锋，也正是不断的死亡。"

当红格尔图保卫战于15日正式打响后，驻守在高家地的骑六团团长张培勋接到命令，亲率该团二、三连及机枪一排迅速驰援。为了避开敌人在高家地通往红格尔图大道上的阻击，援军向西迂回到陶林至红格尔图的大道，于夜间从西门进入红格尔图。援兵的到来，更加鼓舞了守军的士气。这时张团长下令

把所有马匹全部卸鞍交给少数几个马夫看守，命令全部人员进入一线阵地，并公开宣布，谁要不卸鞍或以后私自给马备鞍者，不论是官是兵都要就地正法，以示死守不退之决心，于是军心更加稳固。

15日的惨败，使匪首王英战前信誓旦旦的颜面大扫，更使在火线督战的日本侵略军恼羞成怒。他们连夜会议，重新部署，决计更加疯狂地向我反扑。

16日晨6时，天刚蒙蒙亮，敌人就开始发起新的进攻。先是日方大炮集中向我东北、西北两角的碉堡、围墙猛轰。随后有15架飞机盘旋于空中，每到我方阵地上空，或投弹轰炸，或俯冲扫射。一时间，炮声隆隆，枪声阵阵，声响动地，烟尘罩天，我东北两面围墙多处被毁，两角碉堡顶层亦残，城壕掩体也倒塌数处。

敌人飞机大炮的狂轰滥炸持续了一个多小时。至7时许，4 000余匪徒在匪首王英和日本特务机关长的亲自指挥下，分两路向西北、东北两角密集冲锋。我守军似乎并不着急，而是沉着应对，静而待之。当敌人进入我火力有效射程之内，我兵士突然群起，以各种火器向敌群集中射击，冲锋在前的伪匪纷纷倒地，死伤百余。后面的看到此阵

红格尔图军民就地取材制作土坯，修筑工事

势都吓破了胆，掉转屁股，蜂拥而退。在这次反击敌人的战斗中，我民众守备队长张存德负伤。

下午2时，正当我军民冒着敌人零星炮弹射击围堵围墙、抢修工事之时，忽见东方黄尘滚滚，由远而近，随后即见有500余名匪兵在东北角小山后下马。这时，天空中也传来了飞机的隆隆声，不到一刻钟，即有7架飞机飞临阵地上空开始投弹，去而后返，先后三次，共投弹百余枚。继之，敌人的大炮也再次怒吼起来，成批弹药倾泻在我守军阵地上。此次敌炮弹、炸弹之主要目标专对东北两面的碉堡，几轮轰击过去，碉堡的上层均被炸平。敌寇以为不再有炮火威胁，即驱赶着上千名匪兵再次向我冲来，但是，

他们哪里知道，我们的碉堡设计修筑之初就是两层，而下层都用石头砌筑，甚为坚固。这次虽然将上层打掉，但并不影响下层火力的发挥，反而致敌麻痹，正好诱敌深入。当敌人成群结队冲至我阵地前沿时，我守军之重机枪、冲锋枪之杀伤弹丸由各碉堡内一齐喷出，构成了一道密集的火力网。敌人猝不及防，死伤较前更多，冲在前面的无一幸免，后者见状，惊恐万状，不敢再前，纷纷后退。我亦停止射击，从此僵持。

至晚，敌人虽屡遭失败，但仍然不肯退去。二团张团长经过计议，认为伪匪必有企图，遂将轻、重机枪等重火力重新配备在重要位置，并要求守兵多带手榴弹，分布于外

壕掩体内，在高处埋伏大量土枪土炮，炮口居高临下，对准前沿阵地，以备敌人夜袭。果然，于晚上9时许，敌人东面一路枪炮齐发，向我猛攻，而北面一路一枪不发，向我阵地猛冲。但我守军早已严阵以待，当敌人冲至距我阵地前沿几十米处，即遭到了我军更猛烈的炮火打击，遗尸遍地。北面有数十名猛冲的敌人顾不得回头，纷纷跳入外壕，除被我手榴弹炸死外，还被我军生俘了3名。此次战斗一直持续到夜间11点钟，敌人见无机可乘，才撤回驻地。我军则乘隙连夜修补围墙，加固工事，补充弹药，再备杀敌。

第三日（17日）早7时，敌人大炮又开始向我守军阵地猛射，至8时许，又见有匪众千余从东北及正北冲下山头向我阵地扑来。这时从商都方向飞来敌机4架，在北面围墙及围内低空投弹，继而又有3架飞临，而先来的4架飞返，则瞬时又来，往返轮换，连续不断。此时敌人的大炮也全部集中在东面山上，近距离向我北面围墙轰击，显然是在掩护步兵，妄想从北面打开缺口，过壕登围。此刻，我守兵除留少数在交通沟外口监视敌人，其余全部隐蔽在城壕内根的"猫耳洞"内。约8时半，攻我之敌已接近外壕，并抬云梯，预备过壕登围，此时敌

机敌炮也开始转换目标。借此时机，我守兵一跃而起，登上围顶，向预备过壕的敌人猛投手榴弹，炸得敌人身翻梯落、血肉纷飞。而我配置在高处的土炮、野炮也一齐向后面蜂拥而至的敌群开火，打得敌人哭爹喊娘、抱头鼠窜，将30余架云梯、50多支步枪遗弃在外壕。

正当我守兵欢呼雀跃之时，溃退的敌人又返回头一窝蜂地再次向我阵地冲来，原来是后面有日本人的督战队在督战。但这一切都是枉然，他们所面对的是更沉重的打击。战斗一直持续到上午10点多，敌人攻势稍有减弱。

当张团长正在慰问伤者、鼓励士兵之时，忽然接到集宁前线指挥官彭毓斌师长来电，令其千方百计吸引敌人，以便我大部队深入敌后抄袭，围歼敌人。听到此讯，张团长兴奋异常，但为保守机密，防敌闻讯逃窜，他并未当场宣布此消息，而是继续鼓励军民修补工事、补充弹药、诱敌再攻。至下午，敌势似乎也已成强弩之末，再未组织大规模的攻势。事后得知，是日军已对王英的残兵败将失去了信心，正在调集多伦、热河伪匪张海鹏部赶来助战。但日军并未知晓，我军大批增援部队已由集宁、卓资山悄悄赶来，日军覆灭的命运已经注定。

五

15日,当红格尔图保卫战激烈进行之时,坐镇绥远的傅作义将军及晋军骑兵赵承绥司令官分别由绥远、大同赶赴集宁,共同策划指挥整个战斗。在汇集各方面情报后,为求得一战决胜,彻底打垮敌人,他们决心集结优势兵力,发挥最大机动作战能力,秘密地迂回到伪匪军侧背,出其不意,乘夜袭击,予敌以致命一击。

16日上午10时,傅作义将军与赵承绥联合发布命令:

命骑一师彭毓斌师长率骑兵四个团(即第三、四、五、六各团,其中六团已在红格尔图),第二一八旅董其武旅长率带步兵两团(四二二、四三六团)附炮兵二十九团之一营、野炮一连、小炮两门、装甲车四辆,以秘密的行动、迅疾的手段歼灭或击溃红格尔图附近之敌。要求各兵种皆需夜间行动,步炮用汽车运送,限于17日夜12时前必须到达红格尔图西南丹岱沟一带集结待命,并于17日夜间发起进攻,努力于拂晓成功。

命令下达后,各部官兵精神振奋,各自按指定时间,迅速出动。对于当时情况,记者曾有这样一段报道:"11月15日,王英部以十数倍之兵力攻我红格尔图,我们增援部队是在16,17两日夜间由平地泉出发。我们增援的骑兵是赵承绥司令的部队,步兵是傅作义和李服膺的部队,统由骑兵师长彭毓斌、步兵旅长董其武指挥。在月光明澈、雪色皑皑的夜间,一队一队的骑兵头戴长尾的成吉思汗式皮帽,身穿短羊皮大氅、白色皮裤,脚蹬短筒战靴,携枪急驰,人无声,马不叫,但沙、沙、沙的马蹄声,送走了抗敌骑士的身影。"

"在车站(平地泉)附近,另停放着成队的载重汽车。从电炬的闪光中,看到无数的步兵屏息而来,似乎参谋处的分配已十分周密。三十、二十一队的士兵井井有条地走近了他们应坐的车辆,没有喧嚷,没有纷乱。等到部队全部到齐了,汽车队开始'嘟嘟……'地发火,一对对的灯光把车站附近照得如同白昼。一会儿,前进号声响起,顿时,几十辆载重汽车装成了一座一座的兵山。第二次前进号后,这几十辆兵车连成一条火龙,浩浩荡荡,直奔红格尔图前方。"

至17日拂晓,十二苏木南方及西南方,隔三四十里处一带地区的村庄已被全部封锁。村民清晨起来开门一看,见到处是当兵的,或依于檐下,或蹲在墙根,抱枪调息,若有柴厂草院,则身盖乱草,闭目而卧。另有少数士兵在全村最高屋顶或围堡（为加强战备，绥省在较大村庄皆筑有碉堡）放哨瞭望。村口路边，皆有哨兵把守，任何人员只许进，不许出。村民们看到此阵势，虽不知究竟何为，但猜测必有重大军事行动。

下午5时，彭毓斌师长率各高级将领及直属机械化部队经大六号、高家地到达范家村。达密凌苏龙已事先奉命在彼相候，当下向彭师长报告了前线匪军情况，得知匪军于本日下午又增加2000余名，达拉村、土城子为其指挥部，头股地、三股地及其以北高地亦已被匪占领。彭师长一面召集各将领召开会议，按照敌情之变化修订作战部署，一面令汽车迅速往前输运部队（步兵），并向各参战部队分配了作战任务，下达了作战命令：

十一月十七日下午六时于范家村师部

1. 匪军三四千除围攻我红格尔图以外，均分驻于土城子、达拉村、台道湾等处，我骑兵六团仍在红格尔图与匪对战中。

2. 师以奇袭该匪之目的，拟于今十七日夜间行动，于明十八日拂晓向该匪侧背施行攻击，务期歼灭该匪于红格尔图以东、黑猫沟以西一带地区。

3. 董旅长率该旅四三六团及四二二团附山炮一营，经过头股地向土城子一带之匪施行攻击，成功后务占领土城子以北一带高地，再行停止，整顿待命。

4. 骑三团孙团长率领骑三、四两团附野炮一连，经三股地向达拉村施行攻击，务以疾风之势歼灭达拉村之匪军，后向台道湾施行迂回，于占领台道湾后再行停止，整顿待命。

5. 骑五团周团长率领该团在骑三、四两团右翼后，为师预备队，并向商都方面施行警戒，务遏止匪之援军。

6. 余现在范家村，于攻击开始时在十二苏木，攻击成功后率机械化部队及特务连由红格尔图向阳坡村前进。

攻击成功后红格尔图有报告收集所。

注意：

1. 联络记号如另纸（已发）

2. 信号枪之规定如左（下）：

发现匪情时单发二次，攻击成功时双发二次。

（1）骑兵于明18日上午1时由十二苏木开始。

（2）步兵于明18日上午1时半由十二苏木开始。

以上命令所定攻击计划成功

后，全军各部队共赏洋二万元，生擒王英者赏洋二万元，击毙者一万元。

命令下达后，各部队分别动作。

董旅长即令四二二团附炮兵一营，以一营向阳坡村袭击，其余主力向大土城子袭击，要求占领土城子北方及其以西高地成功后，整顿待命；令四三六团之第三营为旅预备队，由旅长掌握，跟随该团前进，其余（附炮兵一连）以一部袭击头股地，成功后，在头股地北方高地阻止达拉村之敌西援，并援助骑兵夹击达拉村之敌；主力向小土城子袭击，灭敌后，急向土城子北方高地阻止台道湾之敌南援，协助我四二二团扑灭土城子之敌，成功后，占领土城子北方以东之高地，待命。

这次作战要求各部队以灭敌为目的，各用手掷弹、刺刀杀敌，非至万不得已，不准开枪，以免误伤自己人员。

为了使各部队准确及时到达指定位置，达密凌苏龙还从其卫队中选拔了20多名向导为各部队带路。

时当深夜，钩月早剑，朔风凛冽，天暗刀寒，至夜间2点30分，各部队已按期到达指定地点。凌晨4点，围歼匪伪的战斗正式打响，我军开始全线发起总攻。步枪声、机关枪声、手榴弹声同时爆发，山鸣谷应，震撼天地。至5时30分，各村皆有红色信号弹向土城子北方一带上方飞去，预示着我军的首轮攻击已经奏效，这时阳坡村、头股地、三股地一带匪军开始向东北山地溃退。又闻我炮声隆隆，向北山猛击，

红格尔图战役旧址

红格尔图战役纪念碑

各部亦奋起出击，一边追歼逃敌，一边向土城子、达拉村一线攻击。土城子北山皆有敌之警戒部队及简单工事，我军摸至山腰，距敌不及

百米，敌已警觉，鸣枪阻止。我则一枪不发，加紧前冲，及至眼前，用手掷弹开路，敌人猝不及防，各自返身逃跑，我官兵亦跟踪冲下。四二二团右翼及其团之预备队，直对大土城子，先冲下山，在大土城子以南小高地与敌发生激战。此时，我骑兵孙团长分派骑兵一部，在将三股地之敌击溃并占领该村后，自率主力，冲至达拉村，与敌激战；而我步兵亦分别与各村之敌拼战。头股地、小土城子先后被四三六团之部队攻占，第七连长王廷榜在小土城子阵亡。之后该部一面北追溃退之敌，并以一部助攻大土城子，旋即该村被我两团部队占领，余敌向北溃逃。四三六团第四连连长赵怀晋在该处受伤。此时，阳坡村亦

红格尔图战役遗址

红格尔图战役将士后代重返抗战遗址

为四二二团第一营占领，并向北猛追溃逃之敌。此时，我骑兵孙团长也已将达拉村占领，正率所部以疾风之势向台道湾抄袭。

达拉村为敌之后方，除悍敌一部外，余皆所谓敌之特务人员，并闻有一重要策动者激战之始已先免脱。

时至拂晓，天已蒙蒙亮，我骑兵孙团长率带两团绕至台道湾高地，目击土城子以北、东、西之山已被我步兵占领，有残匪一部，向东溃窜，而台道湾附近尚有一部正向东溃，另一大部全是骑兵，向西北方向窜去。孙团长遂令骑四团向东急追，自率骑三团、野炮一连截击当面之敌，而敌转向北方拼命逃窜，被我大炮轰击毙伤甚多。当孙团长率三团追击敌人至台道湾时，我骑五团之一连亦到。该连原在我步兵左侧，搜索溃敌，警戒北进。当东方激战时，靠近红格尔图东、北两面之敌看到后方遭我军袭击，也开始着急向北方撤退，南面之敌亦由红格尔图以东向北绕撤，但被我骑一连乘机追击，毙敌30余人，敌且抗且退，我亦伤亡6名。而后，我骑一连遂在步兵左翼，搜剿高烟筒、小井子残敌后追至台道湾与孙团长汇合。孙团长也已将西北之匪军肃清，遂率该团及骑五团之一连驰回达拉村，向彭、董师，旅长面报战斗经过。时已至18日上午8时30分，整个战斗已近尾声。

彭、董二位指挥官一面令步、炮兵在红格尔图阳坡村，骑兵在十二苏木、土城子集结待命，并派骑探详侦向西北退走敌人之踪

121

迹，一面将前后作战经过及敌方情形报告傅作义将军与赵司令官，请示机宜。

此战先后历时4个多小时，毙敌500余名，王英部特务团长常子义被击毙，连同攻红格尔图者，毙敌总数千余名。另俘敌300余名，缴获电台一部，台长、雇员各一名（均为日本人）和随身携带的身份证明书、委任状、军人手牒等。其中最重要的是日本关东军发给王英的电台联络表和电报密码本，为尔后我军侦知敌情起了很大的作用。

匪首王英乘乱逃脱，其乘坐之二套马车及众多军用物资被截获，并抄得王英司令部之重要文件多种。红格尔图首战告捷，极大地鼓舞了我军抗战热情，顿挫了敌伪的威风，为日后收复白灵庙奠定了基础。

智取张维村日伪据点

1937年"卢沟桥事变"后，日本侵略军很快就占领了华北地区的大部分土地，曾经在一年前以奋起抵抗日本侵略者而闻名的绥东地区也相继沦为了日本侵略者的占领区，广大蒙汉群众成了日本侵略军铁蹄蹂躏下的羔羊，生活在水深火热之中。

1938年，八路军大青山支队挺进大青山开辟抗日游击根据地，经过几个月的艰苦战斗，很快在这个地区打开了局面，站稳了脚跟。

1938年底，当大青山抗日根据地初步建立后，根据上级命令，八路军主力部队七一五团由王尚荣团长带赴晋察冀执行新的任务，留在大青山的只有一个骑兵连，加上四支队（由山西太原成成中学师生抗日游击队改编）共500多人。

1939年，为了适应斗争形势，大青山支队正式改编为骑兵支队，继续坚持抗日斗争，巩固和扩大抗日游击根据地。根据党中央指示，支队将留在大青山地区的部队扩建为骑兵一、二、三营，实现了骑兵化。当时，延安《军政杂志》报道：步兵一夜变骑兵。大青山骑兵支队支队长兼政委李井泉，副支队长姚喆，政治部主任彭德大，副主任饶兴。

1940年5月28日，将骑兵支队营的建制改为团的番号。骑兵一团活动在绥南地区，骑兵二团活动在绥中地区，绥西则是骑兵三团的游击战场。动委会所属游击队4个连仍分别在绥南、绥中、绥西与各所在骑兵团战斗在一起。1940年7月李井泉调晋西北之后，姚喆任大青山骑兵支队司令员兼政委，张达志任副政委，陈刚任参谋长，彭德大任政治部主任（他牺牲后由张达志接任）。

在这一时期，为了限制八路军大青山骑兵支队以及游击队的活动，盘踞在这一地区的日本宪兵和伪军在各地相继建立了据点和炮楼,在一些交通要道和人口较多的村子里安营扎寨,意图将这一地区变成其侵略中国的大后方。

贲红,蒙古语"陵墓"的意思,传说在古代,这里曾是一个古墓群。在此期间,贲红是绥东重镇集宁县第三区区公所驻地,也是敌伪在绥东地区的一个重要据点。那时贲红区管辖范围很大,基本上包括了现察哈尔右翼后旗的南部地区,还有北部乌兰哈达、当郎忽洞苏木所辖的农区,过去称之为中特拉滩一带都归它管,而且它还是集宁通往陶林、商都、土牧尔台、红格尔图等敌伪重要据点的交通要地,扼平(地泉)滂(江)大道之咽喉。

日伪刚占领贲红时,派了一个日本驻区指导官,叫板内,他的后任叫色田。伪区长张义是贲红区张维村大户人家的子弟。为了保卫日伪区公所和日本指导官的安全,贲红区当时成立了一个30多人的自卫队,这些伪兵倚仗着日本人为虎作伥、危害乡里、鱼肉百姓,群众对其恨之入骨。

为了粉碎日本侵略者的罪恶阴谋,打击日伪的嚣张气焰,民国29年(1940年)8月初,八路军大青山骑兵支队四大队决定配合陶北区游击队夜袭集宁县的贲红日伪敌据点。为了出其不意、攻其不备,部队决定在夜间对敌据点进行偷袭,以期速战速决,一举成功。

8月8日夜,大青山骑兵支队二团四连派出一个排的兵力,加上陶北区游击队,共计50多人。骑兵支队在余有清连长和游击队向多贵队长的带领下,连夜从辉腾梁一带骑马向贲红方向急驰。在茫茫的夜空下,一队骑兵马不停蹄地行进在蜿蜒的山间小道上,犹如一支利箭插向敌人的防区。但是,由于夜色甚浓,贲红一带的地势又比较平坦,夜间行军时没有明显的参照物,向导领错了路,绕了一大圈。快到贲红时,天已放亮,夜袭计划已不可能实施,战士们不免有点扫兴。这时也有部分战士提议:"我们虽然偷袭不成,但硬碰硬也不会输给这些日伪军,辛苦了大半夜,不能白来一趟,干脆一个冲锋打进去,消灭了这帮兔崽子。"

余有清连长和向多贵队长经过冷静思考,一致认为:"我军的人员和战斗力虽然远胜于日伪军,但如果强行攻击,敌人必然依托有利工事进行顽抗,我军又没有重武器,很难速战速决,这样难免会造成大的伤亡。另外,贲红距离日本侵略军重兵驻扎的集宁只有30多千米,敌人的援兵用不了一个小时就会赶到，这将对我军构成极大的威胁。况且这次偷袭不成，以后还有机会。"权衡利弊，余连长和向队长决定取消这次行动，带领部队返回辉腾梁驻地。

在返回驻地的途中，正好要经过位于贲红西南十几里地的张维村。张维村，最早叫雀脑村，因为村子周围的土壤是红土，发洪水时颜色是红色的，所以也叫红水村。后来张维的父亲张二虎从山西来到了这个村，将村名改为张二虎村。张二虎死后，以其大儿子张维的名字命名，叫张维村，一直到现在。

张维村坐落在贲红村西面的一个山沟里，村子三面环山，东面比较开阔，村前有一条季节性河沟。在民国年间，张维村有50多户人家。住在村子西边的是以张家、刘家两个大户为主的20多户人家。为了防止土匪抢劫，张、刘两家大户便将村子一分为二，在西边的20多户人家的四周挖了8尺宽8尺深的壕沟，在壕沟内修建了土围子，正南面修建了一个大门，设专人看守。

日伪军侵占贲红后，张维的二弟张义当上了贲红区（也称集宁三区）的区长，张家是有钱人，为了保护自家的财产，便雇人在村子修建了炮楼，买了些枪支弹药，组建了有20多人的自卫队，在村子里驻守。自卫队队长叫张三根，是张维的本家亲戚。这些自卫队原本就是一伙乌合之众，其人员多是张、刘二家的亲戚，也有一些人是附近村子里的一些游手好闲的混混。他们中的个别人，原来就是土匪，见日本人有势力了，就投靠了日本人，成了日本人的走狗。别看这帮家伙本事不大，但一肚子坏水儿，仗着张家的势力，常常下到村子里搜刮民财，骚扰百姓。

当部队在返程途中走到离张维村不远的杨纳生村时，余有清连长即远远望见了张维村的土围子和村中的炮楼，灵机一动，心想："何不顺手牵羊，拔掉这个土围子！"随即他催动胯下坐骑，紧走几步赶上走在队伍前面的向多贵队长，向他征求意见。听了余连长的想法后，向队长举双手赞成。

余连长和向队长二人骑在马上边走边商议，一致认为："现在天已大亮，根据张维村周围的地形条件，如果采取强攻，敌人必然依托土围子或龟缩在炮楼里死守硬抗，我即便是攻进土围子，一时半会儿也很难攻占炮楼，消灭敌人。而且枪声一响，贲红据点的敌人会及时赶来支援，这样我军就会腹背受敌，处境不利。所以要想拔掉敌人的这个据点，不能强攻，只能智取。"

经过谋划，他们决定假扮日本兵蒙哄敌人，接近敌据点，打他个措手不及。计划确定后，余连长即命令部队暂停进行，向战士们讲述了他与向队长刚才商定的计划。没等连长讲完，战士们的情绪马上又被调动起来，个个摩拳擦掌，包括那些战马都兴奋得直打响鼻，跃跃欲试。

在余有清连长的指挥下，走在前面的两个班士兵换上了缴获来的日本人的黄军装，余连长亲自穿上了日本人的军官服装，挎着日本刀，紧跟在化装成日军的士兵后边，并让士兵打起了日本膏药旗，猛一看，还真像是一群日本兵。化装后，他们以两路纵队向敌据点进发。

当余连长他们到达张维村附近时，前门的伪军哨兵看到了日本膏药旗，以为是日本宪兵队来了，慌忙从岗台上下来打开了大门，我军即大摇大摆地进入村子。进村后，首先把两个哨兵缴了械，不让他们声张，并押着两名哨兵带领我军的人马向伪军的炮楼围拢包抄。当我军到达营房的大院后，骑兵下马持枪，迅速占领了有利地形，控制了营房的制高点。余连长以日本皇军的口气，命令炮楼上的两个伪军下来回营房集合，两个人莫名其妙地乖乖地下了岗哨，被我军缴了械。

这时营房里的伪军还没有起床，正做着美梦。他们做梦也没有想到，我军有如神兵天降，突然出现在他们的眼前。战士们迅速冲进敌人的营房，把还在睡梦中的伪军堵在了被窝里，一支支黑洞洞的枪口早已对准了他们。

余连长和战士们向伪军高声喊道："我们是八路军，你们被包围了，缴枪不杀！"敌人顿时乱作一团，不知所措，随后又争先恐后地找衣服穿，有的裹着被子躲在墙角不敢动弹。其中有个亡命之徒还想伸手拿枪抵抗，余连长一声断喝："不许动，小心你的脑袋！"只见他浑身哆嗦，双膝一软跪在了炕上，乖乖地举起了双手。

本次突袭战斗中，我骑兵连和游击队未损失一枪一弹，缴获伪军步枪18支、手枪2支、战马20匹，俘虏伪自卫队长、副队长各1人，伪自卫队员18人。

对这些被俘虏的自卫队员，余连长和向队长按照八路军的政策对他们进行了教育，并警告他们不要再为日本侵略军卖命，如果不听劝阻，再被抓住后定将严惩不贷。还要求他们捎话给贲红伪区长张义及其他人员，叫他们不要为非作歹，不要与共产党、八路军为敌，不然的话，八路军饶不了他们。在得到这些伪自卫队员的承诺后，余、向二人即命令战士将他们全部释放，并将炮楼放火烧毁后迅速转移到了辉腾梁山区。

自从我八路军和游击队袭击了张维村敌据点以后，给周边的日伪军造成了很大的震慑。之后，日伪军再未在这个村驻扎过，就连责红的日伪军也不敢轻易再到乡下去为害老百姓了。

八路军夜袭红旗庙

红旗庙位于察哈尔右翼后旗锡勒乡政府所在地——袁家房子北约5千米处，该地东、北、西三面环山，庙前的苏莫都高勒和阿贵忽少高勒泉水清清，长流不息。这里村前是比较平坦的牧场，一米多高的芨芨草可以隐没草滩中的羊群。这里不仅水草丰美，而且是集宁到陶林交通要道的必经之地，也是历代兵家必争的战略要地，更是土匪、强盗经常出没的地方。

清朝年间，这里曾建有一处相当规模的寺庙，蒙古语称"穆尔固楚克庙"，由西藏、青海喇嘛所建。原是察哈尔正红旗第六、第七两个苏木的喇嘛庙，故称"红旗庙"。

抗日战争时期，红旗庙曾经是我八路军大青山抗日武装及绥东工作团的一个重要活动据点。由于红旗庙的房舍多，再加上当时这里相对比较安全，游击队就把征集到的抗日物资通过宣巴丹丹喇嘛存放在庙里。有时候，游击队的伤病员也留在庙里，请稍懂医术的宣巴丹丹喇嘛给清洗、包扎、敷药、护理。

当时，红旗庙周围只有五六户牧民居住，通过我党地下工作者的宣传教育，他们不仅对我党的革命事业保持了同情心，而且对我八路军武工队和绥东工作团的活动给予很大帮助。这里离陶林县城不远，又是集宁到陶林大道的必经之路，我武工队员有时候大白天就隐藏在这些牧民家里，有些轻伤病员也经常在这里治病养伤，他们白天穿上牧民的蒙古袍在牧民家里出入。

1940年，随着大青山抗日武装力量的发展壮大，我武工队在这一带的游击活动不断增多，对敌人造成了很大的威胁。除小股敌人不敢轻易扰乱外，集宁到陶林公路上的日本运输汽车也常常遭到游击队的袭击。于是，驻陶林的日本军为了限制游击队的活动，保护公路运输的安全，派了几十个日本兵驻扎在红旗庙。过了一段时间，日军调走，由伪蒙古军第七师十九团的一个排接防，日军虽然调走，但还隔三岔五到这一带进行骚扰，红旗庙就成了日伪军的一个固定据点。

日伪军在红旗庙设立据点后，

不仅奸淫掳掠、骚扰百姓，还经常在集陶公路两侧加岗设卡，打探游击队的行踪，阻挠游击队的活动，杀害共产党的工作人员。鉴于此种情况，大青山骑兵支队决定拔除这个敌据点。

考虑到红旗庙据点距集宁和陶林县城较近（南距集宁不到30千米，北到陶林不到15千米），为防敌人增援，战斗失利，我八路军指挥部决定采取夜间奔袭战术，出其不意，攻其不备，用最短时间消灭敌人。

1940年9月12日夜间，我大青山骑兵支队四大队和陶北区游击队，秘密集结于北距红旗庙约5里地的独户村贾三娃家，一边商议作战方案，一边找木椽、木棍绑扎云梯，进行战前准备。当一切准备就绪后，已是后半夜，部队开始向红旗庙靠近，战斗很快打响了。

坚守红旗庙的伪蒙古军虽然只有一个排的兵力，但庙有围墙，高约3米，十分坚固，敌人还配备了他们防守城池的利器——巨型手榴弹，而且这些伪蒙古军都有过长期作战经验，打仗比较顽强。所以，要攻克红旗庙绝不是轻而易举就能得手的。

战斗打响后，我军在机枪的掩护下，从庙前与庙侧多次登梯上墙，都被敌人强大的火力压了下来。敌人凭借围墙掩护，利用弹药充足的优势，拼命抵抗，为担负攻击任务的指战员造成了很大的威胁。

几次攻击失利，为减少不必要的牺牲，我军指挥员当即决定，除留大部分战士继续在庙前、庙侧集中火力吸引敌人外，抽出部分身手好的战士组成突击队，携带两挺机关枪和大量手榴弹从庙后登梯上墙，突袭敌人。

命令下达后，新组建的突击队利用夜幕掩护，悄悄运动至庙后的围墙下，乘敌不备，迅速登上围墙，用机枪扫射、手榴弹轰炸，集中火力压制敌人。敌人遭此突然袭击，顿时晕头转向，乱了阵脚。我军乘势从四面袭击，打开缺口，冲入院内。敌人一看大势已去，纷纷缴械投降。

经过3个多小时的激战，除毙敌8名外，其余伪军被我全部俘获。此外还缴获步枪15支、机关枪1挺、子弹1 200余发、手榴弹3枚、战马16匹、电话机1部。

此战我军也付出了沉重的代价，共计消耗子弹750余发、手榴弹40余枚，阵亡班长2名，另有2名战士负伤。更为沉痛的是，有2位红军长征时的干部、四大队指导员赵嘉谟和陶北区游击队长向多贵身负重伤，后因伤势恶化，缺乏医药，献出了宝贵的生命。

红旗庙的敌伪军被我消灭后，这里又成为绥东工作团的重要活动据点。对此，敌人如鲠在喉，一直谋划着要夺回红旗庙这个据点。

是年冬季，驻陶林的日本侵略军抽调重兵准备再次进驻红旗庙，把红旗庙作为他们牢固的军事据点，以控制集宁到陶林的交通要道，限制我游击队的活动。绥东工作团得知这个消息后，决定放火烧掉这个庙，不给敌人以可乘之机，进而保证我绥东工作团的活动安全。

为此，在一天夜里，王瑜山团长带领游击队拉了十几车柴草，浇了几桶煤油，放火烧了红旗庙。由于庙大房多，大火烧了半月之久。期间，日本军也很想扑灭大火，但终因火势太大，无从下手而罢休。那几天，他们还是白天来、晚上走，眼睁睁地看着整座庙宇被大火吞噬，使日军在此设立据点的阴谋变成泡影。

由于红旗庙是历代喇嘛亲手所建，再加上他们虔诚的宗教信仰，另外，当时还有不少喇嘛栖身在庙里。为了取得喇嘛和周围牧民的谅解，让他们不反对烧庙之举，我绥东工作团的领导在烧庙之前，曾在喇嘛和牧民中间做了大量的工作，给他们讲了其中的利害关系，希望他们以大局为重，同时还写下了亲笔字据，承诺以后重新修建庙宇。

通过工作，绥东工作团的无奈之举得到了喇嘛和牧民们的谅解和支持。这也是喇嘛们和牧民群众以实际行动对革命斗争的支持。

火烧红旗庙，在当时虽属无奈之举、正义之举，而且事先也在喇嘛和牧民中做了大量工作，得到了他们的谅解，但毕竟涉及党的民族宗教政策和统一战线工作。事后，绥东工作团仍然受到了上级领导的批评。其中一些当事人在中华人民共和国成立之后一提起这件事都感到内疚和自责。

大青山抗日武装在白音不浪的两次战斗

白音不浪是大青山辉腾锡勒山区的一个小山村，现归察哈尔右翼后旗锡勒乡管辖，中华人民共和国成立前为正红旗属地。

该村三面临山（这一带基本上是丘陵山区，山势不是很高），西南面有不大的一块开阔地，村子就坐落在北面的山坡下，村西有一条大路直通西北面的红旗大庙。抗战时期，这个小山村只有20多户人家。由于这里地形复杂、比较隐秘、进退自如，所以成为八路军大青山骑兵支队以及绥东工作团、游击队经常出没的地方。

1941 年，八路军大青山抗日根据地有了很大的发展，大青山骑兵支队的主力部队也经常活动于绥东辉腾锡勒地区，伺机打击日伪军，为绥东工作团开辟这一带的工作创造条件。

1941年4月7日傍晚，大青山骑兵支队二团一部来到白音不浪村，打算在此宿营。当部队安排好瞭望哨，刚刚要休息时，突然接到哨兵报告："从陶林方向来了十几辆汽车，满载着日伪军，其中还有两辆坦克车正向这个方向开来，已经过了红旗庙，距离白音不浪村只有七八里地。"当时，部队指挥员听了哨兵报告后，迅速作出判断，估计是走漏了风声，敌人发现了部队的行踪，是有备而来，而且来者不善。于是一面命令部队紧急集合，一面带领侦察员爬上村西北面的山顶观察敌情。

这时，敌人距离我军所在的白音不浪村已经越来越近，只见他们兵分两路，一路继续沿着大路向村子逼近，另一路汽车开到西北面的山脚下，车上的敌人下了车，开始向村子西北面的山上运动。其意图十分明显，就是想趁我军不备，两面迂回，对我实施前后夹击。

根据敌人的兵力部署情况，我军指挥员进行了认真的分析，认为目前虽然敌众我寡，但敌人乘坐的是汽车，不利于山区作战，甩掉汽车后又行动缓慢；我军全部是骑兵，行动灵活，而且这一带地形对我十分有利。只要我们占据了后面的山头，不被敌人堵在村子里，就能进退自如。况且夜幕很快就会降临，那时敌人对我们就更加奈何不得。眼下敌人兵分两路，我军正好乘此机会给山后的敌人一个突然袭击，然后迅速转移。

方案一经敲定，指挥员立即下达了作战命令，要求部队以最快的速度转移至村西北面的山顶上，隐蔽待敌。不大一会儿，就见100多名日伪军从山脚下缓慢地爬上山来，200米……100米……80米……敌人一步步逼近。当敌人距我军大约50米的时候，随着指挥员的一声枪响，埋伏在山顶的战士们一齐瞄准敌人猛烈射击。遭此突然袭击，敌人都晕了头，慌忙趴在地上，头也不敢抬。趁敌人还未缓过神来，指挥员下达了撤退命令，战士们撤离了阵地，跨上了战马，一声呼哨，一溜烟向东南方向驰去。这时另一路敌人已进了村，眼睁睁地看着我军顺着山顶消失在夜幕当中，毫无办法，只是朝着我军远去的方向噼里啪啦打了一顿乱枪。

这次战斗，从开火到撤离，前后用了不到10分钟的时间。此战我军消耗步枪子弹200余发、机枪子弹 100 余发，人马毫发无损，敌伤亡 10 余人。

另有一次，是 1941 年夏天，我八路军大青山支队绥东工作团陶北区游击队在辉腾梁一带打游击。有一天，游击队正在距白音不浪村东北面不远的一个小山村打尖吃饭，有一个老乡急匆匆地跑来报告，说白音不浪村来了一队伪军，正在抢粮食、抢牲畜，逼着老百姓要大烟，搅得全村鸡飞狗跳、乌烟瘴气。老乡还详细叙述了伪军从何而来，进了谁家院子，共有多少人，抢了谁家的什么东西。在场的队员们听了后个个义愤填膺，纷纷要求惩罚这帮狗汉奸。游击队队长经过慎重考虑，认为这帮伪军敢在大白天明目张胆地祸害老百姓，说明他们警惕性不高，现在又是中午，敌人肯定疏于防范。虽然这里距离敌人驻地陶林不远（大约 20 千米），但只要我们速战速决，打他个措手不及，敌人就是发现我们，想增援也来不及。况且游击队对这一带地形十分熟悉，可以做到进退自如。鉴于这些有利条件，游击队决定给这帮匪徒来个突然袭击，好好教训教训这帮为非作歹、无恶不作的家伙。于是游击队队长对这个老乡说："我们八路军游击队就是保护人民群众的，你们的事我们绝不会坐视不管。

你先回去，不要声张，我们随后就到。"说完后，他还派了一名侦察员随老乡一块回去，以进一步侦察敌情。

侦察员出发后，游击队队长将队员们集合起来简短地说明了情况，并交代了作战部署和注意事项。然后带领大家跨上战马，向白音不浪方向疾驰而去。快到村口时，先到的侦察员迎上来报告说："这股伪军是从陶林县城骑马来的，有一个排的兵力，他们主要是来催粮的，战马都在村南洼地里放牧，由两个老乡给看着。现在这伙人刚刚吃完饭，正在村中一个大户人家午休，村子里没有岗哨。"侦察员的报告进一步证实了先前的分析与判断，使大家心中更加托了底。听完侦察员的报告后，游击队队长迅速分配了任务，指挥队员们兵分两路，一路从村后面进去爬上伪军所在的房顶，准备居高临下压制敌人；一路直插过去，占领房子周围的有利地形，用火力封锁门窗。

当我游击队队员到达指定位置后，敌人才似乎有所发觉，开始在屋子里骚动起来。这时，队长开始向敌人喊话："伪军弟兄们，我们是八路军游击队，你们已经被包围了，赶快缴枪投降吧，八路军优待俘虏！你们都是中国人，不要再为日本军卖命了!"喊话后,屋子里的敌人稍微安静了一会儿,突然听到两声枪响,两颗子弹从窗户射出来,一看就知道是敌人的火力侦察。队长抬手照着窗户回击两枪,同时房顶上的游击队队员也将两颗手榴弹顺烟筒塞了进去,"轰轰"两声巨响,炸得屋里烟雾弥漫、尘土飞扬。这一下,敌人老实多了,纷纷哀叫:"八路老爷,别打了,我们投降!我们也是被逼迫的,奉命行事,没办法,饶了我们吧!"随后,这些伪军们按照游击队的要求,噼里啪啦地把枪支从窗户扔了出来,而后高举双手,乖乖地从屋内走出来。

此战先后不到一个小时即告结束,30多名伪军无一漏网,全部做了俘虏,同时缴获战马30多匹、枪械30多支。对俘虏的伪军,游击队对其进行了思想教育,讲解了共产党、八路军的抗日政策后予以释放。临走时,还让那个排长带了一封信,让他回去交给他的上司。信中写着:"枪和马游击队收下用于抗日了,人一个也没伤,他们愿回家的回家,愿归队的归队。奉劝你们一句,你们都是中国人,不要再为日本军卖命,作害老百姓了。如果不听劝告,下次再被我们抓住,你们应该知道是什么样的下场。"

巧袭吴俊村收编队

位于察哈尔右翼后旗与兴和县交界处的吴俊村,现属察哈尔右翼后旗贲红镇管辖,与兴和县的赛乌素乡相邻。村子是以早年生活在村子里的大户吴俊的名字命名的。据村里的老人讲,吴俊村至少已经有300多年的历史,村里的人们祖祖辈辈以种田为生。

清朝年间,村子周围的植被很好,村北的小河常年流水,河畔的野草有3尺多高,山间常常有黄羊、狐狸出没,山雀结队、野兔成群。河沟的北面是一座大山,远看其形状就像个长条桌子,当地人称之为桌子山。那时的村民虽以种田为主,但也种一些蔬菜和洋烟(罂粟),有的村民也养羊,特别是日伪统治时期,这里种洋烟的村民很多。

民国年间,吴俊村隶属于兴和县七顷地区魏家村乡管辖,距兴和县城55千米。1951年,划归集宁县管辖。1957年,撤销集宁县建制,将其划归察哈尔右翼后旗石门口公社。村子里现有村民50多户200余人。

在日伪时期,日本人修建的商都县通往兴和县的土公路,正好路过该村,由于地处交通要道,一些土匪经常来村子里抢劫。村里的人没办法就在村后的山沟里挖一些洞来躲藏。听说土匪要来了,就相跟上跑到山洞里，有时一藏一天，到了晚上才敢回家。要是冬天，人们在山洞里待得时间长了，冻得连路都走不了了。现在回想起那时的生活，村民们仍心有余悸。因此，村子的大户人家为了保护自己的利益，联合村子里的有钱人家建立了联庄。他们在村子的周围修建了5尺多宽、1丈5尺多高的土围子，并在村南和村北设置了两个门洞，用4寸多厚的木板制成两个双扇大门，到了晚上就将村口的大门关上，不让人们随意出入。围墙的外面还挖了8尺深、8尺宽的壕沟，并在土围子的大门处和东、西两侧建有5个炮楼。

民国29年（1940年）8月，八路军大青山骑兵支队政治部派民运科长王瑜山率田恩民、梁劲秀、续谦、张仁仕、崔占标等，会合年初先期到达绥东地区工作的侯作桂、王定洲、崔则温等同志，正式组建"大青山骑兵支队司令部绥东工作团"。绥东工作团的活动范围是以集宁北部的黑土坡（今察哈尔右翼后旗锡勒乡）为依托，东起商都、兴和，西至平绥铁路以北的陶林、卓资，南抵集宁、察哈尔右翼前旗、丰镇，北达土牧尔台，占据察哈尔右翼后旗全境和周边部分地区，活动范围方圆1万多平方千米，有十几万人

口。绥东工作团下设三个分团：第一分团由侯作桂负责，以陶林东北的土牧尔台、红格尔图为中心，向商都县发展；第二分团由崔则温、续谦负责，以贲红、霞江河、土城子为中心，东向商都、兴和县境内发展；第三分团由田恩民、梁劲秀负责，以老平地泉、霸王河、玫瑰营为中心，在集宁县和丰镇县境内开展工作，并向兴和县以东发展。

绥东工作团的主要任务是：建立和扩大抗日游击队；大力宣传抗日，争取伪军政人员；征集抗日经费和物资，支援部队。绥东工作团进入绥东的同时，八路军大青山骑兵支队一团和二团经常派部队到平绥铁路线两侧开展游击活动，打击日伪势力，给予绥东工作团有力的掩护和配合。

民国30年（1941年）4月21日，八路军大青山骑兵支队二团团长王贤光率领两个连的兵力，进驻现在的白音察干乡大丹岱、小丹岱一带。骑兵队进村后，王团长一边命令部队休整待命，一边派出侦察员侦察日伪军的动向，随时准备打击敌人，并为后方部队征集粮草。

八路军的侦察员化装成要饭的"讨吃子"（本地方言，系指乞丐），打着莲花落子，沿着各村要饭。一边要饭，一边察看日伪军在各地的

驻军分布及人员装备情况。据当地群众反映：日伪政府在辖区内网罗一些散兵、土匪，将他们组织起来，名曰收编队，发枪支弹药，以维护社会治安为名到各村活动，并向老百姓征收粮食和饲草。这些收编队实际上是日伪政府的地方武装。他们白天是兵，黑夜是贼，群众对这些人恨之入骨，但敢怒而不敢言。经侦察得知：在集宁县的贲红村、张维村、彭家村以及兴和县的魏家村、韩文元村、吴俊村等地，日伪军配合当地的收编队强行将小村并为大村，强迫群众修建土围子，在这些村建炮楼、设据点。

4月26日上午，骑兵部队到达吴俊村西面的刘三沟村，侦察员报告说："在吴俊村驻扎着一个收编队，队长叫任丙堂，副队长叫吴如世，手下共有28人、32支枪。"经过多日的侦察，侦察员已经摸清了任丙堂、吴如世等收编队队长和收编队家眷的住家，也摸清了收编队营盘在村中的具体位置。

根据侦察得来的情报，王贤光团长决定率骑兵支队先消灭吴俊村的收编队，捣毁日伪设立在商兴公路上的据点，为绥东工作团在这一地区开展工作扫清障碍。

4月26日下午，队长任丙堂得知八路军骑兵部队已经到了贲红一带，便带领着手下的16人匆忙向兴和方向逃走，但走的时候并没有把八路军已经到达附近的消息告诉吴如世。这其中也有一个原因，任丙堂与吴如世虽然在一起共事，但二人之间的关系却并不融洽，面和心不和。任丙堂仗着县里有人，不把吴如世这个副队长放在眼里。任丙堂的老家在兴和县老圈子，是当地有名的灰菜旗杆，他的姐夫当时在兴和县的伪政府当差，也是个不大不小的官员。看着这个不成器的小舅子整天无所事事，在社会上惹是生非，任丙堂的姐夫便把他安排到了日伪军的收编队，还让他当了个队长，并把家属也搬到了吴俊村。

4月27日后半夜，王贤光团长命令部队秘密行动，并让二连从吴俊村的南面突袭，四连从村子的西面和北面进行包抄。因为吴俊村的收编队已经成立一年多了，从来没有什么人来偷袭过，所以从队长到士兵都很麻痹大意，对站岗放哨的管理也很松懈。到了后半夜，在炮楼上站岗的敌人都犯困偷懒，回到营房睡觉去了。当我军将村子包围后，收编队的人并没有发觉。由于村子周围有土围子，且有又深又宽的防护沟，人马根本过不去，所以我军只能从南面的大门进行突击。当部队到了南大门，王团长即指挥战士们下马搭成人梯，并挑选一名战士从一丈多高的南门翻墙而入，打开村庄的大门，大部队很快不声不响地进了村子。

在侦察兵的带领下，战士们迅速冲到收编队的住处和敌军的营房，随着"不许动！我们是八路军，缴枪不杀！"的呐喊声，还在睡梦中的收编队队员没有弄清怎么回事，就都乖乖地缴械投降，稀里糊涂地成了俘虏。与此同时，二连长带领战士们以最快的速度冲到了副队长吴如世家，两个战士上去一脚就把他家的门板踢倒在地，迅即持枪冲到吴如世的里屋。只见他还躺在被窝里，刚要伸手拿枪，我战士的长枪已经指到了他的脑袋上，吓得他浑身哆嗦，连声求饶："八路老爷，别开枪，别开枪，请饶命！"在我战士的呵斥下，吴如世手忙脚乱地穿上衣服，乖乖地当了俘虏。我部队把俘虏全部押到了营房的大院后，又派出战士搜查居住在居民家中的收编队员，有一个收编队的小头头听到村子里人喊狗叫，一骨碌爬起身，拿着枪从屋子里跑出来，妄图抵抗，被二连的一名战士击毙。

本次夜袭吴俊村，击毙1名收编队小头头，俘虏收编队员11人，缴获步枪12支、手枪1支、炸弹2枚、战马13匹、望远镜1架、皮大衣3

件。八路军骑兵支队无一人伤亡。

由于吴俊村距离日伪控制区商都县、兴和县都不远，加上收编队队长任丙堂已逃走，驻扎在七顷地、魏家村的日伪军极有可能收到遇袭报告。为了防止日伪军的报复，骑兵支队在天亮后便押着俘虏撤离了吴俊村。由于收编队副队长吴如世有病，八路军战士就将其放在筐箩内，让几个俘虏轮流抬着走。到达我军的驻地后，工作人员对俘虏进行了耐心的教育后全部释放。经过教育，收编队副队长吴如世也表示不再为日本人卖命，不再与八路军为敌，愿意回家务农，骑兵支队也将其释放。后来，吴如世和任丙堂都带着家眷搬离了吴俊村，去向不明，这一日伪据点也就再没有被用过。

1945年日本投降后，国民党部队和共产党部队展开了拉锯战，不时有一些部队路过吴俊村，但都没有在村子里住过。在那个兵荒马乱的年代，曾有好多的土匪来村子里抢劫，村里的有钱人都私自买了枪，凭借当年建成的土围子和炮楼，也抵挡过一些小股土匪。土匪占不了便宜，有时还要损兵折将，后来就很少再来吴俊村抢劫了，吴俊村就成了这一带相对安全的地方。

磨子山防御战

1941年，日本侵略军对大青山抗日根据地的"扫荡"、围攻和袭击日趋频繁，并实施残酷的"三光"政策和"囚笼"政策以制造无人区，妄图一举摧毁大青山抗日根据地。为了适应越来越严峻的斗争形势，继续坚持大青山抗日游击战争，八路军大青山骑兵支队采取了机动灵活的战略战术，以连为单位，分散开展游击活动。在敌人"扫荡"围攻的时候，主动避开敌人的主力，跳到外线，寻找敌人的薄弱环节，伺机打击敌人。为此，八路军大青山骑兵支队二团主力由绥中转战至绥东地区，一方面是为了避敌锋芒，保存实力；另一方面是为了积极开辟绥东游击区。

1941年5月28日，陶林县伪保安队伪军约200骑，分两路对八路军骑兵支队二团驻地阿麻忽洞进行围攻，骑兵二团一部与之激战三小时，终将敌人击退。毙敌日本指导官2名、伪军10余人，伤伪保安队长等六七人，毙敌战马10匹，骑兵支队牺牲战士3名。

阿麻忽洞战斗后，骑兵支队二团稍作休整，于6月2日向大青山腹地进发，并准备顺路解决白脑包之敌，但因夜行军迷失方向，没有到达目的地，故此次战斗未能实现。

一夜行军，人困马乏，加上山内人马给养困难，于是部队稍作休息后即向东转移，计划到东面的磨子山（位于察哈尔右翼后旗与察哈尔右翼前旗和兴和县交界处）休整。

6月3日晚，骑兵支队二团到达辉腾梁东麓大六号附近的陈家村（现属察哈尔右翼后旗大六号镇）宿营，并派侦察员进行侦察。第二天拂晓，派出的侦察员探得情报：日伪军由集宁开出10辆汽车，并有骑兵百余到达贲红村；另外，在大六号西面的大西沟（位于磨子山区，属察哈尔右翼后旗大六号镇）驻有敌收编队骑兵300余名，还有商都、兴和方面的敌人均已出发。敌人的企图很明显，就是要切断骑兵二团进发路线，将这支主力部队包围在磨子山下的平缓地带予以消灭。根据所得情报，为了争取主动，二团首长决定立即出发，在敌人尚未对骑兵二团形成合围前到达磨子山，占据有利地形，以应付可能发生的战斗。

6月4日上午7时，敌军以汽车打前阵，骑兵两翼配合分别从贲红、大西沟出发，向磨子山涌来。骑兵二团已先于敌人到达磨子山，进行了兵力部署及战斗警戒布置，并且选择有利地形，构筑了简单的防御工事。

下午4时战斗打响后，敌骑兵

从左翼进攻，敌汽车快速从右翼向骑兵二团包剿。为阻击敌人实施包围，我军集中火力对敌人的汽车猛烈扫射，前面的一辆被击中后燃起了大火，车上的敌人被烧得乱叫，纷纷跳车隐蔽。道路堵塞后，敌人停止前进，并在迫击炮的掩护下，转向正面进攻。双方愈打愈烈，相持两个多小时。

由于敌众我寡，弹药有限，再打下去对我军不利。如果不尽早撤出战斗，待敌商都、兴和援军到来，势必对我军形成前后夹击之势，那时我军将陷入危险境地。为此，骑兵二团首长指挥部分兵力采取主动出击之势，在强大火力配合下，攻占对面高地，掩护大部队快速向大脑包方向撤退。由于进入丘陵山区，道路崎岖，敌人对地形不熟，行动不便，加上天色已晚，故未敢追击，我军得以顺利转移。

此次战斗时间虽短，但我军仍予敌以重创，共计毙伤敌人20名，击毁汽车1辆，打死战马7匹；我军战士亦牺牲1名，负伤2名。

附：磨子山转移战总结报告

民国30年（1941年）6月，活动于大青山抗日游击根据地的骑兵支队（队长姚喆，政委张达志）第二团（团长黄厚，政委彭宝山）主力一部为开展新的游击区域以扩大根据地，于6月初向东挺进绥东地区察北之商都、集宁、兴和地区。敌人为巩固其统治区域，遂调动商都、集宁、兴和之敌伪军共3000余人，分数路向骑兵支队第二团之主力分进合来。6月4日上午7时，我骑兵支队发觉由贲红开进敌汽车10辆，骑兵百余人（轻机枪2挺、迫击炮1门）。我团迎敌战斗3小时，因处于敌包围圈内，遂自行撤退。

战斗地点：集宁北60里地之大磨子山。

时间：1941年6月4日下午4时。

战斗状况：

1. 骑兵支队第二团主力一部自阿麻忽洞战斗后，因任务之迫急，未得优裕的时间休息，即采取声东击西的战术，欲隐蔽返回到大青山。

2. 6月2日，本拟夜解决白脑包之敌，因夜行军迷失方向，行程百里也未到达目的地，故此次战斗未能实现，但人马疲劳，山内人马给养均感困难，房屋亦非常狭小，更增加了许多困难。

3. 6月3日晚到达高宏店乡陈家村（磨子山西边），以便恢复体力并探听各据点情况，准备返回到大青山，又向弓沟、贲红、大六号等方向派出侦察。

4. 6月4日上午得到情报，贲红有敌汽车10辆，并有骑兵百余名，磨子山大西沟驻有敌骑兵300余名收编队，商都、兴和之敌均出发，到达地点不详。

5.6月4日下午4时，骑兵支队第二团已到达磨子山进行隐蔽，准备应付敌之战斗，并且进行了兵力配置及战斗警戒布置。

战斗经过：

1.6月4日上午7时，日伪军由贲红方向过来汽车10辆、骑兵100余人，分左、右两路采取包围进攻，步兵有轻机枪2挺、迫击炮1门。

2.日伪军利用汽车速度快的特点猛地向第二团右翼形成包围之势，这时第二团的轻机枪猛力射击，打坏敌人汽车1辆，敌即时停止前进，转向第二团进行正面进攻，用迫击炮射击掩护前进。

3.相持约2小时之久，第二团向大脑包转移，佯装出击之势，占领对面高地，掩护全军安全撤退，日伪军亦未追击。

经验教训：

优点：骑兵支队第二团已有准备，事先占领了阵地，当敌人猛攻和包围右翼时，第二团能沉着抵抗，猛烈攻击，阻止敌人前进。撤退时保持不混乱并能相互掩护，动作也迅速。

缺点：马场选择不当，在日伪军的炮火下，又无专人负责联络和指挥，也不知疏散开，致遭无谓之损失。

起到的影响：

1.沦陷数年之区域骤见打击日军的军队，使群众知道中国仍然存在。

2.打坏日军汽车1辆，运回集宁。沿路群众目睹，表示八路军坚决抗日，中国是有希望的。

吾德沟伏击战

吾德沟是一条因季节性洪水下泄形成的浅峡谷。峡谷里有一条沿河沟而上的土公路，地处集科（集宁区至察哈尔右翼中旗科布尔镇）公路大弯子至察汗沟一段的辉腾梁上，长约5千米。该峡谷在1949年以前曾是集宁县通往陶林县的必经之路，也是连接北部草地的一条交通要道，战略地位十分重要。在20世纪40年代初，驻集宁县的日本宪兵、伪军和国民党部队等去陶林县一带征集粮草时，走的就是这条路。

吾德沟村是以吾德沟这个山沟的名称命名的。现在这个村已改名叫二吾德沟，位于察哈尔右翼后旗锡勒乡的最南端。"吾德沟"是蒙古语和汉语的结合语，"吾德"是"门"的意思。因为沟口的两座山像两扇大门，故牧民称之为"吾德阿木"，后来演变为吾德沟。该地有两条南北走向的峡谷，西侧的一条叫"大吾德沟"，东侧的一条叫"二吾德沟"。二吾德沟村就位于吾德沟最北端东侧的一个山坳里。

二吾德沟位置偏僻，人烟稀少，文化落后，是"多见石头少见人"的山区。冬天气候阴冷、多风，积雪四五个月不融化，西北风一刮就好几个月。村子的东、西两面都是高山，从南面和北面进村子时，不到跟前根本看不到人家，只有到了村边才能看得见依山而建的一些低矮的小土房。中华人民共和国成立前由于山区里的土匪很多，村民们为了防止土匪的袭扰，就将房屋盖在了山坳里。不熟悉当地道路的人，是很难发现这个村子的。如果是大雪封山的冬季，道路全被积雪覆盖，走在山沟里，分不清东南西北，很容易迷路。

在以前，这一带土匪很多，治安混乱，村民们养的家畜、种的庄稼，常常被土匪抢走。村子的西北有一座山，村民们为了防止土匪进村骚扰、抢劫，轮流在山上站岗、放哨，时间长了，便把这座山称为站岗山。

在清朝年间，吾德沟属察哈尔正红旗十苏木游牧地，民国初期属绥东四旗正红旗十苏木夏营盘，后期归集宁县管辖。1950年归集宁县第七区管辖，1954年划归察哈尔右翼后旗。

二吾德沟村地势险要，素有"路长坡陡弯道多，山高路远难通过"之说。从地形上来看，这里居高临下，易守难攻，便于打伏击战。

民国29年（1940年）前后，入侵绥远地区的日本宪兵在当地伪政权和伪军的配合下，在绥东正黄旗、正红旗及集宁县、陶林县的一些较大村庄设立了许多据点，还修了炮楼，集结日伪军和一些地方武装，妄图长期霸占中国领土。日伪军为了维持军队的给养，常常向周围的村庄征收粮食和饲草料。当地的村民受到地主和日伪军的双重盘剥，还不时地遭受土匪的抢劫，生活十分艰难。

民国30年（1941年）冬天，八路军大青山骑兵支队二团团部及一个连的部队进驻位于辉腾梁上的白彦沟村（原属集宁县，现归察哈尔右翼后旗锡勒乡管辖）。他们来到这里的目的就是打击日伪部队设在各个村庄的地方武装，扩展八路军游击队所开辟的大青山抗日游击根据地，打破日伪军对大青山抗日游击根据地的封锁，粉碎其妄图困死大青山抗日军民的阴谋，保护人民群众的生命和财产安全。

白彦沟村位于吾德沟村的东北

方向，距吾德沟村30里。12月23日早晨，骑兵支队的侦察员回来报告，驻集宁县的伪军骑兵部队出动了30余人到南水泉一带拉运草料。骑兵支队首长听完侦察员的报告后，觉得这是一次难得的机会，消灭这股敌人不仅可以打击敌人的嚣张气焰，同时还可以为部队补充给养，而且这一带的地形也有利于我军消灭敌人。骑兵支队首长当即派出一支部队在油篓山村附近的山上隐蔽埋伏，等候敌人拉运草料返回时对其进行伏击。

7点半，骑兵支队悄悄地到达油篓山村，埋伏在两边山上，等候敌人的到来。一直等到11点钟，侦察人员才发现，伪军从南水泉一带拉上草料后，并未经过油篓山村，而是绕向东面的吾德沟方向。根据敌情变化，我军立即调整部署，除在油篓山村留下两名战士观察敌人动向外，命令部队兵分两路，迅速向吾德沟村南口东、西两面的山上转移，赶在前面阻击敌人。

约中午时分，当我军赶往吾德沟口山上准备布置火力时，却发现敌人已经到达。只见一队伪军押着9辆装满草料的大车，大摇大摆地出现在吾德沟。为防止敌人逃跑，部队首长果断地命令：由二排占领附近山头，并把机枪班布置在大仙谷

庙山上，以强大的火力压制敌人；一排迅即向沟口迂回，切断敌人的退路，配合二排对敌人形成包围之势，然后歼灭之。

随着一阵猛烈的枪声，已进入沟口的日伪军，才发现被我军前后堵截，无法前行，顿时乱了阵脚，纷纷弃车逃跑、四散躲避。也有一些伪军在伪警长的指挥下，躲在大车后面向我军开火，负隅顽抗，不料却遭到我军猛烈的回击，有几个敌人被当场击毙。由于我军占据有利地形，居高临下，打得敌人只有招架之势，没有还手之力。这时，我军战士一面以火力压制敌人，一面向敌人喊话，让其放弃抵抗、举手投降。敌警长发现进、出口均被我军火力封锁，已无法突围，再抵抗下去只会白白送了性命，只好下令缴械投降。

吾德沟伏击战从开始到结束，用了不到半个小时，共击毙伪军15人，打伤5人，俘虏伪警长2人、伪军士兵8人，缴获步枪9支、子弹350发、战马10匹、军毯3块。我军有1名战士受伤，跑失战马1匹，消耗子弹400多发。

解放战争时期发生在土牧尔台的几次战斗

土牧尔台在清朝年间是察哈尔右翼正黄旗十二苏木的牧地。民国2

139

年（1913年），牧地商人赵满恒、张长子等勾结当朝权贵和当地蒙古族上层人士开始在此放垦牧地。随着放垦土地的规模越来越大，农业不断发展，来此定居的人也越来越多，人口不断增加。再加上土牧尔台是平（地泉）滂（江）旅蒙商道及今北京通往乌里雅苏台与大圐圙（今蒙古国首都乌兰巴托）的必经之地和重要站点，优越的地理位置吸引了大批内地商人到此设立店铺、开办买卖字号。到二十世纪二三十年代，这里已经成为初具规模的民地与草地进行商品交易的集散中心。粮、油、皮、毛、肉，糖、酒、茶、烟、布，应有尽有；酒店饭馆、工匠作坊，一应俱全；摊贩商铺、买卖字号，堪称繁华。土牧尔台也由此成为塞北地区知名度很高的大集镇。

1949年以前，土牧尔台归属绥远省陶林县，是陶北区区公所所在地。当时陶北区管辖范围很大，基本覆盖了现察哈尔右翼后旗的整个北部地区和察哈尔右翼中旗西北部的部分地区。1945年抗战胜利后，绥蒙区为了加强对这一地区的管理，以红格尔图为中心设立了一个新政区——陶集县，土牧尔台划归陶集县，是陶集县第二区政府所在地。

由于土牧尔台所处战略位置的重要性，这里成为历代兵家必争之地。抗战前夕，土牧尔台不仅驻有地方保安团，而且还有国民党正规军驻守。1936年7月，日本侵略者为了实现侵占绥远的战略目的，唆使汉奸王道一攻打土牧尔台，遭到当地守军和民团的迎头痛击。

1937年"七七事变"后，日本侵略军侵占绥东地区，伪蒙古军第八师、第五师、防卫师先后进驻土牧尔台，同时日本侵略军还委派日本人担任指导官（也称教官）。

1945年8月，日本侵略者投降后，土牧尔台被我军接管。国共和谈时期，为了增加我党我军在谈判桌上的筹码，土牧尔台曾一度改称市，由原陶林县陶北区区长庞忠义担任市长。陶集县组建后，除八路军大青山支队骑兵旅来往外，土牧尔台主要由陶集县大队、区小队和内蒙古游击大队（以蒙古族战士为主的一支民族武装，名义上属陶集县大队，实际上归"内蒙古自治运动联合会"领导）驻守。而国民党绥远省当局并不安于现状，一直伺机夺取这一战略要地，因此这里就成为国、共两军你来我往的拉锯战区，常有战事发生。这里主要记载的是几次较大规模的战斗。

土牧尔台保卫战

1945年末，以蒋介石为首的国民党反动派大耍两面派手法，一面邀请毛泽东主席赴重庆进行和谈，一面调兵遣将，企图对解放区进行蚕食。驻绥远地区的傅作义部在蒋介石的授意下，也集结重兵，对绥东解放区发动进攻，矛头直指绥东重镇——集宁，以构成对晋察冀军区所在地张家口的进攻态势，进而打通平绥路。为了配合大部队攻打集宁，在绥远当局的指挥下，官土匪头子苏美龙、赵大义纠集了3 000多骑兵气势汹汹地向土牧尔台扑来，将土牧尔台团团围住，妄图把我军一举消灭。

当时，我主力部队骑兵旅已调往集宁周边地区，配合守军坚守集宁城。驻守土牧尔台的只有陶集县县大队、区小队和内蒙古游击大队3支地方武装，总共不到300人，而敌人是我驻军的10倍，敌众我寡，力量悬殊。

面对来势汹汹的敌人，内蒙古游击大队大队长李文精担负起了指挥保卫土牧尔台战斗的重任。他与其他指挥员冷静地分析了敌我态势，一致认为，敌人虽然人数众多，但苏美龙、赵大义都是原日伪军王英的旧部，日本侵略军投降后被傅作义部收编，并不是国民党的主力部队，缺乏重武器和攻坚能力；军队人员成分复杂，多为各地收罗的散兵游勇，都是些怕死鬼，战斗力不强。我军虽然人员少，但占据有利

地形。早在1930年，土牧尔台就修建了围墙，1936年为了抵抗日本人的入侵，又对原有的围墙进行了加固，修筑了土堡，而且还挖了城壕，并有战壕一直通到村东的脑包山顶。脑包山是这一带的制高点，易守难攻，只要占据了脑包山，视线宽广，村里的各个角落都能看得一清二楚，可以给敌人以很大的杀伤。只要脑包山牢牢地控制在我军手中，敌人的阴谋就难以得逞，况且我军还有人民群众的支持。

凭借有利地形和我们所处的优势，在李文精大队长的统一指挥下，我军与敌人展开了激烈的交锋。

我军的兵力部署大体是，游击大队人多，守城东和城北；县大队守城南；区小队守城西。另外，由游击大队抽调部分战士，配备重火力占据村东的脑包山。

清晨，天刚蒙蒙亮，敌人开始发动第一次攻城。他们仗着人多势众，根本不把我军放在眼里，从西面、南面、北面三个方向一窝蜂地向城下涌来，刹那间枪声大作，夹杂着匪兵的叫声。面对汹涌而至的敌人，我军早已严阵以待。一开始他们全部隐蔽在城墙或土堡里，待敌人靠近城墙时，随着指挥员一声令下，战士们一跃而起，对准敌人密集的地方，长枪短炮一齐开火，手榴弹

一阵猛轰，直打得敌人哭爹喊娘、四散逃避。就这样，敌人的第一次进攻草草收场。

第一次进攻失败后，敌人意识到单凭人多势众是解决不了问题的，于是重新调整部署，抽出一部分兵力进攻村东的脑包山，妄图控制这个制高点，用火力压制我军，配合攻城部队，一举攻克城池。这也正中我军下怀，因为脑包山下边均为开阔地，光秃秃的没有任何隐蔽物，敌人成了我守军的活靶子，而我军战士隐蔽在战壕里，敌人的枪弹根本打不着。只见战士们居高临下，不慌不忙，瞄准敌人，一枪一个，很快就有十几个冲在前面的敌人倒在地上，其余的敌人见状纷纷趴在地上，不敢乱动。这时守卫城东的战士也调转枪口，从后面向进攻脑包山的敌人射击，给敌人造成了很大的伤亡。敌人一看伤亡惨重，锐气顿挫，只好鸣锣收兵。之后，敌人又连续发动进攻，均遭到我守军的沉重打击，进攻毫无进展，只好作罢。

敌人白天的进攻未能得逞，便改变策略，想乘夜幕的掩护一举攻下城池，消灭守军，于是在半夜时分再次发起了总攻。这次敌人来势更加凶猛，集中火力，枪炮齐鸣，前有敢死队，后有督战队，一波接一波地向城墙冲击。由于守军人数不多、火力分散，加上夜间视线不好，占据脑包山的战士难以有效地压制敌人的火力，使敌人有了可乘之机，敌人终于从城西打开了一个缺口，冲入城内。在此危急的情况下，李文精大队长果断命令战士们放弃城墙、收缩兵力，在城内和敌人展开了院与院的争夺战。我军迅速占据了三个富户大院，以高墙、房屋为掩体与敌人作战。这三个大院紧挨着，可以互相配合，一个大院有了危机，另两个大院可用火力支援。战线收缩后，由于作战空间狭小，敌人的大兵力用不上，而我军则可集中火力有效地消灭敌人，致使敌人的多次进攻都未能得逞。

敌人一看强攻不行，又使出了劝降的伎俩，于后半夜派人给李文精大队长送来一封信，大意是：

李文精大队长：你已处在我们的包围之中，你要尽快做出选择，带上你的人马出来投降。只要投降，我们会给你一个应有的职位。如果不投降，我们就用火力解决你们，希望你迅速做出回答。

苏美龙　赵大义

类似内容的信后来又送来一封，看了敌人送来的劝降信，李大队长嗤之以鼻、毫无所动。他预感敌人已经黔驴技穷，撑不了多久了。果不其然，敌人久攻不克，已失去了信心，又顾虑我骑兵旅回援，遭受我军两面夹击，赔了老本。天刚放亮，敌人收了尸就主动撤走了。

此次战斗，敌人伤亡百余人。据老乡们讲，仅尸体就抬走四五十具。而我方县大队牺牲了一人，伤者十余人。

后来，李文精在回忆这次战斗时曾有过如下表述，他说："战争的胜负有时并不在于兵力的多少，重要的是把握天时、地利、人和。我们之所以能以少胜多，一方面是因为我军占据了有利地形，不仅有坚固的城墙和土堡赖以防守，更主要的是我们占据了村东的脑包山，能够控制全城，只要脑包山在我们手里，敌人就占不了便宜，而我们则可以进退自如。另一方面是因为我军做到了知己知彼。对于苏美龙、赵大义这些官土匪，我们不少官兵是了解的，过去和他们多次交过手，知道他们都是些怕死鬼、外强中干的纸老虎，我们压根就不怕他们。所以，在心理上就有了必胜的信心，打起仗来心不慌，腿不软。"他还特别提到担负脑包山守围任务的三中队的小队长李青山，他说："李青山是自告奋勇承担这项任务的。他是贫苦农民出身，苦大仇深，思想觉悟高，在战斗中足智多谋、英勇善战，表现突出。敌人几次进攻，都被他们三中队打退，脑包山才会始终掌握在我们手里，这些都充分显示了他的战斗素质和指挥才能。"

土牧尔台突围战

1946年6月，以蒋介石为首的国民党反动派不顾全国人民的反对，单方面撕毁国共两党共同签订的停战协议，公然挑起内战，调兵遣将，向解放区发动了全面进攻，驻绥远地区的国民党军队也集中优势兵力向八路军控制的绥东地区汹涌扑来。

在敌强我弱的情况下，为了避敌锋芒，八路军主力部队主动撤退，跳到外线作战。绥东重镇集宁、陶林等地先后被国民党部队占领，刚刚组建不久的陶集县的局势也日趋紧张。在敌人大兵压境的情况下，为了保存革命的有生力量，绥蒙区党委决定，陶集县抽出部分适合在敌后打游击的同志与各区武工队、县公安大队合编成陶集大队，随大青山支队骑兵旅活动，其余的干部、战士全部进行转移。12月份，党委又决定将陶集县大队第三连留在陶集县境内，由县长梁锦秀率领坚持游击战争。

1947年3月，为了加强敌后斗争的统一领导，绥蒙区又组建了陶集工委，同时将陶集大队留下来的一个连与骑兵旅留下来的部分痊愈的伤病员合编成了一个骑兵大队，共300余人，在陶集工委的领导下坚持斗争。他们的主要任务就是打击流窜的国民党小股部队和敌特、土匪，掩护骑兵旅留下的伤病员和当地农会干部及基层工作积极分子。其活动范围主要在土牧尔台一带。

由于陶集县骑兵大队这支武装力量的存在，国民党反动派很难在这一带为非作歹。为了消灭这支有生力量，1947年4月8日，盘踞在绥东地区的国民党鄂友三（当地老百姓称鄂毛驴）部队十一旅、十二旅和战车团近2 000人乘坐80多辆汽车向土牧尔台悄然袭来，在太阳落山时将土牧尔台团团包围。

当时，在土牧尔台只有陶集县一个连一百多人的骑兵大队，由杨永胜连长和秦秀梓民兵大队长指挥。面对强悍的敌人，他们十分清楚，绝不能硬打硬拼，要采取机动灵活的策略。

杨永胜连长和秦秀梓大队长简单商量后，迅速召集排以上干部开会，研究敌情，商讨对策。首先由战斗经验丰富的杨永胜连长分析敌情，他说："目前的情况是敌强我弱，敌人不仅在兵力上远远超过我们，而且有土坦克、大炮等重武器。我们虽然有围墙、土堡可以依托，但很难长时间抵挡敌人的进攻。况且，周边又没有我们的主力部队帮助我们解围，现在唯一的出路就是突围出去，若不能及时突围出去，就会被敌人吃掉。"说到这里，他征求了一下大家的意见，当其他同志表示同意后，他接着说："眼下是最好的时机，天很快就要黑了，敌人正在进行兵力部署。他们现在对我们的情况还不清楚，刚开始肯定要进行火力侦察，还不敢贸然发动进攻。趁这个时候，我们突围出去就能找到活路。一出土牧尔台，北面基本上是丘陵山区，敌人人生地不熟，虽然武器精良、人多势众，但他们是机械化部队，没有我们灵活。我们虽然孤军作战、力量单薄，但熟悉地形，便于夜间行动。这里有通往东面脑包山的战壕，趁天黑，我们只要占据了山头，就能突围出去。"

大家意见统一后，杨永胜连长决定采取梯次掩护的办法在敌人尚未发动总攻前突出重围。为了争取时间，他很快作出部署，留下一个排由自己亲自指挥，从南、北、西三面迷惑敌人，其余人马由秦秀梓大队长带领从交通壕向东面脑包山转移。占领脑包山后，再掩护城里的一个排急速上山，然后从东北面进入山区。

部署完毕，他迅速指挥留下来的战士疏散到西、南、北三面围墙上，并要求战士们不要轻易开枪，一定要瞄准敌人射击，打一枪换一个地方，尽量拖延时间，迷惑敌人。这时，敌人也完成兵力部署，开始向我发动火力进攻。顿时枪炮大作、烟瘴雾罩。十多分钟后，枪炮声稍缓，敌人开始向城下冲来。当敌人进入我军射程之后，守卫在城墙上的战士一跃而起，瞄准敌人一阵猛射，十几个冲在前面的敌人倒在我军枪弹之下，其余见状都趴在地下，不敢靠前，只是盲目地向城墙射击。这时天气已经黑了下来，我军在夜幕的掩护下，迅即撤出阵地，沿城东的交通壕向脑包山转移。当我军全部转移到脑包山山后，只听敌人的枪炮声仍然不断，原来是敌人不明情况，南、北两面的军队误打了起来。看着敌人狗咬狗，大家无不欢欣鼓舞，在敌人枪炮的欢送下，战士们翻身上马，向东北山地奔驰而去。

敌人误打了一阵后，发觉不对劲，互相一联络才知道上了当，这时我军早已消失在夜幕当中。之后敌人沿山脚一边打枪一边追赶了一阵子，但连我军的影子都没看到，只好收兵。此战敌人消耗了不少枪弹，死伤了一些官兵，而我军毫发未损。难怪战后鄂友三气急败坏地训斥部下："尽是些饭桶！"

土牧尔台攻坚战

1947年是战争环境最为残酷的一年。在这一年中，一直坚持战斗在察绥地区的内蒙古骑兵第十一师经历了血与火的考验，不仅没有被强大的国民党军消灭，而且在战斗中不断发展壮大，成长为驰骋在千里草原的一支劲旅。

内蒙古骑兵第十一师（简称骑十一师）的前身是由乌勒吉敖喜尔、官保扎布于1945年日本帝国主义投降前率领伪蒙古军第九师起义的部分官兵组成的，开始称"内蒙古人民游击队"。内蒙古自治运动联合会"四三会议"后，改称"内蒙古人民自卫军第四支队"。1946年12月改编为内蒙古人民自卫军骑兵第十一师。

1948年初，国内形势发生了根本转变，国民党部队从战略进攻转向战略防御。盘踞在察绥地区的国民党主力部队在遭到晋察冀军区八路军的沉重打击后，大部收缩在平绥铁路沿线重要据点与我军对峙。借此有利形势，骑十一师在锡、乌、察交界的广大区域主动出击，打击、消灭分散孤立之敌。我军于1948年1月长途奔袭苏尼特右旗（西苏旗）境内的陶高图庙之敌，歼敌数名，俘虏国民党锡林郭勒盟党部书记长那逊巴雅尔等90余人；2月20—23日，消灭化德县保安大队11人；3月11日又在苏尼特右旗境内消灭达拉挖根登股匪29名；3月23日，在宝源县骆驼山激战一小时，消灭国民党匪军24人；4月4日，我方转战至土牧尔台，计划攻占这个绥东重镇。

当时，驻守土牧尔台的是国民党宝贵廷的新十路军的一个连，加上保安团共有300多人。宝贵廷在日伪时期曾是德王（德穆楚克栋鲁普）伪蒙古军的参谋长，日本侵略军投降后，他第一个投靠国民党，被收编为新编十路军，1946年底进驻陶林地区。

土牧尔台这个地方，对于骑十一师的官兵们来说并不生疏，1946年在部队转移到锡察地区作战前，他们曾经在此战斗过一个时期。这次重返故地，大家都异常兴奋，个个摩拳擦掌、跃跃欲试，决心把它从敌人的魔爪下夺回来。

为了了解敌情，查看城内敌人的兵力部署情况，三连连长图布新同志带领部分战士很快占领了城东的脑包山（当时敌人在脑包山未布防），用望远镜观察城内敌人的动向。那时正好快到日落时分，太阳的余晖反射到望远镜上，视线不好，观察起来比较困难。图布新不得不探起身子俯视城内，不料被敌人发觉，随着一声枪响，图布新同志头部中弹，当场牺牲。尚未开战，先失一员虎将，指战员的心里或多或少留下了一丝阴影，但同时也激起了指战员们的斗志。他们收了烈士的遗体后，投入攻打土牧尔台的战斗之中。

土牧尔台在抗战时期就修有坚固的围墙、土堡，国民党部队进驻后又进行了加固，构筑了地堡，挖了战壕，配置了火力交叉点，防守十分严密，易守难攻。过去我军占领土牧尔台的时候，曾经发生过三次攻城战：一次是1936年7月日伪军企图攻占土牧尔台，另外两次是1946年国民党部队攻打土牧尔台。当时敌人的攻城部队兵力均超过我守军的十倍，但都未得逞。这次攻打土牧尔台的骑兵十一师，总兵力比守城敌人多不了多少，攻城难度仍然很大。

为了减少攻城部队的伤亡，指战员决定在夜间从南、北两面对敌人展开攻击，留开西门，迫使敌人从西门逃窜（城东的脑包山已被我军占领，敌人不能从东门逃跑），然后发挥我骑兵擅长野外作战的优势，一举消灭敌人。

夜幕降临后，我军发动了对敌人的第一次进攻。这次攻城，我军的主要利器就是从敌人手中缴获的几门迫击炮和六〇小炮（但缺乏炮弹）。战斗刚开始，我军的攻击还比较顺利，战士们凭着一腔热血和勇敢顽强的战斗精神，很快突破了敌人的第一道防线，攻入外城。但当我军逼近敌人的核心阵地——土围子时，遇到了敌人的顽强抵抗。敌人除了用密集的交叉火力压制我军外，还不断从围墙上投掷手榴弹和手雷，打得战士们连头都抬不起来。在这种情况下，为了减少部队的伤亡，指战员只好下达命令，停止了对敌人的进攻。

第一次攻击失败后，我军改变了战略，从附近老乡家里借用了一些木板车，用多层毛毡从前面将车包裹起来，然后再浇上水，这样子弹就很难打穿。再把炸药包装在车上，战士们在后面推着车将炸药包送到城墙下，意图炸毁城墙，打开一个缺口。但由于距离太远、车又笨重，未能得手，仅仅给敌人造成了一些伤亡。天亮后，为了避免不必要的牺牲，我军主动撤出了战斗。

这次攻打土牧尔台未能一举成功，对骑十一师的指战员来说，虽然留下了一些遗憾，但也未必不是一件好事。战后，师里对攻打土牧尔台进行了战评，总结了这次战斗的得失，提出了我骑兵擅长运动战

而不善于攻打有坚固城防工事的敌人的问题，为以后的作战积累了经验、提供了借鉴。

另外，这次我军攻打土牧尔台，也给敌人造成了心理上的压力。我军虽然主动撤出了战斗，暂时转移到了别处，但敌人仍然战战兢兢，害怕我军卷土重来，到那时恐怕就没有这次这么好的运气了。所以时间不长，敌人就自动放弃了土牧尔台。

解放战争时期的红格尔图歼灭战

1946年6月，国民党反动派在美国政府的支持下，悍然撕毁停战协定，发动了全面内战。

国民党第十二战区傅作义部第三十五军、暂编第三军，自包头、归绥（现呼和浩特）东进绥蒙地区，在国民党宝贵廷、鄂友三、陈秉义、石玉山、曹凯、安恩达所率的一个师、三个纵队和三个骑兵旅的配合下，气势汹汹地向绥东解放区扑来。9月13日，攻占了绥东重镇集宁。随后，占领了丰镇、商都、陶林、化德、康保、多伦、尚义、张北等地。随着这些城镇被国民党军队占领，其周边地区的原国民党官吏、大地主、恶霸土匪在国民党的支持下，纷纷跳了出来，招兵买马，成立伪政权，组织保警团、还乡团，并残害革命

干部，搜刮民财，鱼肉百姓，反动气焰十分嚣张。

为了应对当前面临的复杂局势，打击国民党反动派的嚣张气焰，保护抗战胜利成果，保护新生的革命政权及革命干部和积极分子，保护人民群众的生命财产，巴乌军区司令员兼内蒙古人民自卫军骑兵第十一师师长乌勒吉敖喜尔于1947年1月在镶黄旗原衙门所在地巴彦塔拉召集了骑十一师、十七师团以上干部和商都、化德、康保三县联合大队领导开会。会议认真分析形势、研究敌情，并确定了外线作战与内线作战相结合的方针，决定尽快开辟绥东、绥北战场，首先打开绥东地区局面，而后西进绥北的战略步骤。

会后，乌勒吉敖喜尔赴王爷庙参加内蒙古人民代表会议，骑十一师由官保扎布政委、脑门达赖副师长带领开赴绥东。当时，正值数九寒冬，大雪纷飞，又是顶风行军，很多干部、战士的脸、鼻、耳和手、脚都冻得红肿、僵硬。有时为了避敌耳目，不得不夜间行军，其艰苦程度可想而知。但是，当大家一想到这是赴敌占区作战，是打击敌人、扩大我军影响力的重要行动，便是再冷再累也阻挡不了他们前进的步伐。当时，无论指挥员还是战士，

心中只有一个信念："坚持，再坚持，坚持就是胜利！"

部队在赴绥东途中，侦知国民党商都县县长、"察哈尔民工纵队"少将司令赵大义，副司令、商都县保安大队长张子敬，派出了70余人的保安队进驻红格尔图镇，他们在围墙高深的天主教堂院内设立了指挥所，建碉堡、修工事，计划把这里建成绥东北部地区的中心据点。我师首长决定，把出师绥东的首次战斗选择在这里，趁敌立足未稳，首先拔掉红格尔图这个钉子，借以打击商都的国民党反动武装。

国民党军占领集宁后，即派赵大义、张子敬等国民党杂牌军占领了商都县城，成立了国民党的县政府，由赵大义任县长。还纠集了几股国民党杂牌军，组成了近2 000人的"察哈尔民工纵队"，赵大义任少将司令，张子敬任副司令。

1949年以前，红格尔图隶属绥远省陶林县管辖，是绥远省的东北门户。它与察哈尔省的商都县交界，是兵家必争之地。抗战初期，日本侵略者曾指挥伪蒙军6 000余人在飞机、大炮的配合下，妄图攻占红格尔图，并以此为跳板，侵占绥远省，遭到我守军和当地爱国军民的迎头痛击。

为了赢得胜利，鼓舞士气，师

首长派出侦察员对红格尔图的敌情做了进一步的侦察，得悉：

1. 进驻红格尔图的自卫队系由国民党县政府新任命的红格尔图区长陈焕章带领，自卫队进驻红格尔图后，连日派民工修筑工事，确有常驻之意。

2. 红格尔图四周皆有围墙，并有掩体。自卫队驻扎在镇中天主教堂，教堂的围墙较高且修建有碉堡。

3. 该镇北面、南面虽然是山地，但山势不高，且距离村子中间有一段开阔地，南部与西部地形平坦，易守难攻。

4. 敌人虽少，但熟悉地形，且有一定的社会关系。闻我围攻，必然要向东南商都方向逃窜。

5. 陈焕章为了庆祝自己上任、笼络人心，营造"歌舞升平"的气氛，拟于正月十五前举办各村玩意儿比赛（即指传统的扭秧歌、踩高跷等）。

根据掌握的情报，关政委、脑副师长与参谋人员进行了认真的研究，制定了作战方略：

1. 鉴于敌人人员不多、战斗力不强，我军宜集中优势兵力猛打猛攻、速战速决，打一个漂亮的歼灭战。

2. 为了不使敌人过早地发觉我军的意图而提前逃窜，我军拟进行长途奔袭，趁敌不备而一举歼灭之。

3. 考虑到敌人占据有利地形，且有坚固工事，易守难攻，为了避免大的人员伤亡，同时便于发挥我骑兵的优势，我军以主力从北面进行攻击，造成强大攻势，放开南面，力争驱敌于镇外，聚而歼之。

4. 敌人在我军强大攻势下，必然仓皇向商都方向逃窜，我军拟在红格尔图东南方向、去往商都县的必经之地秘密埋伏一支部队，以迎头截击逃窜之敌。同时要警戒商都方向敌人可能派出的增援部队。

5. 为了出其不意、攻其不备，向敌发动进攻的时间就定在元宵节前，在敌麻痹之际，采取突然袭击。

1947年1月31日（阴历正月初十），根据关政委、脑副师长命令，三十三团星夜从距红格尔图西北方向20千米之外的周家村出发，经由韩元店、不浪山绕道红格尔图南山，于第二天拂晓秘密抵达红格尔图东南面，埋伏在通往商都县城大路两侧的山地。在三十三团出发后，奉命担任主攻的三十一团也于日出时赶到红格尔图北山，进入攻击阵地。

时至上午，红格尔图镇中锣鼓喧天，几支秧歌队出现在街头，扭起了秧歌、闹起了红火。新任区长陈焕章在一些镇中大户、头面人物的簇拥下走上街头"与民同乐"，一些自卫队员也夹杂在群众中看红火。这时，随着指战员一声令下，早已待命出击的三十一团将士在扎木舍楞团长的率领下，翻身上马，像一支离弦之箭，射向镇内。由于我军行动神速、攻势猛烈，再加上敌人毫无防范，我攻击部队在几乎未遇抵抗的情况下，很快冲进镇内包围了天主教堂。随着一阵激烈的枪声和手榴弹爆炸声过后，敌人被打得晕头转向、乱作一团，死的死、伤的伤，纷纷举手投降。部分眼疾手快的敌人则乘马夺路，不顾一切地向东南商都方向逃窜，进入三十三团的伏击圈后，随即遭到我军的迎头痛击。与此同时，三十一团一部很快追击而至，南逃的敌人陷入我军的合围之中。在指战员"缴枪不杀"的呐喊声中，溃逃的敌人纷纷下马投降，个别试图顽抗的敌人立马成为我骑兵的刀下鬼。约半小时，战斗胜利结束。

此次战斗共毙敌13名，伤敌3名，其余全部被俘获，缴获全部枪支弹药和鞍马，我军无一伤亡。

战斗结束后，所俘人员中罪大恶极、民愤极大的一名姓刘的特务，姓崔、姓兰的两名队长和张录、左四两名惯匪在武家村被枪决，其余的经教育后释放。同时，部队还将自卫队正在修建的碉堡、炮楼等工事全部拆除，把据点内粮仓储存的粮食分给了当地饥民。

这次战斗是我军在国民党大兵压境的困难形势下完成的一次漂亮的歼灭战。这次歼灭战不仅打击了赵大义的反动武装，摧毁了赵大义苦心经营的一个重要军事据点，打通了进军绥北的道路，而且极大地鼓舞了我军将士及广大人民群众的斗志。其后，骑兵第十一师迅速进入陶林、武川地带，摧毁敌人乡公所数处，打开了敌人重要的战略物资储备基地——大滩粮库，救济了当地贫苦群众，受到群众的极大拥护。

义盛德突围战

在察哈尔右翼后旗的西北角与察哈尔右翼中旗、四子王旗交界处靠近七层山的地方，有一个叫"板山村"的小村庄，中华人民共和国成立初期曾属四子王旗，1956年划归察哈尔右翼后旗三井泉公社，现属察哈尔右翼后旗土牧尔台镇管辖。

在板山村西北角，至今仍残存着一处规模很大的旧建筑遗址，即中华人民共和国成立前在这一带非常有名的"草地庄"买卖字号——义盛德。这是一处一进三套的串联院落，南北长约300米，东西宽约200米，面积6万多平方米。义盛德前、后共建有3处院落，四周建有3米多高、1米多厚的土围墙。

义盛德饲养牲畜的院子占总面积的一半，约3万平方米。有马厩、牛棚、羊圈，还有堆放草垛的圐圙、放置饲料的库房和水井、料槽以及饲养人员的住房。

中间院落约有2万平方米，盖着数十间土坯房。除了员工住房外皆为作坊，如缸坊、炒米坊、皮坊、油坊、磨坊，还有铁匠、银匠、铜匠等手工作坊，俨然是一个小型加工厂。

前院是掌柜家眷和主要管事人员住处，约有14 000平方米。掌柜和家眷以及主要管事人员居住办公的几十间正房全是砖木结构的瓦房。掌柜的豪华卧室有客厅、洗澡间、卫生间。东厢房是男、女佣人的宿舍、厨房、洗衣房，西厢房为孩子们读书的私塾房。

据传，义盛德是山西祁县的一位大财东投资创办的，他最早在丰镇建有商铺，名曰"义和顺"。民国初年在陶林县城设立了义盛德分号。义盛德开始主要以经营日用杂货为主，后来开始经营"草地庄"买卖。

义盛德掌柜的是一个很有经营头脑的人，当时，后山地区交通不便，为了扩大业务、占领市场，义盛德在陶林县城经营了没几年，就北迁至50里外靠近大牧区的四道沟。到民国18年（1929年），各地民不聊生，土匪横行，四道沟也不再是理想的生财宝地了。为了生意的更好发展，也为了躲避官、匪的骚扰，义盛德又向北搬迁到时属四子王旗的板山底（现属察哈尔右翼后旗）。这里虽然比较偏僻，但是地处农牧结合带，背靠大草原，又是内地通往草地和外蒙古的交通要道。对于"草地庄"来说，是最好的经商之地。所以，义盛德很快就发展了起来，生意越做越大，利润越来越多，成了这一带名声很大的商号。

由于所处的独特地理位置和在这一带绝无仅有的庄园建筑，义盛德招揽了不少商贾客户。常有走草地的商人和后草地的商人在这里落脚歇息。有时伪蒙古军也来这里吃点、喝点、拿点，义盛德也基本给予满足。由于这些原因，一般的土匪也很少"光顾"这里。因此，虽然地处荒原山野，但相对比较安全，也就自然而然成了八路军游击队的重要活动据点。

1946年6月，蒋介石单方面撕毁国共两党共同签订的停战协议，一时间，内战烽烟四起，很快波及绥东地区。在敌强我弱的形势下，为减少不必要的牺牲，绥东四旗党政军人员奉命暂时撤退到张家口。为了加强对敌斗争，在以云泽（乌兰夫）为主席的内蒙古自治运动联合会的领导下，组建了由正红旗总管莫杰任大队长的巴乌大队，坚持敌后游击战争，寻机打击敌人。当这支部队从张家口辗转来到锡（锡林郭勒盟）、巴（巴彦塔拉盟）、乌（乌兰察布盟）交界地区，即今日之商都县、察哈尔右翼后旗、苏尼特右旗和四子王旗交界处的土牧尔台、八号地、三井泉、格化司台、白音哈尔一带。为了打击国民党反动派的嚣张气焰，上级领导决定，让巴乌大队同张北、商都、尚义、化德等处地方武装部队攻打化德县城。

攻打化德县城的战斗于1946年12月17日拂晓打响，正当突击队攻克城关、大部队准备发起冲锋的关键时刻，尚义县大队倒戈，致使战斗失利。化德一战失利后，巴乌大队在莫杰带领下，转战四子王旗一带，趁势包围了四子王旗王府。在王府一战中，由于地形不利、准备不足，这场战斗演变为消耗战。整整24个小时，官兵没吃没喝，战马不喂不饮，人困马乏、士气低落，再打下去，显然对我军不利。于是指战员决定停止进攻、撤出战斗。部队撤出战斗后，开始向土牧尔台方向转移。

饥饿疲劳的同志们一心想着赶快到达目的地，吃饱喝足，再美美地睡上一觉。可是到夜间10点多钟，正当部队向东疾进的时候，走在前面五六百米的尖兵排突然听到汽车的响声。顺着汽车灯光仔细一看，还有很多人影在晃动，显然是敌人的大部队。排长急忙命令战士下马隐蔽，自己则掉转马头迎着大部队急驰而去，找到莫杰大队长，向他报告了发现的情况。莫杰听了报告后，当即和队里几位领导交换了意见，大家一致认为，在不明虚实的情况下，不能与敌人交火，更何况我们处于疲惫不堪的状态，已不利再战，应该设法脱离敌人。于是，莫杰大队长指挥官兵远离大路、绕道行进，寻找宿营的地方。

部队在远离大路的草地里行进了大约20里地，隐约发现前面有个大村庄，莫杰大队长立即命令部队停止前进、原地待命，并派侦察兵前往侦察。不一会儿，侦察兵回来报告说，前面是"草地庄"买卖字号义盛德，院落很大，房屋不少，没有发现敌情。莫杰大队长虽然没有在义盛德住过，但他知道这个地方，便马上命令部队悄悄进入义盛德大院，在此宿营，天亮前离开，并在四周安排了岗哨。为了保险起见，莫大队长特地命令多放一些流动哨，在庄外监视敌人。另外还对大院内的所有人员实行了管制，不准任何人走出大院一步。

为了不引起误会，莫杰大队长还让人把掌柜的找来，向他说明情况，并反复解释说："这是非常时期，既为了部队的安全，更主要的是为了大家的安全，希望大家能够理解，给予配合。"并要求掌柜的把他所说的意思转达给家人和伙计们，要大家不要惊慌，都回去睡觉，也不要在外面游走，避免发生误会。掌柜的听了以后，连连点头说："能理解，能理解，请首长放心，我们一定听从部队的安排。"之后，掌柜的即刻安顿家人和伙计们。部队也开始轮流吃饭、休息。

后半夜，战士们刚刚进入梦乡，在庄外监视敌人的流动哨兵突然跑来报告说："南、北两面的山头上均发现有敌人在活动。"听了哨兵的报告后，莫杰大队长意识到，敌人肯定是发现了我军的行踪，是有备而来的。而且从兵力部署来看，敌人也绝不是少数，他们妄图包围并一口吃掉我军。现在天黑，敌人还不敢贸然发动进攻，我军必须利用夜幕的掩护，在敌人立足未稳之前，突出敌人的包围。否则，等到天亮再组织突围，部队必然会暴露在敌人强大的炮火之下，增加不必要的牺牲。另外，我军是骑兵，行动迅速，而敌人大多数是步兵，在

夜间既不敢冲下山来堵截我军，又追赶不上，即使是部分机动兵力也不敢在夜间追赶。只要我军一突出敌人的包围圈，就算脱离危险了。

经过仔细斟酌，莫大队长决定趁敌人兵力还没有全面展开之际，立即组织部队突围。他命令通讯兵立即通知部队紧急集合，并将几位指战员召集在一起，简要说明情况，研究突围的路线和具体兵力部署。

最终大家一致决定，把大部队突围的重点方向选在北面，之所以这样选择，一是因为庄北地势比较开阔，便于骑兵活动，只要一突围出去，就可进入苏尼特、四子王草原（俗称后草地），有利于我骑兵部队和敌人周旋。二是因为从周边地形来看，庄南是一片洼地，洼地之上就是已被敌人占领的高地，如果从此处突围，必然遭受敌人的迎头截击，造成大量伤亡；而西边是连绵的大山，不利于我骑兵冲击；东边虽然有一条通道可以冲出去，但越跑离土牧尔台越近，容易受到敌人夹击（当时土牧尔台驻有国民党的部队）；庄北对我军能构成的威胁只有西北面一个叫作元宝山的小山头，只要我军控制了这个小山头，部队就能顺利地突围出去。

为了大部队能顺利突围，莫杰大队长还决定抽出一个排的兵力，

集中火力向南佯攻，造成敌人的错觉，吸引敌人的兵力。另外，在全部人员中选拔了20名神枪手，在庄北面的围墙上和房顶上选择有利位置，封锁敌人布置在北面小山头上的火力点，掩护突击队夺取这一制高点。同时选拔了20名骑术好、有夜间作战经验的战士组成突击队，由一名身经百战的副连长带领，向西北小山头冲击并控制这一制高点。

战斗布置完毕，已近深夜两点。莫杰大队长果断下达了突围的命令。负责佯攻的一排战士在连长的指挥下，首先打开南门，占据有利位置，一齐向敌人开火，敌人也慌忙应战，一时间枪声大作。在激烈的枪声中，还隐约听到了敌人指挥官的喊叫声："弟兄们，八路军已被我们包围了，给我狠狠地打，绝不能放走一个共军。"

这时，在北门严阵以待的20名突击队员，悄悄打开北门，跨上战马、高举战刀，在一片喊杀声中，向村北的小山头冲去。听到喊杀声，隐蔽在小山头上的敌人开始盲目射击，而其枪口喷出的一串串火舌正好成为我神枪手的活靶子，他们屏声静气，瞄准敌人的火力点，一枪一枪地还击，打得敌人连头都抬不起来，阵地上的枪声顿时稀疏了许多，而当他们刚刚缓过神来，一匹匹战马已跃至眼前，明晃晃的战刀已高悬在头顶。只听一声声凄厉的惨叫，十几名敌人倒在了马蹄下，其余的敌人连枪都顾不上拿，连滚带爬地向山后逃命。

与此同时，大部队也从北门冲出，风驰电掣般地向北突围而去。之后，负责牵制、掩护的后续队伍也迅速撤离战斗，追随大部队绝尘而去，很快消失在夜幕下的茫茫草原之中。

此次突围战前后不到半个小时，当部队转移至安全地带后，莫杰大队长命令战士们原地休息、清点人数。当听到各连报告，人员无一伤亡、战马安然无恙时，指战员们一扫前两次战斗失利在心中留下的阴影，忘记了连日征战的疲劳，欢呼雀跃，沉浸在胜利的欢乐之中。

风云人物

HUASHUONEIMENGGUchahaeryouyihouqi

风 云 人 物
FENGYUNRENWU

"五四"运动后，以"察哈尔三杰"的纪松龄、莫杰、宝音巴特尔为代表的进步青年纷纷投入革命中。察哈尔正黄旗总管达密凌苏龙、共产党员纪松龄率所属部众积极参加抗日同盟军。

察哈尔三杰——宝音巴特尔

宝音巴特尔（1901—1939年）汉名贺志远，又名巴儒斋。1901年出生于原察哈尔正红旗八苏木，是内蒙古地区早期革命领导人之一。

1925年10月，中国共产党北方区领导人李大钊、邓中夏、赵世炎等决定在内蒙古地区大力开展革命运动，在原察哈尔都统衙门所在地张家口组建内蒙古人民革命党。这是内蒙古地区中共的外围组织，是根据这个地区的特殊情况，在共产国际代表的直接指导下成立的。宝音巴特尔积极参加了这个组织并成为骨干分子。

1927年初春，军阀张作霖的军队占领了张家口。宝音巴特尔被当作革命党人首要分子抓捕入狱，后经革命党人和地方知名人士保释出狱。同年7月，内蒙古人民革命党在宁夏银川市召开代表大会，宝音

宝音巴特尔

巴特尔以乌兰察布盟代表的身份参加了大会，被选举为中央委员。

1927年8月，内蒙古人民革命党在外蒙古乌兰巴托召开特别会议，重点解决党内分歧。在这次会议上，宝音巴特尔坚定地站在"左派集团"的立场上，被选为该党的中央执行委员，他还代表内蒙古地区革命组织，参加了共产国际第六次代表大会。1929年，宝音巴特尔从外蒙古

的乌兰巴托回到内蒙古，在察哈尔、鄂尔多斯、土默特等地积极开展革命宣传和动员工作，为扩大革命组织和壮大革命力量做了大量工作，为乌审旗将要召开的秘密会议作了准备。

1930年3月17日，由宝音巴特尔、纪松龄、莫杰3人组织，察哈尔、土默特、鄂尔多斯、乌兰察布、阿拉善派代表参加的内蒙古人民革命党乌审旗秘密会议召开。会议衷心拥护中国共产党的领导，揭露日本帝国主义侵略中华的狼子野心，反对国民党的黑暗统治。1933年，内蒙古人民革命党解散。此后，宝音巴特尔在外蒙古科布多任教。1939年，受苏联"肃反"扩大化影响被杀害，后来得到平反。

察哈尔三杰——纪松龄
战斗在绥东抗战前线
——追寻父亲纪松龄的足迹

父亲纪松龄，又名纪世勋，蒙古名赛胜嘎，又名萧胜嘎，1899年6月出生于察哈尔正黄旗三苏木小淖尔村一个殷实的蒙古族农民家庭。父亲于20世纪20年代初投身革命，1925年加入中国共产党，是内蒙古早期共产党员和革命运动领导人之一。他曾先后就读于张家口察哈尔一中、国民党西北陆军军官学校、外蒙古党务学校等。1930年留学苏

纪松龄

联莫斯科东方大学。1933年，根据国内革命形势的变化及内蒙古革命运动的发展和需要，受共产国际和党组织派遣提前回国，接手察哈尔地区地下工作。

回国后，父亲一心扑在革命工作上，先后担任过正黄旗蒙古族地方武装达密凌苏龙的副官、参谋长，指挥部队参加察北抗战和绥东抗战，参与策划"百灵庙暴动"，后率领蒙旗独立旅在陕北和鄂尔多斯一带开展抗日斗争。直到1942年10月在河套陕坝壮烈牺牲，年仅43岁。

"九一八"事变后不久，内蒙古东部的呼伦贝尔、哲里木、昭乌达和卓索图等地也落入日本侵略者的魔爪。内蒙古东部地区沦陷之后，处于内蒙古中西部的察哈尔等地便成了日本侵略者进攻的下一个目标。

这种形势下，父亲根据上级指

示，不仅建立了平绥铁路的地下联络线，而且还在苏尼特右旗查干敖包庙建立了一个联络点。为了加强同外蒙古和共产国际的联络，父亲派胡景祥和朱日明以皮毛商身份为掩护，在那里常住。这时他把妈妈从老家接到集宁，正像父亲所说："需要有个家呀。"这个家，便成为父亲从事地下工作的总联络站。

上级党组织一再强调，要做好少数民族上层人物的工作，让他们站到人民一边联合抗日。当时，在察哈尔地区有一位很有影响的蒙古族人士，名叫达密凌苏龙。提起达密凌苏龙，察哈尔方圆百里无人不晓，人们都说他是个绿林好汉。因他的下颌长着一颗痣，痣上长着一撮长及胸襟的胡须，所以人们给他起了一个绰号叫"长胡子"。据说这撮长胡子平日团起来装在衣兜里，只是在每天早晨才拿出来梳洗一番。

"长胡子"性格刚毅、乐于助人、有正义感。当时的察哈尔地区匪患泛滥，人民深受其害。为了剿匪保家，"长胡子"出任了察哈尔右翼东路游击队司令，率领一支300多人的蒙古族地方武装，官兵全是正黄旗的蒙古族子弟，其中有不少是百发百中的神枪手。所以这支地方武装在历次剿匪战斗中总是取胜，一时间名声大振，大股土匪不敢接近，

小股土匪闻风而逃。然而，这支部队毕竟是由老百姓组成的地方武装，从总体上看，军队素质不高，需要从理论和技术方面进行系统的教育和训练。父亲受过系统的军事教育，又有带兵作战的经验，于是党组织便指示他伺机打入该部。父亲打入达司令的部队后，很快崭露头角，显示出卓越的军事才能，深受达司令的赏识。不久，由副官升为参谋长，人称纪参谋长。

方圆几百里的正黄旗以及察哈尔地区，很多人都知道纪松龄、达密凌苏龙，他们都善于结交朋友，为人们办了不少好事，在地方上颇有名气。所以他们在见面之前，相互有所了解，相识之后一见如故，很快成了好朋友。父亲利用各种机会接近"长胡子"，除白天训练军队外，晚上大部分闲暇时间都和"长胡子"在一起。他们谈天说地，讲述见闻，相处得很融洽。"长胡子"早听说父亲去过外蒙古、苏联，是留苏学生，猜到他可能是"红党"（共产党），不过，在"长胡子"的眼里，这些都算不了什么，只要真心实意为百姓办事，他就选择相信和依靠。所以，他有什么不明白的问题，就找父亲去商量、去探讨。父亲给"长胡子"讲国际和国内形势，逐步给他灌输革命思想，耐心地启发他的

觉悟，一步一步引导他走团结抗日的道路。

父亲升任参谋长后，很快掌握了这支部队的实权。为了迅速提高部队的军事素质，他注重队伍操练，整日与官兵一起摸爬滚打，苦练军事本领，练习冲锋、乘马、射击等，逐步摸索出一套适合草地作战的训练方法。经过一段苦练，部队作战技能大有提高。官兵敬佩这位年轻有为的参谋长，特别是那位"长胡子"司令官，很看重这位年轻的参谋长。

1934年，傅作义建立绥东剿匪司令部时，任命"长胡子"为司令、胡风山为秘书长、父亲为参谋长。"长胡子"的部队发展到700余人，司令部设在集宁桥西三马路的一处大院里，父亲常驻司令部，负责处理日常事务。"长胡子"驻在十二苏木，商议重大事宜时，父亲才去见他，平时都待在集宁。父亲还将朱日明的一个排调来，留在身边，便于工作。从此，集宁的司令部和十二苏木"长胡子"家都成为我党地下工作联络点和紧急避难所。那时候，毕力格尔巴图尔、乌勒吉敖喜尔等人常来常往。父亲在这个部队中的活动时间虽然不长，却留下了深刻的影响，至今人们仍念念不忘。一些老人回忆父亲时，都赞叹地说："纪参谋长能言善辩，口才很好，写一手好

字，有一手好枪法，真是文武全才！落在拴马桩上的麻雀，纪参谋长可以手起鸟落，弹无虚发。"

部队的战斗力得到不断提高，兵丁也越来越多。可是，武器装备却远远跟不上。为改变这种状况，父亲想了一个办法，他征得"长胡子"的同意，于1934年5月、6月间，带着警卫员云璧玺、王仲堂和郭英等7人，乘车前往南京。通过纪贞甫等人的大力协助，得到国民党爱国人士的支持和帮助，搞到300支崭新的湖北汉阳造步枪、子弹1万余发。父亲和"长胡子"每人还有一支20响手枪。这次南京之行，可谓满载而归。换上了崭新的武器，又有充足的弹药，战士们精神振奋，抗日的决心更大了。

1936年2月12日，德王在苏尼特右旗成立了"蒙古军司令部"。4月24日召开了第一次"蒙古大会"，决定成立"蒙古军政府"。同年5月12日，德王在化德成立了"蒙古军政府"，把各种番号的伪军，网罗了78个团队，土匪出身的张万庆、王英、王道一、于志谦、马子玉、胡宝山、雷中田等，也都集结在德王的羽翼之下。他们在其日本主子的鼓动下，张牙舞爪地扑向绥东四旗，充当了进犯绥远省的急先锋。

伪边防自治军司令于志谦、副

司令马子玉率领部队先由察北移驻张北与兴和交界处的三保沟，图谋夺取兴和。河套惯匪王英也拉起了"大汉义军"的旗帜，带着河套老家的土匪班底黑马队，在察北大肆活动。伪西北防共自治军总司令王道一、副司令雷中田进驻商都县城，企图攻占正黄旗境内的土牧尔台、红格尔图，得手后西取陶林的科布尔镇，威胁绥远省归绥城。

在绥东四旗察哈尔土地上，不可避免地要爆发一场战争，大战在即。当时，共产党在绥东地区还没有自己的正规部队，绥东的这场爱国斗争，只能依靠国民党的爱国将领和广大人民群众的支持。为此，父亲一方面鼓动"长胡子"参加抗战，另一方面利用自己的身份，积极奔走于绥远省府军政要员之中，以促成抗战。

"长胡子"的工作也并不好做。1933年，在德王搞"蒙古自治运动"时，因受父亲的影响，"长胡子"采取了观望态度，没有参与。后来参加察北抗战，是和冯玉祥将军合作。这些都比较好办。难的是，这次要让他和一贯敌视蒙古族的傅作义合作，从感情上来讲，"长胡子"是不好接受的。但是，经过父亲的耐心劝说和引导，他还是顾全大局，以国家利益为重，以团结抗日为重，

不计前嫌，靠近傅作义。1935年，德王酝酿成立"蒙古军总司令部"，派人拉拢"长胡子"，被他婉言拒绝。这说明，父亲确实起到了参谋的作用，他把这位蒙古族上层人物拉到抗日队伍中，拉到人民一边，为以后的抗日战争和解放战争做出了贡献。

傅作义为了对付德王的"高度自治"，成立了绥境蒙政会。他把绥东四旗的总管及伊、乌两盟王爷等拉了进去，冠以蒙政会委员。如正黄旗总管"长胡子"达密凌苏龙、正红旗总管额斯贺吉嘎拉、镶蓝旗总管富凌阿、镶红旗总管巴拉贡扎布等，都是"蒙政会"委员。正黄旗有学识的纪贞甫、胡风山等人，也参加了蒙政会，担任要职。父亲为便于在这些人中展开工作，遵照组织上的指示，也参加了傅作义的绥境蒙政会，并被任命为参议、绥东四旗军事专员。正是在这个时候，父亲认识了傅作义。父亲在傅作义面前桀骜不驯。因此，傅作义在背后不叫他的名字，而是称作"小蒙古"。从那时起，"小蒙古"这个绰号在傅作义周围传开了。

1936年7月29日，伪西北防共自治军2 000人马分两路进攻土牧尔台和红格尔图。土牧尔台距集宁约100千米。当年，这里商贾云集，各

种手工业作坊、杂货店铺沿街林立，是察哈尔北端较大的一个集镇。30日那天，攻击土牧尔台的一路伪军，被早已埋伏在那里的"长胡子"部队的一个分队同当地的民团合力击退。民团先用土炮、手榴弹把冲进镇边的敌伪军炸得哭爹叫娘，分队长吉米格扎布趁势率领所属蒙古族骑兵冲入敌阵，勇猛砍杀，激战两个时辰，就把200多敌人打得狼狈逃窜。敌人的这次进攻被分队和民团彻底粉碎，大长了军民志气。当日下午，一伙逃窜的败兵路经王丙村，听说附近有"长胡子"岳母的庄院，决定星夜袭击，企图抓住"长胡子"岳母报功领赏，即使抓不住人，也可趁机抢劫财物、一饱私囊。不料，有一农民得知后报信，敌人只好扑空。

王道一本以为在这个人烟稀少的察北草原攻下小小的土牧尔台不费吹灰之力，哪料到会损兵折将，吃了败仗。他一怒之下，便于8月2日指挥全军对红格尔图发起了攻击。红格尔图位于十二苏木北十几里，与土牧尔台相距不远，北通苏尼特右旗、二连浩特，南达集宁，西经科布尔可达呼和浩特，东与商都接壤，处于察哈尔和绥远的交界处，是具有重要战略地位的兵家必争之地。

红格尔图在当时只有200多户人家，人口不过1 000多人，算得上是察北较大的村庄。村里有一条东西长街，两旁散落着几家买卖铺子、铁匠、木匠作坊，还有一所小学和规模较大的天主教堂。村东是乌力亚苏台山；村西是布浪山；村北的山较大，叫乌尼肯特山；南边是二老牛洼山。

父亲在这次战斗中协助"长胡子"制定作战方案、部署兵力、指挥战斗，发挥了重要作用。战斗开始前一天，"长胡子"和父亲就派人与红格尔图守军取得联系，当时在红格尔图孤军作战的张著团副是何等欣慰。红格尔图守军只有两个连，220多人，而要面对十倍于己的敌人，如果没有"长胡子"部队的支援，要想取胜几乎是天方夜谭。

根据敌情和地形特点，父亲协助"长胡子"首先对兵力部署作了周密的安排：沙格德尔率领的二中队占领红格尔图南面的二老牛洼山，准备迎击敌人；尔林庆率领三中队在红格尔图西部的布浪山和北部的乌尼肯特山迂回作战；十二苏木指挥部仅留一个卫队排守卫。

战斗开始后，王道一派出主力集中攻打红格尔图。可是，几次冲锋都被张团副的守军和民团用机枪和土炮击退。王道一看这一招不灵，便改变进攻策略，兵分两路，攻取红格尔图南、北两山，企图占领制高点后，居高临下，一举拿下村庄。负责守卫南山的沙格德尔二中队，根据原定的战斗部署，选出十几名枪法好的神枪手守住敌人的冲锋要道，发起突然攻击。敌人毫无思想准备，还未展开兵力，就被冲得七零八落，四散而逃。

进攻北山的敌人比较谨慎，他们先用小钢炮轰了一会儿，然后才在机枪掩护下缓缓推进。尔林庆中队长巧妙地指挥多数兵力，避开敌人的重火力，只留少数人马诱敌深入，敌人果真上当，一窝蜂地冲了过来。尔林庆中队长早已指挥大队人马绕到敌背后，抄了他们的后路，敌人来不及组织力量抵抗，很快败退而去。

8月3日和4日，敌人虽然故伎重演，连续发动几次进攻，无奈头一天的败仗给他们心里留下了抹不掉的阴影，因此士气低落，都以失败收场。4日下午，国民党的增援部队急忙赶到，张团副和"长胡子"的部队全线出击。一阵激战后，敌人盘踞的大阳坡、土城子、台道湾等地尸横遍野，2 000多敌人几乎全军覆没，只有王道一带领少数残敌逃回商都县城。日本军因其作战失利，就地枪决。与此同时，入侵兴

和的日伪军也被国民党驻军和前去协同作战的"长胡子"部队击败，敌伪副司令马子玉和匪首赵逸民等60多人被生擒。

红格尔图、土牧尔台、兴和三地的战斗，习惯上被称为第一次红格尔图战役。"长胡子"的蒙古骑兵与国民党爱国将士紧密配合、协同作战，保证了战斗的顺利进行，这是此次战斗取胜的决定性因素。这也充分显示了共产党坚持的抗日民族统一战线的巨大威力。

11月，不甘心失败的日本侵略军又驱使"大汉义军"王英部5 000多人，配备了几十门大炮，在飞机的配合下发动了第二次红格尔图战役。

常言道："来者不善，善者不来。"骄横的王英这次带着绝对优势的兵力气势汹汹地扑向红格尔图。王英以为有了日本军的飞机、大炮支援，拿下红格尔图这个弹丸之地，如同揭开蒸笼取馒头那样轻松容易。于是便在战前向部下夸口："我王英字中有'鹰'，红格尔图字中有'兔'，鹰抓兔，必胜无疑。"封建迷信的王英自欺欺人地吹牛："'长胡子'是'狐'，我'大汉义军'是蛇，蛇盘狐，有胜无败。"

战前数天，日本侵略军飞机不时地飞临红格尔图上空进行侦察。王英部也活动频繁，加紧战前准备。

战斗即将开始的迹象已经越来越明显。"长胡子"和父亲纪松龄日夜派出巡逻队，警惕敌人的突然袭击。11月14日夜，一支巡逻队与王英的一股匪兵相遇，双方在红格尔图东南的山地激战一阵后，各自收兵。久经沙场的"长胡子"采纳了父亲纪松龄的意见，把全部兵力开到红格尔图西南部的山地，并在二老牛洼山上部署警戒，形成掎角之势，与红格尔图守军遥相呼应。这样，不仅迫使王英分出一半兵力投入山地争夺战，而且大大减轻了红格尔图的压力，支援了守军。

11月15日，日本侵略军飞机在红格尔图上空盘旋投弹，王英部队的各种火炮齐发。大地震撼、硝烟弥漫，民房被炸塌了，高大的天主教礼拜堂也被炸塌了，村里一片火海。须臾，敌人用两个营的兵力，分三路发起攻击，在督战队的威逼下缓缓地逼近我军阵地。南路有一个加强连企图强占红格尔图村南面的小山梁，进而直取村南门。当南路敌兵接近小山梁时，早已在南山上警戒的"长胡子"部骑兵，一眼就发现了敌人的图谋，未等敌兵靠近，便前去截击，敌人只好退到三股地一带。"长胡子"立即又派出两个分队，一阵穷追猛打，直追出十多里路才收兵。敌人攻取红格尔

图南门的企图又成了泡影。

东路和北路的敌人满以为日本侵略军飞机、大炮的狂轰滥炸，早已把红格尔图炸个底朝天，他们可以轻取成功。不料，攻到环村战壕前时，敌人突然遭到守军的迎头痛击。尤其是那几门土炮，随着一声声巨响，无数铁渣飞出炮口，横扫前面一片敌人。30多挺机关枪不停地扫射，发挥了巨大的威力，加上手榴弹和天主教几十名神枪手的配合，不到两个时辰，敌人的集团冲锋便被粉碎了。当天夜里，国民党绥远前线指挥部又调来两个骑兵连，加强了防守力量。

15日清晨，王英占领了红格尔图南山中的一个小村庄苏木村，该村是控制南山的要地，若不拔掉这个钉子，势必影响全局。"长胡子"的部队很快发现了这一情况，于是命令尔林庆中队16日务必拿下苏木村。尔林庆领命后，兵分两路，于16日凌晨悄悄靠近该村，直到摸到跟前，敌人的哨兵才发现，慌忙鸣枪报警，可是已经太晚了，三中队的英雄健儿跃马提枪，从南、西两面冲了进去，顷刻间把敌人打得四散而逃。

11月17日晚，国民党大批援军秘密赶到十二苏木，汽车、火炮等黑压压一大片。父亲带着"长胡子"

司令部人员和周围的牧民群众为援军烧茶送水，忙碌一阵后，父亲和"长胡子"一起同援军指挥官彭毓斌等商议，确定进攻路线，并将一个分队的战士分配到各团、营充当向导，又抽调出卫队排担任了全军的尖兵。此时，敌人还毫无觉察，正在做他们的黄粱美梦！

午夜时分，援军各部进入指定地点，迅速投入战斗。红格尔图东、北大小村庄枪声大作、火炮轰鸣。"长胡子"的蒙古骑兵一个个飞身上马，冲上战场，配合援军奋勇杀敌。千军万马，从午夜激战到天亮。王英的5000多匪军大部被歼。事后，在当地老百姓中流传着这样一句民谣：王英本想鹰抓兔，不料反被兔蹬天。

绥东抗战，以第二次红格尔图战役为标志，取得了全面胜利。捷报飞向各地，全国各大报纸纷纷派记者来绥东战场采访。绥东战地服务团专程赶到十二苏木，为参战的"长胡子"部队带来爱国同胞的慰问品。父亲当时将慰问品（棉背心、香烟、罐头、挂面等）分发给参战人员，还同"长胡子"达密凌苏龙组织召开了庆功大会，并宣布奖赏抗战有功人员，瑞米、乔道布敦、嘎拉森、扎拉风格、茹布庆等官升一级，还有不少表现突出的有功官兵都分别受到嘉奖晋升。

1936年12月29日国民党的《中央日报》报道了绥东抗战的胜利消息。文中称颂："正黄旗达密凌苏龙部及赴援部队予匪以最沉痛之创伤。"1936年12月《申报》的每周增刊中，头版头条刊登了达密凌苏龙的半身像，并附文字说明："率部于红格尔图奋勇抗战之绥东四旗剿匪司令达密凌苏龙氏。"1936年12月《东方画报》《新中华》月刊刊登了达密凌苏龙的半身像，并配以文字报道。其中有达密凌苏龙与参谋长纪松龄的合影照片，以宣传他们的战功。国民党中央电影院拍摄的纪录片《绥远剿匪录》中，也将达密凌苏龙司令率部冲杀、英勇奋战的身影摄入镜头。

绥东抗战，不仅是达密凌苏龙一生中最为辉煌的一页，也是父亲从事地下工作最为成功、值得称颂的一笔。达密凌苏龙这位蒙古族上层爱国人士、蒙古族地方武装首领，有了父亲这位足智多谋的参谋长协助，不仅能够勇于拒绝德王的拉拢、控制，而且坚持在抗日战场上英勇奋战，直至绥东抗战取得全面胜利！正如有些资料中所述：绥远抗战之所以能取得胜利，国民党爱国将士们的英勇作战是一个原因，但更重要的是中国共产党坚持了抗日民族统一战线。共产党的地下工作者纪松龄、毕力格巴图尔等同志，在绥东抗战前后做了大量工作。从抗战前线到后方各地，从军营到重镇，都曾留下他们的足迹。尤其是在绥东抗战中，由于他们的奔波才使国民党绥远当局下了抗日的决心，也是由于他们的宣传鼓动，才促使察哈尔骑兵部队英勇地投入了抗日战场。

绥东抗战是"七七事变"之前，绥远地区第一次抗击日本帝国主义的伟大壮举！父亲参加了这一战斗，他为抗战胜利，为保卫家乡、保卫祖国，做出了重要贡献！

察哈尔三杰——莫杰
怀念父亲莫杰

我父亲全名叫孟克杰勒格尔，人们习惯上称他为莫杰。日本投降后，绥远省的绥东四旗归属解放区。1945年9月，在绥东四旗之一的正红旗率先建立了人民民主政府，父亲为第一任旗长，当地民众习惯称他为"莫杰安奔"。

父亲出生于1900年，正是八国联军侵略中国，清政府被迫与帝国主义列强签订《辛丑条约》，国家和民族命运走向衰败的黑暗时期。1923年，父亲赴北京蒙藏学院读书深造，受李大钊、赵世炎、邓中夏等中国共产党早期革命先驱的启迪与熏陶，激发了一腔救国救民的理想抱负。1924年，父亲弃笔从戎，参加了冯玉祥的国民军，转战南北，憧憬"三民主义"拯救中国。1925年，父亲加入内蒙古人民革命党，四处奔走，宣传救国真理。1927年4月12日，蒋介石发动"四一二"反革命政变，中国革命处于低潮，父亲毅然远赴外蒙古，后到俄罗斯圣彼得堡深造，探索拯救国家与民族的解放道路。1930年3月，父亲秘密回国，在白色恐怖的严峻形势下，召开著名的"内蒙古人民革命党察哈尔、鄂尔多斯、乌兰察布盟秘密会议"，与战友们发起了鄂尔多斯的革命风暴；1941年，父亲受组织委派，潜入伪巴彦塔拉公署民政处，开展地下工作；1945年，父亲出任正红旗旗长。

1946年6月，国民党蒋介石背信弃义，撕毁国共两党停战和平协议，悍然发动内战，大举进攻我解放区。盘踞在归绥的傅作义部队东犯我绥东四旗，父亲奉命率领旗保安队参加了集宁保卫战，激战三日后，奉命率队撤退到张家口，在内蒙古自治运动联合会办事处受到时任内蒙古自治运动联合会主席乌兰夫的接见，并出任巴彦塔拉盟、乌兰察布盟联合骑兵大队（巴乌大队）大队长。同年10月，率队经张北、康保、化德、商都、红格尔图、格

莫杰

化司台到达锡林郭勒盟苏尼特右旗、白音哈尔一带开展游击战，并建立了革命根据地。在白音哈尔，父亲为了巩固根据地，一门心思地为百姓办实事，哪怕是小小的一件事都要从老百姓的利益出发。比如阿贵图附近有一口井，深度大约有十丈（约15米），是牧民的吃水来源，牲畜的饮水也靠这口井。牧民们打水非常吃力，父亲就在水斗绳上系了很多结子疙瘩，解决了打水手滑吃力的困难。牧民们打水时啧啧赞扬，"是咱们的部队""还是马乃齐日格"。

从1946年10月至1947年4月，仅用半年时间，父亲就开辟了西至四子王旗东部、南到察哈尔右翼四旗北部、北至苏尼特右旗南部、东连锡林郭勒盟草原的广阔革命根据地，保卫了内蒙古解放战争的指挥中心贝子庙（乌兰夫同志赞誉为"锡察草原上的钢铁长城"）。

1947年4月15日，由于叛徒出卖，父亲不幸在白音哈尔的阿贵图山北麓胡日嘎宝勒格（冬营盘）被国民党戡乱先锋队逮捕，面对敌人的威逼拷打、百般利诱，父亲不为所动、宁死不屈，最终，被杀害于商都县大西沟大南山下。

父亲被捕时，我还在父亲的怀里睡觉，叛徒破门而入，我被惊醒，当时那种残忍的情景历历在目。

母亲经常讲，我非常聪明，记忆力极好，其实我并不聪明，比普通人还差一截，记忆力也很差，年、月、日就记不住。但是父亲被抓的那些细节我却记得清清楚楚。这一惨痛的、令人不堪回首的事件，深深地镌刻在我记忆深处。

记得父亲被抓时两个胳膊用皮绳反剪捆绑着，臂膀已完全脱臼。

图鲁嘎（火撑子）里的火燃烧着，父亲的双眼在火光的映射下闪着愤怒的光芒，我紧紧地抱住父亲的腿不放，哭着大声喊着："不要杀我阿爸！"一群匪徒将我推到一边，把父亲拉走。我光着脚不顾一切地从后面追去，也终究没有追上。当时的我才5岁，在那空旷的原野中像一匹孤独的马驹站在那里一动不动。母亲追来，看到我脚上扎满的干草刺和碰破的血迹，抱着我痛哭流涕，这时我才感觉到疼痛，母子俩抱头大哭。

我一直悔恨自己吐出的那句话："不要杀我阿爸！"这句话太不吉利了，可是在杀气腾腾的恐怖气氛笼罩下，我这个年幼的孩子本能地产生了这种恐怖而可怕的心理。

父亲牺牲了，我们母子俩不得不回老家正红旗。可是母亲迟迟不走，她一直在找那条空心马鞭。

父亲被逮捕的前一天向母亲交代过，他的人头一直别在腰带上，他一旦有个闪失，一定要把马鞭交给奎壁同志。空心马鞭里有共产党潜伏在国民党绥远省当局要害部门人员的名单，他们也是父亲的好友。父亲还说，马鞭已藏在牛粪堆里面了，而且一直叮嘱我们一定要坐牛车回老家。

牛粪堆里面是没有了，因为抓捕我父亲的那天清晨，国民党绥远省特派员孔专员观察出父亲眼神的落点在牛粪堆上，立即命令从牛粪堆里找马鞭，把牛粪堆扒拉成一摊也没有找到。现在母亲只能翻箱倒柜拆开蒙古包找马鞭，可就连蒙古包围毡的夹缝也没有找到，无奈之下，只好套车回老家。套车扶起车辕时，母亲手触碰到了一条硬东西，是马鞭！父亲用马尾在车辕下

面绑了个结实，怪不得父亲再三叮嘱要坐牛车呢。

提起牛车，父亲当初手抓着两块鹅卵石大的铁矿石，语重心长地说："把牛车的木轴改造成有铁滚珠的车轴就好了。"这是他在圣彼得堡时看到俄罗斯的马车有滚珠轴而得到的启示。还说等全国解放了，也要办炼铁厂，炼出铁可以打扇镰、马镫、马掌，日后还可制作割草机等。这两块矿石是父亲任正红旗总管期间到苏木落实"苏鲁克"工作时从韩勿拉山上捡的，放在了李凤山家，李凤山老母亲一直保存着。

我和母亲回到正红旗时，国民党已经占领了这里，他们张贴通缉令，点名缉拿共产党重要人物的家属，我们母子俩只好连夜避难。躲了几天后，来到了韩勿拉，居住在杨登大夫家。李凤山母亲把她保管的两块矿石送给了我母亲，说夜行用得着。果不其然，这两块小矿石确实起到了意想不到的作用，救了我们母子俩性命。

当时，我们不得不白天躲藏休息，晚上赶路。夜行时，乘骑突然打鼻响，发现几只野狼在我们后面紧追不舍。母亲把马缰交给了我，两手抓起两块矿石用力碰击，击打出耀眼的火星，饿狼才不敢接近我

们了。天蒙蒙亮时，狼停止了跟踪跑向山沟。多亏那两块矿石，既让我们母子脱离了危险，又保住了我们的马匹。

不过，之后发生的事让我们心酸不已。我们到了白音哈尔根据地的前沿——乌兰额日格时，母亲将马拴好，找到一个避风处放心地吃起干粮。马突然又打起鼻响，紧接着嘶鸣了一声就再也没有了动静。母亲赶快跑过去一看，两只狼已咬伤了马，撕烂了肚皮，肠肚已流出，马已奄奄一息。母亲痛苦万分，犹豫片刻，突然拔出蒙古刀咬紧牙关说："长痛不如短痛。"一刀刺向马脖子……

母亲背着马鞍，我背着马褡子继续行走在旷野中。中途，巴乌大队的文书密吉德道尔计接应了我们。

与我父亲一同被抓的有我二叔普日来，还有赵善壁、道尔吉和额仁钦，他们都目睹了匪徒们惨无人道地折磨父亲的情景。几个匪徒阵阵乱打，父亲遍体鳞伤、浑身是血，眼睛也被打肿了。他就是拒绝写招供书，义愤填膺地痛斥敌人的可耻行径。被捕的同志们坚信父亲是不会低头屈服的，他是顶天立地、具有崇高革命信仰的硬汉子！

后来二叔对我们说，父亲曾对他讲述被日本人残酷折磨的经历：当年父亲从圣彼得堡回国到阿尔山入境时被日本侵略军逮捕，日本人拷打审问，他咬紧牙关不说真情，一口咬定自己是旅蒙商，因赔本回国。

日本侵略军把父亲拉到刑场，点燃一支香，声称如果香烧尽还不招供便立即枪毙。父亲闭着眼睛、咬紧牙关就是不说真情。"砰、砰"，枪声响了，父亲没有死。日本侵略军用这种恐吓方法进行了三次还是无济于事、一无所获，于是又换了个新花招——美人计。日本在高档宅第摆了一桌酒席，招待父亲大吃大喝，日本妓女陪酒起舞，酒足饭饱后用美色引诱父亲就范。父亲装醉头晕恶心，故意在妓女胸前吐了一堆秽物，妓女捂着鼻子狼狈地溜走了。

第三个招数就是牛车上架起囚笼，把父亲关在里面，游街示众，企图以此羞辱国人，打压中国人民的抗日斗志。街道两旁围观的人向他身上和头顶乱扔杂物，可是扔过来的杂物打在头上不觉得疼，他睁开眼睛一看，原来都是奶豆腐、奶皮、奶渣子等。他心里顿时涌起一股股热流，流遍周身。他更加坚信自己选择的道路是正确的，是深得人心的。日本侵略者冒天下之大不韪，终究是会灭亡的。他从容地度过了那段暗无天日的监狱生活，并且还学会了日语。

这次被捕后，叛徒不敢正视父亲，用黑布蒙住了他的眼睛，在被押解回绥远的途中，父亲不断地咒骂叛徒的可耻行为，揭露国民党反动派的种种恶行，昭示国民党必然灭亡、共产党必然胜利的不可逆转的历史趋势，使敌人感到十分恐慌。

敌人担心，父亲这一路的宣传鼓动会出大的乱子，决意割掉父亲的舌头。任钦队长认为此种行为太过激，道尔计又极力主张将莫杰就地枪决，任队长以绥远当局有令："抓住莫杰不许杀掉，必须押送到省府"为由而反对。然而道尔计却从中做鬼，说他所受的命是必须杀掉。任队长强调绥远当局用蒙古语说："阿瓦德伊日"，道尔计却说他接受的是"阿拉德伊日"。在汉语中"不许""必须"和蒙古语"阿瓦德""阿拉德"发音上争论不休。

任队长只好请孔专员最后裁定，恰在此时，孔专员已接受了道尔计母亲的贿赂（大烟和银元宝），居然煞有介事地强调他受命的是"必须"杀掉，并且必须割下耳朵为据，给绥远当局个交代。

临刑前，敌人逼迫父亲写悔过书。父亲是写了，但他写的内容是："为了民族的解放，抛头颅洒热血也心甘情愿；为了草原的兴盛，流鲜血润大地也死得其所！"就这样，在1947年4月15日的黎明，父亲被枪杀于商都县大西沟南山下。

1949年10月1日，中华人民共和国成立，中央人民政府给父亲颁发了国家一级烈士证书。父亲是用自己的一腔热血和宝贵的生命换来今天人民幸福生活的革命先驱，是真理和正义的殉道者。

正黄旗总管——达密凌苏龙

达密凌苏龙是察哈尔右翼后旗乌兰哈达人。曾担任过章盖、总管、剿匪司令、团长、师长、高级参事等军政职务。

达密凌苏龙的下颌左边有一颗痣，痣上长着一尺多长的胡须，所以人们惯称他"长胡子"。他姓敖陶格图，汉意是花翎顶戴的"翎"的意思。有人把汉译字音"林"当作他的姓，他的汉名（或号）叫志云。他前后续过两次弦。原配生了一个女儿。续弦叫华岱，生了一男一女。二续又生了一男一女。大儿子叫夏格达尔色楞，二儿子叫普日来道尔计，大女儿叫哈流，二女儿叫嘎计德，三女儿叫栋竟莫德格。

达密凌苏龙于光绪五年（1879年）出生在原察哈尔商都牧群（也

叫商都旗），现属锡林郭勒盟镶黄旗。牧群是清王朝察哈尔八旗蒙古军队的养畜场，商都牧群是养马场，因此人们也叫大马群。达密凌苏龙的生父是厄鲁特（瓦剌部落）人，名叫图门。因家境贫困，在达密凌苏龙幼小时，将其过养给了原察哈尔正黄旗十二苏木的格日勒为子。达密凌苏龙的原配妻子的父亲是本苏木的全章盖（即十二苏木的佐领，也就是苏木的长官）。

达密凌苏龙的养父格日勒，是巴尔虎人的后裔，善武术，家庭不富裕。因家境较贫寒，达密凌苏龙从小就爱怜穷苦人民。据在他家值过勤、当过差役的牧民们讲，乞丐上门，他有时还笑脸相迎，问寒问暖，甚至叫进伙房里给饭吃。达密凌苏龙比较勤快，习惯早起早睡。早晨起来，总要沿村转一圈，对睡懒觉的人高声大骂。尤其对只爱骑马但不好好饲养马的人更是不客气。就在他50多岁时，还经常上井帮助马倌儿抽水饮马。他家附近蒙古营子的牧民或与他共事的商人和农民，多数人认为他的性情比较直爽，也比较急躁，对下边的人，尤其是对年轻人要求比较严格，对搞歪门邪道的人很不客气，一经发现，从严惩治，因此人们都很尊敬他。在他管辖范围内的居民，尤其是原正黄旗北部六个佐（即苏木）的居民，都能得到他的护卫。有人侵犯这些地方，他就出面顶挡。达密凌苏龙

纪松龄（左一）、达密凌苏龙（中）

对于无依无靠的孤儿、寡妇比较同情。高永从小父母双亡，无人照管，他就领回家将其抚养长大，并花了500蒙疆钞票给他娶了媳妇，安家又给花了六七百元。幼小的孤儿巴彦孟都、长锁、朝鲁、乔若等也都是由他收养长大的。

达密凌苏龙从8岁开始从事放牧幼畜的劳动。没有进过学堂，在家乡放牧期间，就学成了擅长骑射的本领，同时也开始崇信佛教。达密凌苏龙喜欢饮酒，爱好耍钱，但没有嗜好。1894年甲午战争爆发时，他16岁，还未补丁吃粮。到1897年他19岁时，才补了丁吃上粮（即领上饷银），但名为兵丁，实为牧民，还未正式编排入伍。1900年他22岁时，才被编排在清王朝的地方武装，拨甲为正兵。一直到1911年他33岁时，还受着清王朝正黄旗总管的挟制。就是在这一年，外蒙古哲布尊丹巴胡图克宣布独立，改元称帝。到1912年，哲布尊丹巴指派穆隆格为将军，同察哈尔人穆图文（外号二张飞）率领蒙古军入察哈尔境。当时察哈尔的活佛拉木腾招募察哈尔各旗群兵丁，响应外蒙古军号召，共同攻打袁世凯军队。达密凌苏龙亦被征派前往并担任了小队长，以后又升为团长。该部队奉哲布尊丹巴之命，在白布拉格设立了都统府，

穆隆格为都统。当时北洋军政府委任的察哈尔都统田忠玉大为恐慌，害怕外蒙古军攻占张家口，便采取里应外合的手段把拉木腾活佛俘获到张家口杀害，故拉木腾部下四离五散，各自逃生。达密凌苏龙也逃回家乡躲避。回家后，常因"黑军"（当时人们对袁世凯军队的称呼）逐村搜查，不得安稳。1915年，他又加入了有录子的队伍。有录子叫赵立成，曾率部队积极参加辛亥革命的丰镇起义。后来，另立伙子，请财神，吃大户。在他们队伍西撤途中，抓住了阿拉善旗王爷塔旺布鲁克扎勒（塔王）。有灵子让达密凌苏龙带十几个兵丁随军看管。在一次激烈的战斗中，达密凌苏龙借机把塔王爷放走了。塔王爷问了他的名字与住址后，乘马而逃。此后不久，达密凌苏龙也离队回了正黄旗十二苏木。达密凌苏龙回家后，由于"黑军"继续追查，仍然不能安居。一天，圈圈里拴的两匹鞍子马突然咆哮乱跳，嘶叫不停。达密凌苏龙看马时，见一"黑军"从南飞奔而来，他急忙乘马向北逃走。走了七天，才到了大圈圈，又当了兵。不久，升任连级小官，领兵近百。

1916年，达密凌苏龙38岁时，因内、外蒙古分治，跑到喀尔喀蒙古的蒙古兵丁大都返回了内蒙古。

达密凌苏龙也带领近百兵马取道阿拉善旗回国。在阿拉善旗受到了塔王的盛情款待。当时阿拉善一带土匪特别多，社会秩序混乱，牧民生活不安，常遭匪徒抢劫。塔要他帮助剿匪。他便率部将阿拉善境内的土匪全部撵出旗境，功劳颇大，得到牧民们的称颂，也很受塔王的赏识。打走土匪，他便率部离开阿拉善旗回到正黄旗，将带回来的人马武器交给本旗巴总管，自己回家乡当了牧民。原来，塔王是清乾隆时期多罗公主的驸马罗卜桑多尔济的第六代王子，北京有府第，在北洋政府中也有威望。后来阿拉善旗塔王往返北京、阿拉善旗，途经张家口时，向当时的察哈尔都统推荐了达密凌苏龙。因此，察哈尔都统衙门给正黄旗巴总管发了手谕，让其给达密凌苏龙安排一定的官职。此时正遇十二苏木缺章盖，就于1917年2月26日（农历二月初五）委任39岁的达密凌苏龙当了十二苏木章盖。他从总管府携印，并由旗丁护送至阿贵庙（集宁北面50千米处）住了一宿。次日，十二苏木牧民将他接回家。

1920年，察哈尔都统衙门成立了锡察护路队（也叫"袍子队"），让他兼任十二苏木一带的小队长。当时这一带土匪、棒儿手特别多，

广大牧民深受其害，尤其是旅蒙商人常遭抢劫。达密凌苏龙的"袍子队"成立后，护路保商有功，深受商界欢迎。1921年，土牧尔台各商号和地方绅士筹款在村南的唐贡梁为他立起"万民碑"。碑额上刻着"万古流芳"四个大字；下边用小字竖刻着颂扬达密凌苏龙保商有功的事迹；背面具了商号、地方绅士的名称与捐款数额。此碑文在后来被毁坏了。

1923年，达密凌苏龙45岁时，升任正黄旗参领。1927年，又升任正黄旗参领。在此之前，德穆楚克栋鲁普（德王）重新建立起了"乌滂守备队"，这是一支兵员轮换的义务兵役制武装。达密凌苏龙被指派担任了正黄旗境内的小队长，共有兵员70人。当了队长后，他投资6 000元在土牧尔台开设了商号——"荣盛成"，让汉族商人郑怀玉和郭存孝当掌柜。由于掌柜经商有方，管理得当，生意兴隆，得利颇大。从此，每年正月初三，他带其随从由参领府（十二苏木）到土牧尔台的达公馆住几天，与各商号的掌柜、伙计们见面，祝贺春节并亲自"掏宝"赌钱。在赌场，各商号掌柜郑重其事地坐在场上"押宝"，而伙计们却偷着看达密凌苏龙"掏宝"。达密凌苏龙也有意让他们看见，所以

伙计们都能赢钱。有人就编了两句顺口溜:"长胡子掏宝,大家都好。"

1928年,达密凌苏龙50岁时,察哈尔右翼正黄、正红、镶红、镶蓝四旗的土匪很多,牧民们深受其害。群众要求剿匪,为了保护自己的利益,各旗总管联合向察哈尔都统请求将原有的"察克达"(即武装警察)扩大编制,经批准成立了察哈尔右翼蒙古兵游击队。委任正黄旗总管巴彦孟克为总队长,正黄旗参领达密凌苏龙为东路游击队队长。官兵均系正黄旗人,有持枪蒙古兵300人。军装、给养、马匹全由旗内负担。东路游击队下属九个分队,分队长是扎拉风格、夏日、光其格、乌力计达来、旺吉拉宝、松日布和温都格等。

1930年,达密凌苏龙升任正黄旗总管。"九一八"事变后,日本侵略军侵占了东北地区。当其稳住阵脚后,便积极筹划侵占华北。1932年,冯玉祥、吉鸿昌到宋哲元管辖的察哈尔组织抗日同盟军。次年,抗日同盟军正式成立时,已经有了五个军,另有内蒙古抗日游击队数千骑兵和冯占海派来的一个骑兵旅合编成骑兵师。冯玉祥以10万大军的武装力量,积极开展抗日斗争。此时,达密凌苏龙也率部投靠冯玉祥,并担任了一定的官职(他

个人简历填写为抗日同盟军军长。有关史料记载他任蒙古军自卫军第二师师长)。

1934年,绥远省成立了绥东四旗剿匪保安司令部,归傅作义管辖。时年56岁的达密凌苏龙任司令,胡凤山任秘书长。达密凌苏龙带领的这支二三百人的部队,素质较好,能骑善射,作战勇敢。他本人举枪射击不用瞄准,命中率很高。当时,中国共产党派纪松龄打入该部担任了参谋长,掌握了这支队伍的实权。纪松龄经常活动于平地泉、十二苏木、北平和归绥等地,其革命思想与行为对达密凌苏龙影响也较大。

1936年5月前后,国民党中央发表了绥境蒙政会组成人员名单。达密凌苏龙(时年58岁)以正黄旗总管身份参加该会并任委员。同年,由于达密凌苏龙剿匪保商有功,土牧尔台商界又给设在土牧尔台的达公馆送了"万民伞"。送伞时,鼓乐喧天,人声鼎沸。商界代表高举方桌,桌上摆着套饼、肉食等食品和银圆,上有伞状布罩罩着,罩下四边有丝穗。当时他住所的门口有四个岗哨,大红门内的影壁上写着个大"福"字。他穿着新装在大门台子上接待送伞的商界代表。年末,日本侵略军唆使西北蒙汉防共自卫军司令官王英率其3 000"大汉义军"

纪松龄（左）和达密凌苏龙（右）

从察哈尔省的商都县进犯绥东陶林县的红格尔图（红格尔图距正黄旗十二苏木达密凌苏龙的总管府十多里），当时的晋绥军赵承绶部在中国共产党"停止内战，一致抗日"主张影响下（当时中央北方局派刘兰涛同志在兴和搞地下工作），在中国外围组织抗日同盟军成员马少波（当时在红格尔图一带活动）的动员下，与红格尔图天主教徒一道守卫红格尔图。达密凌苏龙率部队从外围配合晋绥军打退了王英伪军，守住了红格尔图。当时的国民党新闻界按其有功作了报道，并发照片；报界称之为"蒙古英雄"。战后，北平、广西来了三四十人的慰问团

到他的总管府进行了慰问，并发给参战的300多人每人3块银圆以示慰劳。

达密凌苏龙总管府（也就是其十二苏木的家）是灰色砖边土房。院子很大，东边是保安队的大营盘，中间是司令的住所，西面是土与蒙古包群，住的是"袍子队"。"袍子队"是该地区的民团，保安队则是总管的正式军队。总管府的畜群也很多，牛马粪堆积成丘。

1937年，达密凌苏龙59岁时，以正黄旗总管身份参加了德王召开的蒙古联盟自治政府第二次蒙古大会。在此之前，德王为了争取达密凌苏龙，以蒙政会名义任命他为伪

察哈尔盟副盟长。于是，他与德王同机飞到张北参加了伪"察哈尔盟公署"成立仪式。1937年，绥东沦陷。达密凌苏龙部被整编为伪蒙古军第七师，他任少将师长。伪蒙古军第七师下设三个团：十九团，团长是庆巴特尔；二十团，团长是扎拉风格，汉名白占彪；二十一团，团长是富贤德。

这年，达密凌苏龙在其总管府办了个私塾，蒙古文教师是朱孔督，汉文教师是黄之纯，有十四五个学生，都是军政长官的子弟。

此时，他的家产雄厚，有随缺地12顷（总管8顷、其长子夏格达尔色楞当章盖4顷），银买地四五十顷，另外从四子王旗都斯拉格齐（协理，次于王爷的官职）德瓦贡栋处租了1 000顷（即现在察哈尔右翼后旗八号地乡700顷、三井泉乡300顷，这两个乡原属四子王旗）公用地，每顷每年出租1银圆。他将土地全部租给汉农耕种，按三七或二八分成，每年收粮数千石。此外，他还有上千匹马、百十多头牛、二十多匹骡子、八十多峰骆驼、一千五六百只羊。达密凌苏龙家大业大，他的结拜弟兄、管家、记账先生、念经的喇嘛以及牧工、磨工、车工、厨工、杂工、挤奶员等有二三十人，连同过路的和来府

办事人员，在达密凌苏龙家吃饭的每天不下五六十人。

1939年，设在集宁的日本特务机关顾问千田听说达密凌苏龙的队伍作战勇敢、骁骑善射、名扬绥东，便带领随从数名乘坐十几辆吉普车到正黄旗十二苏木总管府。达密凌苏龙对其顶头上司的到来，除了热情欢迎、盛情招待外，还让其部下的"神枪手"作了射击表演。队长乌力计达来的手枪连发点中橡头；结拜弟兄嘎拉计老五的机枪百米射击，将10块砖头全部打倒。表演后，日本将官顾问千田连连赞赏说："蒙古军的厉害！蒙古军的厉害！"并伸出大拇指，用日语说："姚若希！姚若希！"（"好"的意思）。是年，达密凌苏龙61岁。

1940年，土牧尔台、红格尔图一带的农区属于陶林县管辖。共产党领导的大青山抗日游击队把陶林划分为四个区：土牧尔台、红格尔图一带属陶北区。当时的区干部宋克赞、郭宝山等，在骑兵二团的保护下深入陶北区建立根据地。而这一带，从日伪方面讲，又是伪蒙古军达密凌苏龙的第七师的防区。由于达密凌苏龙控制严谨，八路军开辟根据地的工作受到很大阻力。骑二团与地方干部刚一进入陶北地区，在红山子附近就与伪蒙古军发生了遭遇战。由于蒙古军兵多势大，八

路军主动转移到苏计沟，埋伏在两面的大山上。次日黎明，伪蒙古军杀气腾腾顺沟而来，待进入伏击区后，八路军居高临下，猛烈射击，打得伪蒙古军无处藏身，抱头鼠窜，伤亡甚重。当驻守在土牧尔台的伪蒙古骑兵大队闻讯赶来增援时，八路军早已转移到安全地带。这一仗，使骄横一世的伪蒙古军第七师，尤其是达密凌苏龙受到了应有的惩罚，也让其见识到了八路军的厉害。但是，陶北地区由于有伪蒙古军重兵把守，八路军只能时来时去。所以这一带没有建成根据地，只是八路军的游击区。

1941年，达密凌苏龙63岁时，大青山抗日根据地的领导为开辟绥东地区的工作，派出一部分农运干部组成工作团。副团长侯作桂负责开展土牧尔台、红格尔图、乌兰哈达、当郎忽洞、韩勿拉一带的工作，并在这一带较好地贯彻执行了党的统战政策，给地方上的蒙古族同志进行了爱国抗日思想教育。当时，上级领导也曾对达密凌苏龙进行过耐心的争取工作。如姚喆同志从张家口返回大青山，途经十二苏木时在他家住了一宿，对他进行了热爱祖国、抵御外强的思想教育，促进了他的转变。次日，他将其心爱的小黑马送给姚喆同志骑走了。他在

以后的一段时间里保持中立态度，为我们在其防区内开展工作提供了方便。据在他家做过杂工的人讲，1941年、1942年内，常有神秘的人到他家。这样的人一来，他就将他们安排在东北角较僻静的耳房内居住，让杂工们给端茶送饭。伪蒙古军里也有一些爱国军人，他们也有民族感情，不甘忍受日本侵略军的压迫，愿意为抗日做一点贡献。所以在这段时间里，伪蒙古军第七师，包括达密凌苏龙本人对共产党的队伍明里暗和，睁一只眼，闭一只眼。有时为了遮遮日本人的耳目，名义上也要出来扫荡。但当他们快要接近八路军时，总会鸣枪提前给个信号，八路军听到枪声便躲藏起来。万一碰了头，也还得打几枪虚造一番声势，然后，双方很快就主动撤出阵地。由于八路军的工作员侯作桂的统战工作搞得好，所以，白天他们一般都隐蔽在各村的大户或伪蒙古军第七师军官家里。一次，大青山游击队的五六个指战员在二十团团长白占彪家（乌兰格日勒的海力素台，即二榆树沟村）过午。这时，白团长领了十来个骑兵回来。团长太太南斯勒玛用蒙古语对团长说："那一伙（指八路军）都在伙房呢！"白团长亦若无其事不加过问。这个时期，侯作桂带领的二十几个

游击队队员经常住在达密凌苏龙设在老龙湾附近的羊房子（距十二苏木四五十里）里。达密凌苏龙经常让其车工郭毛子赶上四套花轱辘车给其送白面和肉食。

1941年，达密凌苏龙将其所办的私塾扩建为"泛蒙塾"（意为蒙古兴旺发达），也叫蒙古军人子弟学校。除教师工资外，其余办学经费，包括校舍房屋、桌椅板凳、师生伙食、办公用品等全由达密凌苏龙家支付。1944年，达密凌苏龙将自己家的一群羊约500只与50顷地拨给学校作了校产。这所扩建后的"泛蒙塾"，从1941年到1945年办了将近5年。

1942年，达密凌苏龙64岁时，其所属二十团驻防陶林县城。秋季，

八路军围攻陶林城一天两夜。白团长给达密凌苏龙打电话要子弹。他立即派副官扎拉风格、十一苏木孔督希拉、乌力计达来和扎木沙乘汽车拉了60箱子弹（每箱250发）送去。当汽车走到伏虎堂村西时，有六七个穿便衣的八路军拦车要子弹。汽车开进村后，八路军让司机桑代坐在车里，扎副官等在屋里与八路军交谈。走时，扎副官给八路军留下两箱子弹。当他们把子弹送到陶林二十团团部后，其部下又将子弹给了围城的八路军不少。第二天，当八路军主动撤走后，二十团官兵才密集鸣枪。所以，双方伤亡甚少。不久，来了两个日本教官检查战斗情况。二十团的一个排长当面告发

电影片段中的达密凌苏龙

连长纪木格扎木苏给了八路军不少子弹，八路军还给开了收条。于是日本两个教官在陶林县附近一个村子的大油坊里，一面责骂一面比画着要杀死纪连长。纪连长却死不承认并作辩解。在场的白团长见势不妙，连夜打电话向达密凌苏龙师长做了报告。达密凌苏龙接到电话后非常生气，马上让司机发车，带了几个随从连夜赶到后，立即用手枪逼着两教官责问："纪连长是我的人，犯了罪由我处置。你们为何不通过我直接查办？"这时，两个教官十分害怕，连忙跪地求饶，非常难堪。两个教官得到他的饶恕，睡下不一阵，天刚放亮，就乘了一辆卡车慌忙逃走。同年秋天的一个傍晚，达密凌苏龙让司机开车到马群（距总管府20多千米的现阿贵图乡赛乌素村）一带看看，并说："马群可能出事了。"司机见天色晚了，有些迟疑。他便说："那就算了，明天再说吧！"次日凌晨，人们都还未起床，马倌就跑来报告说："师长，不好了。昨天下午，'土匪'从马群赶走了一百几十匹马向西走了。"他心里有数，让马倌吃点儿饭再说。饭后，他派了4个兵和马倌共5个人找"土匪"要马去。马倌不知所措，为难地问："上哪儿去找呢？"他说："估计走不远。可能在堂地（村名）

一带。你们就到那儿去找吧！进村时，枪要大挎，不准鸣枪。找见后，他们要多少给多少，要哪匹给哪匹。剩下的赶回来。"当马倌和4个兵赶到堂地村时，马群果然被圈在教堂大院里。

"土匪"叫马倌给套了120匹好马，将自己骑累的马和破枪都给了马倌和士兵。于是5人带枪赶马而归。达密凌苏龙立即给驻平地泉的日本顾问打电话，报告了其部下缴获了八路军不少马和枪，受到了日本顾问的夸奖。他用此类办法来消除日本顾问对自己暗通八路的怀疑。

1945年，达密凌苏龙67岁。这年夏季，日伪授其中将军衔。日本宣布无条件投降前夕，苏蒙红军进入我国。其中的一支部队在苏蒙各一名将官率领下，七八十辆大卡车拉着一千多苏蒙红军穿过锡林郭勒和乌兰察布大草原，经土牧尔台，向达密凌苏龙的总管府进发。这支队伍走到距总管府五六里的野滩扎了营，将总管府通往土牧尔台、红格尔图、商都、集宁、陶林等地的电话线切断，同时挖战壕、做工事，将枪、炮口对准总管府，并派人给达密凌苏龙送去一封用蒙古文写的劝降信，让他不要抵抗，立即投降，保其安全。这时，由绥蒙军区派的中共地下党员雷宜枝同志已在达密凌苏龙家中居住，对他做了大量的思想政治工作。所以他接到信，忙和部下商议妥，于晚间派人送出口信儿，愿意投诚，请苏蒙军开进总管府。然而，苏蒙红军当夜没有行动，在野滩宿了营。次日清晨，部队才开进总管府。经过商谈，达密凌苏龙答应将其兵马全部集中到商都城投降。当天宰了数十只羊，在总管府招待了苏蒙军。饭后，苏蒙军给他家留下了若干蒙古银圆。随后，他乘其绿色小汽车与苏蒙军一同赴商都。此时，由云泽（乌兰夫）同志率领的晋绥解放部队也先后进入商都。达密凌苏龙令其部下全部缴械，向苏蒙军和晋绥军投降，其降兵在苏蒙军和晋绥部队的监视下向外蒙古开去。达密凌苏龙依然乘其小汽车，路经土牧尔台时，在同庆祥（商店）打了尖，其降兵在北进途中因看管不严，夜间跑了不少。以后，苏蒙方面加强岗哨，严密监视。达密凌苏龙乘小汽车曾与苏蒙军官绕道十二苏木回家作了安顿。他的部下官兵到了外蒙古后，除少数年轻且有文化的被送进学校学习外，其余全部被分散到各地做工放牧。达密凌苏龙住在乌兰巴托，生活待遇较高，行动亦较自由。有一天傍晚，蒙方突然通知他和乌力吉

敖喜尔不要带卫兵去参加一个重要会议。不一阵，小车就把他们送到会场。原来是让他参加乔巴山举行的国宴。到了1948年5月份以后，蒙方给了他一辆黑色新伏尔加小轿车，仍让他的原司机扎木沙开车，让他回国到王爷庙（现乌兰浩特）。此时，内蒙古自治区人民政府已经成立。年末，自治区政府委派达密凌苏龙担任了内蒙古自治区人民政府参事室的高等参事职务。次年，他派人带着他的照片回正黄旗给他的家属送信并让其妻将家产、牲畜扔下，和孩子们一同到乌兰浩特。1950年，达密凌苏龙72岁时，病逝于乌兰浩特。

抗日妇女——边来俊

那还是民国31年的腊月二十三（1942年2月8日），也就是老乡们说的灶神爷上天的那一天。清晨，当人们还在酣睡的时候，坐落在东辉腾梁上的黑土坡（现名"石人沟村"，属察哈尔右翼后旗锡勒乡）仅有的三间土房燃起了熊熊烈火，烧焦的椽檩发出啪啪的爆裂声，木片溅落在铺了一层薄雪的大地上，冒着烟气，嗤嗤作响。此时，村西通往陶林县城的山径小路上蠕动着两辆大卡车。车上，20多个荷枪实弹的日本兵押着七八个手无寸铁的中国人，他们被麻绳捆住，背靠背

连在一起。中间那个青年人，是大青山骑兵支队绥东工作团副团长续谦同志。另一辆车上，表情坚毅的老太太便是被大火焚烧了住房的女主人——边来俊，人们称她为"三寡妇"。同她被绑在一起的，是她的儿子、儿媳、女儿和前来探望她的娘家嫂嫂。

边来俊全家7口人，她早年丧夫，一个人带着孩子住在黑土坡村，以种地养畜为生，她家的生活在周围还算是富裕的。她相貌端庄，潇洒大方，刻苦耐劳，意志坚强，勤劳勇敢，细腻过人；她为人憨厚，热心助人，邻村上下，谁家有了困难，她都慷慨解囊热情相助；因此，人们对她都很敬重。

1940年，党派侯作桂、崔则温、王定洲等同志从大青山根据地来东辉腾梁一带开展工作时，就常在石人沟村接头、开会，受到了边来俊老人的多方关照。因为她深深感到这些八路军是为人民大众办事的，是穷苦人的救命恩人，是真正领导人民抵抗日本侵略的。

1941年初夏，党又派王瑜山、田恩民、梁劲秀、续谦、崔占彪、张仁仕等同志来到辉腾梁，成立了大青山骑兵支队绥东工作团与绥东工委。王瑜山同志任工作团团长与工委书记，田、崔、侯、梁、续为

副团长和工委委员。由于边来俊家地处山沟，比较偏僻，而她又正直可靠，再加上这一带属集宁县管辖，是集宁县、陶林县和正红旗的交界地区，敌人主力面对绥中，顾及不到此地，所以敌人很少到这个独户人家的村子来。也正因为如此，工作团和游击队才把边来俊家作为秘密联络点。

绥东工作团的主要任务是开展抗日宣传，筹集抗日物资，组建抗日武装，打击日伪汉奸。王瑜山、田恩民、梁劲秀、续谦等领导同志经常来往于石人沟，边来俊家就成了绥东工作团和游击队主要集结、开会的地方。她还是特殊的联络员与交通员。

边来俊有生以来接触过不少队伍，土匪、国民党军、伪蒙古军、日本侵略军都打骂穷人、抢劫民财、欺男霸女，唯有共产党、八路军和穷人一条心，处处打坏人。所以，每当工作团和游击队的同志们来到她家时，她总是拿出自己省下的好吃的招待同志们。

有一次，十几个日伪军突然来到石人沟村，而当时八路军游击队队员李振华、高云飞二位同志正在边家，怎么办？要走来不及，要躲无处藏。边来俊急中生智，给了他俩每人一把锄头，让他们下田锄地。

敌人以为他们是边来俊家的人，又没发现可疑之处，便没过问。就这样，她泰然地从敌人眼皮底下掩护并放走了两位同志。再说，游击队员来边家养伤也是常有的事，边家人总是精心护理，使他们早日康复，重返战场。

当年，边来俊的孩子们都才二十岁左右，却很懂事，很听大人的话。边来俊对工作团的同志们说："我的孩子们都年轻体壮、腿脚勤快，你们有啥事需要帮忙，就让他们干！"后来，工作团或游击队开会，他们就在外面站岗放哨。有需要递送的情报，不论白天黑夜，有时骑马，有时步行，都能按时送到。就连边来俊家的老马倌张狗子也为游击队送过几次情报。可是，每当同志们对边来俊的热情帮助表示感谢时，她总是真诚地说："你们长年累月、出生入死地在外面东奔西跑，还不是为了我们老百姓。我一个妇道人家帮你们做点小事，也算是老百姓的心意吧！"

1942年2月7日，在贲红以东活动的续谦同志把游击队留在山下的大丹岱一线，只带了两名通信员风尘仆仆骑马回到石人沟村向王瑜山团长汇报工作。可巧王瑜山同志没有回来，而是派他的通信员送来一马车准备过春节的给养，续谦同志当晚就住在石人沟村等待王团长第二天回来。

不料，南部分团出了个姓陈的叛徒，这家伙从陶林带着20多个日本侵略军分乘两辆大汽车在2月8日拂晓包围了石人沟，企图抓捕工作团团长王瑜山同志。刚起来准备做早饭的边来俊听见响动，出门一看便大吃一惊，忙朝屋里喊："续区长，日本人把村子包围了！"危急之中，续谦同志沉着地将文件和材料塞进炕灶烧掉，掏出手枪说了声："突围！"便与通信员冲出门外解马缰突围。谁知，续谦同志的马缰绳拴了个死结，一时解不开。敌人这时叫嚷着围了上来。续谦同志命令通信员，"你先走！"由于战马受惊，不待续谦同志跨上去，马就挣脱缰绳随通信员而去。续谦同志被俘。敌人用麻绳把他绑起来，连同边来俊一家全部捆起来扔上汽车。临走时，万恶的日本侵略军，不仅赶走了边来俊家的牲畜，还放火把她的住房烧成废墟。

关入陶林县城监狱的第二天，边来俊一家被一个个叫去审问。在敌人的严刑逼迫下，边来俊和她的孩子们始终守口如瓶，没有泄露我党的一点情况。边来俊被捕后，绥东工作团通过各种关系，才使敌人把她一家释放出来。在被关的几天里，边来俊和她的亲人们吃了不少苦头。大儿子王永清就是在被抓的那天冻掉了八个手指，造成终身残疾。工作团领导前去看她时，表明她是为革命被捕，吃了苦头，受了连累，很对不起。她却说："这有啥对不起的。抓我的是日本军，又不是八路军。他们虽然把我折磨得很惨，可我什么也没和他们说。你们存放的东西都还在，什么时候需要尽管来拿。"原来，工作团筹集的皮衣、棉布、鞋子等抗日物资，为防不测，边来俊都给存放在了东南场面的柴草垛和地窖里，没有受到一点损失。同志们被边来俊为革命出生入死的行为深深感动了。

边来俊一家出狱后，敌人不让她们回黑土坡村，她们只好住在陶林县城的亲戚家里。过了几天，敌人因为没有从续谦同志那里得到任何口供，就把他软禁在一个叫"予厚昌"的商店里，由两个叛徒监视着。一天，续谦同志甩掉身后的"尾巴"，找到边来俊亲戚家里，把一封信交给边来俊，要她设法尽快出城，面交王瑜山同志，并叮嘱说："大娘，这封信很重要，你一定要带好，如果落到敌人手里，不仅咱俩的生命难保，还会给我们的工作带来很大损失。"边来俊听后，什么也没说，只是用力点了点头，便拿着信到了里屋，解开裹脚带子把信缠了进去，然后对儿子说："咱们现在就套车出城！"走到城门口，两个守门的日本兵喊她下车，翻遍了车上的东西，又要搜身。边来俊身带重要信件，深知事关重大。就在敌人搜她上身的时候，她灵机一动，一下子瘫坐在地上，呻吟着说："我有病身虚，实在站不住了。这是回乡下娘家养病去。"鬼子用刺刀逼着要她站起来，她装出非常害怕且又吃力的样子在地上支撑了几下，想挣扎着站起来，最后还是坐在地上不动了。敌人搜不出什么，又看不出破绽，便不耐烦地挥着手对这个病老太婆骂道："快走！快走！当心死在这儿！"边来俊的儿子忙把母亲抱上车，赶着车出了城门。母子二人连夜赶到联络地点，把信当面交给了王瑜山团长。

后来，在营救续谦同志出狱的过程中，边来俊和她的儿媳又几次往返于陶林县城和石人沟村传口信、送情报。续谦同志在里应外合的情况下，逃出虎口，来到边家，在事先安排好的接头地点，由老马倌张狗子护送他安全归队，并重新投入了战斗。

时间虽然过去了半个多世纪，当年那些革命老干部回忆起辉腾梁的战斗岁月，说起边来俊为掩护抗日干部而出生入死的情景时总会说："绥东工作团靠边来俊办了不少事情，她为革命出生入死，这在当时是提着脑袋走路的。在对敌斗争方面，她是一个机智勇敢的老太太。"

农民育种家——陈良福

1965年8月30日，中共察哈尔右翼后旗委员会和察哈尔右翼后旗人民委员会做出《关于开展向陈良福同志学习的决定》。

陈良福在科学实验的路上做出了非凡的成绩，他的精神十分可贵。

在"农业革命""科学种田"精神指引下，原红格尔图乡十四顷湾村农民陈良福凭着他热爱科学、乐于研究、善于动脑、喜欢新鲜事物的精神，积极开展科学实验，精心培育优良品种，勇于实践，敢于创新。在培育良种、农业丰产的路子上，他成功地培育出"内亚一号胡麻""内谷一号谷子"和"内黍一点红"等优良品种，被内蒙古自治区授予"农民育种家"称号。

陈良福的老家在山西灵邱县，后逃荒到兴和县白脑包村。中华人民共和国成立前夕，他来到当时的陶林县红格尔图十四顷湾村。

中华人民共和国成立后，他因为培育种子做出成绩，受到党和国家的关怀。1951年，当选为全旗劳动模范，1955年当选为旗人民代表，

1957年当选为旗人民委员会委员和自治区人民代表，1959年被吸收为中国科学技术协会会员，1960年在全国十四省区农民育种家座谈会上被授予"农民育种家"称号。他从小家贫，没念过书，大字不识一个，但他乐于接受新鲜事物，遇事肯动脑筋，有股"钻"劲。1955年，区、乡把他定为农业技术推广员。

1955年是个大旱年。一连50多天没下雨，农田干渴得裂开了缝，作物一片一片快要枯死了。大家眼看着劳动成果将被干旱夺去，心情非常沉重。当陈良福领着管理区支书武世美和农技站干部乔玉泉沿村检查旱情时，发现山坡上有种开蓝花的草，枝繁叶茂，长势旺盛，可见它有很强的抗旱性能，是生命力很强的植物。乔玉泉同志便疑惑地问道："这是什么草，长得这么苗壮？"老陈回答说："是野生胡麻，它产的籽儿跟咱们家里种的胡麻一样。"

乔玉泉同志听了颇有启示，便说："今年秋天把它的籽儿收集些，明年与家生胡麻杂交，看新品种的耐旱性如何。"

他的话使老陈茅塞顿开、得益颇深。老陈猛然想起了18年前的一件往事。那时候他正给地主当长工。一天，他从山坡上拔回几株红穗野

谷子，第二年试种在地主的谷子地边上，经过同家生谷子自然杂交，到第三年长出的几穗谷子抗旱力特别强，穗头又大。可是地主老财反说他"坏了风水"，一顿臭骂，老陈的"试验"也就夭折了。

这件事和眼前的几株野胡麻，很快在陈良福的脑子里形成一个念头：野生胡麻的性子强、能抗旱。咱这后大滩十年九旱，若把野胡麻育成家生，该多好呀！

当陈良福请教善辨野性的老年人时，一个须发皆白的老汉慢悠悠地说："走遍南京到北京，没听说野胡麻能家生。野胡麻这东西是多年生的宿根草，一过芒种就开花，接连不断地开到秋后，随开花，随结籽，黄一颗，跌一颗。连种子都收不下，还能增产？"老陈听了十分气愤，心里想，不管他说啥，反正我要干下去。

陈良福迷上了野胡麻，每天都要到山坡上观察好几次，一直坚持了两个来月。到了秋天，果实快成熟时，正待采集，蒴果跌落了。原来野生胡麻的蒴果稍黄即落，不易采集。于是，老陈便把快黄的蒴果采回。不几天，蒴果干裂出籽儿。就这样，老陈将所采籽精心保管。1956年在菜地里试种了一小畦，长得七高八低，极不整齐。不久，下了一场冷雪，别的禾苗都冻伤或冻死，唯有野胡麻凌霜傲雪，十分健壮。夏季，有的胡麻发生了病虫害，而野胡麻的生命力和抗病力特别强，陈良福十分高兴。可是，野胡麻的"野性子"很难改变，部分果实还是脱落。陈老汉紧收慢收才收下三四两种子。一些思想守旧的人便讥笑讽刺说："陈良福是傻子，是疯子，好比是秃丫头甩辫子——白费劲儿。"面对社会上某些人吹的冷风，陈良福并未泄气。不久，旗农业技术推广站乔玉泉下乡时对他说："老陈，别松劲儿，野生变家生，就像训牛马一样，总得有个过程。"

1957年，陈良福继续试种，而且采取与家生胡麻间隔播种法，即三行野生胡麻，三行家生胡麻，为的是便于花粉传授，进行杂交。这样做，比上年试种效果好些，但还不够理想。胡麻头还是掉。无奈，只好把不掉的采撷下来。这年，陈良福参加了旗里召开的栽培技术座谈会，与会人员都关切地问他野胡麻的试种情况。旗委书记都希也握住老陈的手鼓励他大胆试验。

座谈会后，陈良福的信心更足了。1958年开春，他把收集的不掉头野胡麻籽和家胡麻隔行播种。扬花季节，他同樊德用绳子来回拉动，摇晃胡麻，使两种胡麻互相授粉，加上自然杂交，到秋季，野胡麻母株上的掉粒现象进一步减少，籽儿的颜色也从黑色变成了紫红色。陈良福的试验大有进步，基本成功。这个新品种，非但抗旱、抗寒，而且产量也高。因为是在联合大队试验成功的，故暂时定名为"联合双强胡麻"。秋季，他细心地从野胡麻母株上选收了5斤多杂交种子，纯度达到40％。冬季，陈良福出席了内蒙古自治区召开的种子会议，被授予"农民育种家"称号。其育成的胡麻新品种，被自治区农作物品种审定委员会正式定名为"内亚一号胡麻"，并颁发了第035号证书，予以推广。从此，老陈名扬全旗。领导的表彰，群众的支持，技术员的指导，使老陈培育和推广良种的积极性更大了。

如何进一步提高杂交胡麻的纯度，巩固它的优良性能，使它按照人的意志定向变异，并逐步稳定下来，这是陈良福面临的更加艰巨、更加复杂的任务。恰逢内蒙古农业厅邀请他参加全区种子工作会议，陈良福抓住这个大好机会，带着问题向有经验的"土"专家和科学工作者求教。会议结束后，农业厅种子局组织与会的"土"专家到外地参观。到了北京，刚下火车，陈良福一不问吃住，二不游览名胜，而是身揣一包野胡麻种子

请人领路，进了中国科学院遗传研究所，同5位专家交换意见，学到了不少野生植物同家生植物杂交的知识。1960年，陈良福又利用参加全国十四省区农民育种家座谈会的机会，再一次向许多农民育种家和著名农学家请教。座谈会结束后返家路过北京时，陈良福再次访问中科院遗传研究所，学到了更多的种子培育知识。陈良福坚持向自然进军的雄心壮志，感动了许多人。中科院农科所和遗传研究所同陈良福建立了经常性的联系。自治区和盟、旗科技工作者纷纷到十四顷湾协助陈良福开展科学研究。这一年，陈良福开辟了80个无性杂交组合和十几个有性杂交组合的试验项目。

有人问陈良福："你的胃口好大呀，不怕贪多嚼不烂？"

陈良福回答说："想摘掉落后帽子夺高产，就不能慢吞吞的。农业有季节性，一个项目一年只能试验一次，还不定能不能成功。咱们要把十年八年的事，一年就干出来。有党的领导、科学家的指导、群众的支持，这百十来个试验项目，我还嫌吃不饱呢！"

就这样，经过连续多年的努力，一棵苗一棵苗地去雄套袋、人工授粉、杂交复壮，到1962年，终于获得了纯度高达90％以上的杂交胡麻

新品种，并在北京农业展览馆展出。经国家科学部门鉴定，它确是一种抗旱、耐寒、防病、分支多、产量高的优良品种。

陈良福是个种子迷，时时都在琢磨新品种。一年秋天，他到爱国大队检查实验田时，发现一颗谷穗既长又粗，十分壮实，便收集起来。1960 年，他就试种，秋季核算，亩产高达 500 来斤。他把这个新品种命名为"爱国齐头白"。后来，送自治区审定时，正式定名为"内谷一号"。

1961 年秋季，十四顷湾妇女们在场面挑拣黍穗时，发现有个粉色穗子，黍粒上有个小红点且粒大饱满，老陈就把它收藏起来。次年试种了一小畦，长得茁壮高大，比一般黍子产量高，便自命名为"一点红黍子"。直到 1976 年，内蒙古农作物品种审定委员会以第 031 号证书将其定名为"内黍一点红"，准予推广。

1960 年，国家正处于三年经济严重困难时期。这年雨水充足，庄稼长势喜人，莜麦长得特别旺盛，几乎有一人高。但由于其茎秆软，遇有风吹雨打，极易倒伏。茎叶触地易沤，必然减产。无意中，陈良福自言自语道，"莜麦要像茇茇那么硬朗就不会倒伏了"。晚上，陈

良福睡在炕上，反复琢磨，能否使莜麦秆变得像茇茇那么硬？两种花粉能否杂交？会不会产生新品种？

实践出真知。次年，老陈不管茇茇开不开花，把整个雄蕊取下，放在莜麦柱头上，杂交了 40 朵花，结果一无所成，首次试验失败。找原因时，有人说："牲畜配种还要看母畜是否发情，搞植物杂交，不看茇茇是否开花怎么能行！"找到杂交没成功的原因，陈良福就细心观察茇茇开花的时间与习性。几天的观察，一无所获。经过分析，有人提出："茇茇是否在人们休息的空闲时间开花？"于是，老陈他们昼夜拿上手电在茇茇滩里等候。两天过去了，还是没有开花。直到第三天早晨 6 点钟，茇茇花终于开了。大家心里有说不出的高兴，便小心翼翼地采回了第一批花粉。但新的问题又出现了，莜麦要到下午才开花，相隔半天时间。错开时辰，就不易杂交成功。那么，所采茇茇花粉该怎样保存？当时没有恒温设备，确实是个难题。经众人分析研究后，根据花粉在低温潮湿条件下能够延长生命力的一般原理，采用把花粉放在水缸底下的办法，突破了这道难关。这一年，共杂交了 100 朵花，只成功了一粒杂交籽。这粒种子给了他们极大的鼓舞，增强了他们必胜的信心。

1967 年，这粒凝聚着老陈他们

心血的杂交种子试种以后，长势十分喜人，茎秆粗壮，枝叶繁茂，分枝很多，成熟延迟，表现出强大的杂种优势。没想到，一天雨后，这苗苗壮的杂种莜麦，被牛吃了个精光，大家十分惋惜。但老陈暗暗下定决心：重新再干。

1968年，他又杂交了26个单株156朵花，获得11粒杂交籽。经过1969年的繁殖，1970年种植的杂种第二代出现了大量的分离现象。老陈从中又选出高秆型和矮秆型两个单株进行繁殖。1971年，选育出高杆型品种4.3斤；1972年繁殖到150斤；1973年扩大到全旗8个点广泛试验，共繁育莜莜莜麦种子2718斤，平均亩产341斤，最高的达到508斤。

陈良福从1966年开始搞莜莜和华北二号莜麦远缘杂交，到1973年，用了八年时间，终于搞成一个新的莜麦良种。八年里，有过多次失败，但他始终没有失去继续干下去的信心，反而让他深深感到，科学这东西，来不得半点儿虚假，也使他感悟到"失败是成功之母"的道理。

陈良福这个农民育种家，在种子繁育工作上走过的道路是曲折的，艰难的，他尝遍了酸甜苦辣，但同时也积累了良种繁育的实践经验。他与大徒弟杨森、旗种子公司技术员乔玉泉合编了《莜莜莜麦》一书，1974年由内蒙古人民出版社出版。

1978年，为良种事业奋斗了一生的农民育种家陈良福老人因病过世，旗、乡领导与当地群众为他举办了隆重的追悼仪式，大家为失去一位老伙伴而痛苦！

民俗风情

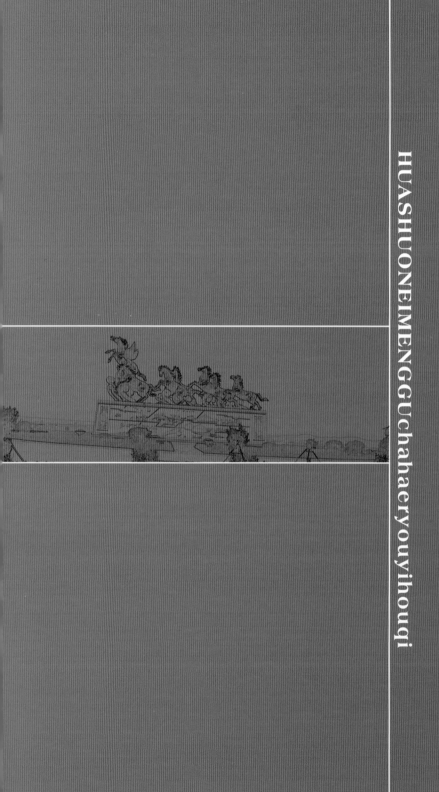

HUASHUONEIMENGGUchahaeryouyihouqi

民 俗 风 情
M I N S U F E N G Q I N G

> 勤劳善良、热情好客是察哈尔右翼后旗人的传统美德。从人们的衣、食、住、行和节庆活动中，大家会感受和领悟到生活在这片土地上的人们的劳动智慧、热情好客和对家乡的眷恋。

蒙古族民俗
衣

察哈尔蒙古部族的服装种类较多，这里仅介绍两种有代表性的服装：察哈尔蒙古袍和蒙古靴。

蒙古袍

蒙古袍是蒙古族的标志性服装之一，男女老幼都爱穿，蒙古语叫"德格乐"。《草原文化区域分布研究》载："察哈尔地区的蒙古袍，袍身宽大，袖子长，下端左右不分衩，领子较高，纽扣在右侧。领口、袖口、边沿常用漂亮的纹饰点缀。袍子一般镶3条边，脖领、襟甬、腋窝和腰部分别钉1~3个纽扣。"察哈尔蒙古袍均为右衽，袍子底边无彩边，肩与袖连着，伸臂来看，袖与肩呈一直线，没有垫肩。年轻女子的袍袖，肘上部常用其他颜色的花布隔开。据说一是为了美观，二是意为要守妇道，否则要用断臂来惩罚。

据民间服装加工艺人仁庆米德格介绍，察哈尔蒙古袍的边沿，多镶3道边，也有镶1或2道边的。一般情况下，镶几道边，就钉几道扣子。钉扣子的地方共有5处，一是领口，多为1道扣；二是襟甬，多为3道扣；三是腋窝，1道扣；四和五是腰部，分别钉3道扣。女式袍子左右开衩，男式袍不开衩，此说与《草原文化区域分布研究》中记载的有所不同。集宁区的一位蒙古族服装制作人说，察哈尔蒙古袍都是镶3道边；而四子王旗的袍子是镶4道边；布里亚特十一姓的蒙古袍，从镶的边数，就能区别出是哪一姓的后代。由此看来，这衣服的边饰还很有代表意义。

蒙古袍分皮袍、棉袍、夹袍、单袍等几种。皮袍多用羊皮做里，外用绸缎做面料，也有不吊面的白茬皮袍，但多用黑色库锦镶边；棉

蒙古族现代服饰

袍里面絮有棉花，袍面用绸缎，袍里用棉布；夹袍为双层布料缝制。皮制长袍根据羊皮的质量、种类、产皮季节、毛的长短分为大毛皮长袍、鞣革长袍、羔皮袍子、跑羔皮袍等多种，有的是白茬皮袍，有的是羔皮吊里的皮袍，也有的是半身的短羔皮袄。

蒙古袍的颜色因地、因人、因季节而异。《蒙古民族服饰文化》称，察哈尔男子通常穿靛蓝色、蓝色、绛紫色长袍，女子则多穿绿色、暗绿色、蓝色、天蓝色和粉色长袍。夏季穿单夹袍，一般颜色较淡，如淡绿、粉红、浅蓝、乳白等颜色；冬季多穿老羊皮、羔皮做的袍子，颜色多为青、灰、深蓝等。

蒙古袍的袖口多为马蹄形，蒙古语叫"努达日嘎"。平时向上翻起，冬天可放下来，防寒护手。马蹄袖主要用黑、白绵羊羔皮或水獭皮做里子，用绸缎或布料镶边儿，在接东西时要把马蹄袖落下来。马蹄袖讲究用与袍子颜色相同的面料来制作。新婚男女的袍子，有的不做马蹄袖。

察哈尔姑娘的长袍用鲜艳的材料镶边，腋扣以下的垂襟处没有装饰沿边，而是在袖口上镶边，在大襟扣上戴银牙签、绣花荷包及针线包等。老年妇女的袍子则用暗色的库锦镶边。青少年女子蒙古袍的领袖、襟儿和下摆，一般用3指宽黑大绒贴边儿，而后用3种颜色的库锦镶边儿，里子是用白绵羊羔皮或旱獭皮。姑娘穿袍子时系腰带，腰

蒙古族童装

蒙古族传统服饰

带多为淡绿、粉红、天蓝色；已婚妇女不系腰带。

蒙古族的小孩子穿鸡心领后开

口的袍子，缝制系带儿，称"巴仁提格"。也为身体虚弱或受溺爱的孩子穿左开衽袍子，认为这样能够保佑小孩健康成长。

蒙古袍最宜在牧区穿。因袍子肥大、不开衩，乘马放牧时可防寒避风。袍子袖长领高，乘马持缰时，冬季可防寒，夏日可防蚊虫。如果穿没有马蹄袖的长袍，在寒冷的冬季则戴一个一尺多长的护手筒套，蒙古语叫作"独格台"。

蒙古靴

蒙古靴，蒙古语叫"高陶勒"，俗称马靴。按制作材料可分为皮靴、毡靴、布靴三种。皮靴又可分棉皮靴、单皮靴两种。皮靴有高勒、低勒之分，一般多用牛皮革缝制，黑色的较多，个别也有紫红色、棕色。据《绥远通志稿·民族志》记载："靴料贫者多用布制，富家类用香牛皮。其式，皮面3道，靴尖上翘如牛鼻形，盖取其经用兼便驰骋也。"蒙古靴样式挺拔、秀气，年轻人尤其喜爱。蒙古靴也称香牛皮靴，靴尖稍向上翘，鞋前脸的正中有一道高出鞋面，俗称鞋鼻梁。靴帮刺有图案、花纹；靴里有的衬皮，有的衬毡；靴身宽大，可套棉袜、毡袜。这种靴子在不同地区样式也有所不同，察哈尔地区的靴子为黑色秃头香牛皮靴子，靴头部似鸟爪形图案，用细皮条箍住。

蒙古族靴子

蒙古靴男女均可穿，但男式靴肥大，女式靴秀气。北部察哈尔人都穿靴子，南部半农半牧区的妇女近代以后穿"分鼻子鞋"，蒙古语叫"索海"。

毡靴用羊毛模压而成，俗称"毡疙瘩"。牧民在冰天雪地里劳动、行走或骑马，只有穿上"毡疙瘩"，方可度过寒冬。毡靴靴底的外面用硬牛皮包裹，以增加其耐用性。靴帮的中间部分和靴靿的下部，用熟牛皮条十字缠绕，其作用一是结实耐用，二是为了美观。在过去，蒙古大漠常常是大雪封山，白茫茫的一片，在雪地上行走，毡靴比皮靴、布靴更适用。

布靴，蒙古语叫"布斯高陶勒"，用高级布料或大绒手工缝制，靴头和靴筒上往往以金丝线绣花。布靴的靴帮、脚跟、脚尖上，都绣有各种花纹图案，图案有云头纹、回形纹、卷草纹、盘肠纹、菱形纹、犄纹及蝙蝠、小鸟、花卉等。图案新颖艳丽，具有浓厚的民族特色。蒙古布靴制作精美，华丽美观，大多为女子所穿。

另一种靴子是清朝末期从俄罗

手工制作靴子

斯引进的，因其形状与蒙古靴类似，且多为骑兵在骑马时穿用，所以俗称"马靴"。但这种马靴与蒙古靴不一样，最大区别就是马靴没有鞋鼻梁，鞋勒子比较细，比蒙古靴轻便、秀气。由于马靴的前脸没有鞋鼻梁，走路时靴底可以弯曲，便于行走，骑马、步行都能穿，所以很快在民间流行开来，察哈尔牧民也比较喜欢穿它。

但是，蒙古靴的特点是靴勒宽大，骑马时只有靴底的前半部分能够伸入马镫，靴底的中部和后半部分伸不到马镫里。马万一急跑将人摔下，骑手的脚卡不到马镫里，发生不了拖镫现象，而马靴却比较容易发生拖镫。

全套蒙餐

食

红食

察哈尔肉食制作方法复杂，风味独特，深受当地民众和外地游客的喜爱，这与察哈尔蒙古部族这个特殊群体的历史有着密不可分的关系。因为在历史上，察哈尔蒙古部族曾是元朝皇帝身边的护卫军，北元时期是蒙古大汗的直属部落，清代又是为皇宫提供肉和奶制品的牧

察哈尔蒙古部族冬季服饰和"塔布嘎"展示

场，所以察哈尔肉食在品种、用料、制作工艺等方面自然会要求很高，且与别的蒙古部落不同。

手把肉　手把肉，蒙古语叫"其那生麻哈"。制作手把肉时，最好选用膘肥的三四岁羊。宰羊时，先拔去胸口近腹部的羊毛，后用刀割开2寸左右的直口，将手顺口伸入胸腔内，摸着大动脉将其掐断，使羊血都流聚在胸腔内。这种方法除将羊血洒在腔内一部分外，还有少部分浸在肉里，使羊肉呈粉红色，煮出来味道鲜美，易于消化，而且羊血干净没有损失，可用来灌羊肠。然后剥去羊皮，切除头蹄，除净内脏和腔血，切除腹部软肉，并按着羊的关节将全羊带骨制成数十块，放入凉水锅内，适当控制火候，水沸腾后，煮到肉色发白即可。这样可以保持羊肉的原汁原味。一般用刀割开肉后，肉里刚好没有血丝，此时即可捞出，装盘上席。如果过了这个火候，羊肉反而变硬，不好吃了。吃手把肉的时候，大家围坐一起，一手握刀，一手拿肉，用刀割着吃，也可以在原煮肉汤里放点盐、葱花，蘸着吃。

手把肉鲜而不膻、肥而不腻，是牧民的常用食法。如在城市的宾馆餐厅、饭店，还可用芝麻酱、香油、韭菜花、辣椒油、腐乳汁、青酱油、

味精等调成调味料，蘸着吃，这种草原、城市结合起来的手把羊肉的食法也颇具风味。

手把肉是草原牧民最常吃和最喜欢的食品，也是他们招待客人必不可少的食品。人们似乎已形成这样一种观念，就是如果到内蒙古旅游，不吃一顿手把肉，就不算真正来过草原，就没有完全领略草原食俗的风味和情趣。牧民们如果不用手把肉招待客人，就好像不能完全表达自己的一片心意。因此，用手把羊肉款待尊贵的客人，是察哈尔地区的一种习俗。

煮全羊　全羊席是察哈尔蒙古部族最高的待客礼仪，多用于大型宴会、婚庆喜宴、生日祝寿等场合，也用于接待非常尊贵、德高望重的客人，过去多用于招待王公贵族及朝廷大臣。全羊，蒙古语叫"布呼勒秀斯"，所用的羊肉膘成要好、肉质要鲜，而且最好是羯羊。用蒙古族特有的方法将羊屠宰后，先把羊头的毛退净，下锅煮熟，再把羊内脏煮熟，把羊小肠洗净后灌入拌好的面粉和调制的羊血，制成灌肠，煮熟待用。全羊席所需的羊肉是：羊背子、2块肩胛骨、2根肱骨、2根股骨、6节胸椎、8条肋骨。上述骨头上面的肉都不能剔掉，要保持原样。察哈尔地区的全羊宴，一般

不上羊蹄子、羊脖子、胸骨、短肋和小腿骨。有的地区不上羊下水，有的地区上没有下巴的羊头。

羊头、羊胸腔和羊背子，都要整煮。煮好后码放的方式是：取一特制大方盘，先在盘底放上煮熟了的肩胛骨、胸椎、肋骨等，然后把羊腿放在盘的四角，再把羊背子平整地放在上面，最后把羊头放在羊背子上。这样，一只羊的主要部件差不多就全都用上了，所以称为全羊宴。

上全羊时，要由专门的司仪负责，羊头要朝向首席客人。这时，要由一位主人先向来宾敬酒一杯。然后由首席客人拿起专用的餐刀，在羊头上划一个"十"字，把刀交给司仪。司仪先把羊头取下，连同羊尾上割下的尾梢部分一并放入一个盘内，再从羊背的前半部分割下一块带有3根肋骨的羊肉，蒙古语叫"达若莫"，供在主人家的神龛前；然后从羊背子的左、右各切下一块肉条，左右交换一下位置并放好，把刀把朝外放入盘内，并伸出右手，弯腰示意客人们可以用餐。首席客人从羊背的前面切一小块肉，放入火中，以示向灶神敬献德吉，然后大家就可以开席用餐了。有时在宴会上要请一位善于言辞的祝颂人吟唱敬献全羊的祝词。

烤全羊　烤全羊，蒙古语叫"昭木"，它是元朝宫廷"诈玛宴"中不可缺少的美食。元朝宫廷用于招待宗王、大臣的"诈玛宴"，也称"吉顺宴"，因为参加者都要穿统一制作的"吉顺服"，故有此称。明朝人将其译写为"质孙宴"。烤全羊在现代也是蒙古族接待尊贵客人的一道名菜，一般的宴席不用。烤全羊的色、香、味、形俱佳，别有风味，是全羊席中最讲究烹调技艺的上乘大菜。

《元史》记载，12世纪时，蒙古人"掘地为坎以燎肉"。到了13世纪，肉食方法和饮膳都已有了极大改进。《朴通事·柳蒸羊》对烤羊肉作了较详细的记载："元代有柳蒸羊，于地作炉三尺，周围以火烧，令全通赤，用铁箅盛羊，上用柳枝盖覆土封，以熟为度。"不但制作复杂讲究，而且用了专门的烤炉。至清代，各地蒙古族王府几乎都以烤全羊招待上宾，其名贵列入礼节。康熙、乾隆年间，北京的"罗王府"中的烤全羊名气很大，甚至连蒙古

烤全羊

族厨师嘎如迪也很出名。清末民初直至中华人民共和国成立初期，各地的王府中还有烤全羊。

《蒙古族文化解读》载，烤全羊的做法与煮全羊不同，煮全羊是卸开了煮，烤全羊是整烤。烤全羊是将羊杀了以后，不剥皮，去掉内脏，去掉蹄子，把食盐等调味品放入羊腔中，架在木炭上整烤，边烤边翻转，而且不能让羊肉沾上烟灰。有的做法是先把羊剥了皮，在羊腔内放入调料，把腹腔缝合后，将其胴体用大锅慢火煮熟，然后取出调料，再用火烤干，但这样的烤全羊味道不如直接烤出来的好吃。

羊背子宴 羊背子，蒙古语叫"敖沁"。羊背子宴，蒙古语叫"敖沁秀斯塔必哈"，是蒙古族人款待贵宾的传统宴席大餐，其制作及食用方法特别讲究。民间在祝寿、婚嫁、喜庆佳节、贵客到来时常设此宴。制作羊背子，要选肥绵羊胴体，从后往前数第四根长肋骨处割断腰脊椎骨，把后面部分的肋骨分别展开，去腿骨留尾，然后用清水煮，煮到一定时间后，加入适量食盐，直至煮熟为止。

《绥远通志稿》记载："食羊背子为蒙人最敬之食品。全羊由脊上第七肋骨至尾部割为一段。再割四肢、头、颈、胛各为一件，带尾

入锅。其煮之火候，约为可食时许，即合脆嫩之度。煮过久，则肉老不堪食矣。用大铜盘盛之以奉客。客执餐刀画羊背上作十字形。礼也。然后庖人操刀，先由背上左右，各割取三条，跪而进之客。客食前，亦必割尝庖人一至三条。然后自用刀割食之。"这一记载将羊背子的做法和食用方法说得较为详细，可见食羊背子的习俗也是由来已久，但其与现在的做法稍有不同。

羊背子宴用的材料是1个羊头、1个羊背子、4根肋骨、6节胸椎、1条后腿，比全羊宴的用料少了一半多。蒙古族人食用羊背子的仪式，比较讲究，也很隆重。在盘中摆放羊背子时是有一定顺序的，腿骨、椎骨和肋骨分别放在盘子的底部，然后在上面放上羊背，羊头放在羊背子上，上席时羊头要朝着客人。

接着，主人便端着银碗向客人敬酒，以表示对客人的热情欢迎和盛情款待。客人们依次接过银碗，用右手无名指在银碗中稍蘸一点酒，庄重地向上醮献三次，然后才将酒一饮而尽，表达对天、地、祖先的尊崇之情。

涮羊肉 涮羊肉，蒙古语叫"哈伦陶高"，是察哈尔地区的特色食品之一。相传成吉思汗南下时，突然想吃一顿家乡的炖羊肉，就叫随

军的厨师去煮肉。但不巧的是，前方的敌人忽然到来，刚杀好羊而来不及下锅的军厨就把羊肉切成薄片，放到滚水中煮一下，捞出后递给了成吉思汗。成吉思汗也顾不上细看，匆匆忙忙吃了两口便急忙迎战。战胜了敌人回到营地后，成吉思汗觉得没有吃饱，又觉得刚才吃的肉挺香，就叫军厨再做一次给大家吃。他和将领们吃完以后，对这种肉赞不绝口，于是成吉思汗就赐了个名字叫"涮羊肉"，从此人们就经常把羊肉涮着吃。

涮羊肉是察哈尔地区的特色饮食，深受当地牧民的喜爱。据《本草纲目》记载："羊肉有益精气、疗虚劳、补肺肾气、养心肺、解热毒、润皮肤之效。"唐代虚诜的《本草食疗》中记载："凡味与羊肉同煮，皆可补也。"

涮羊肉所用之肉，需精选不肥不瘦的脊肉和腿上的腱肉，太肥或有筋腱的肉要去除。先将冻好了的精选羊肉切成薄片，盛于盘中，然后用专门的涮锅来涮。

放入涮锅的羊肉，不能煮得时间太长，一般水一开，便可食用。但也不能吃未熟之肉，以免染病。吃涮锅时，羊肉要随吃随下，不能一次煮得太多。涮羊肉时，可以同时涮一些其他肉食、蔬菜、豆制品等，一是品种多了，可增加食欲；二是增加了蔬菜中纤维素的摄入，对人的健康有益。在吃完涮羊肉后，还可在涮锅中放入面条等食物，方便实惠，深受察哈尔牧民和北方地区民众的喜爱。

羊灌肠　羊灌肠，蒙古语叫"格德斯"。《蒙古族文化解读》记载，灌羊肠一般要在刚杀了的羊皮上进行，因为羊皮光滑，不容易把肠子弄断。灌羊肠至少要由两个人合作，一个人把羊肠撑开，另一个人往肠子里面灌水，反复多次冲洗，最后将一块肺子填进羊肠里，再灌上水，用肺子把肠子彻底清理一遍，羊肠就洗净了。在男人们灌洗羊肠的时候，女人们就把从羊腔中舀出的羊血跟羊油、调料、葱、姜和适量荞面或白面一起拌好了。这时，把拌

察哈尔美食

好了的羊血灌到羊肠中，扎紧口子，团成一团，放入锅中煮就可以了。煮羊肠时，要放在凉水中煮。羊肠不能挨着锅底，否则就容易粘锅，导致肠壁断开。如果制作的羊肠太多，可以先冻起来，以后慢慢煮着吃。

羊灌肠是察哈尔地区的特色食品，在用羊肉招待客人时，可用另一个盘子把煮好的灌肠拿上来，供客人享用。

羊杂碎 羊杂碎，蒙古语叫"好尼乃塔贲乔拉"，是察哈尔地区群众喜爱的一种价廉、味美的风味食品，如同北京的爆肚、南京的板鸭、广州的炒粉、陕西的羊肉泡馍一样。正宗的羊杂碎，讲究色、汤、料、味俱全，汤要老汤，料要新鲜，味要奇香。做好的羊杂碎，香味扑鼻，诱人食欲。盛入碗中，鲜红油亮；吃到口中，肥而不腻，令人胃口大开。尤其是冬日严寒的清晨，吃上一碗又烫又辣的羊杂碎，会让您觉得好像是在肚里装了一个小火炉，温暖如春。吃杂碎时，一般都要在饭桌上放一碟油亮鲜红的辣椒、一碟细盐面和一碟新鲜嫩绿的香菜段，这是吃羊杂碎必不可少的"佐餐三味"。据老中医讲，吃羊杂碎不仅能补五脏、健筋骨，还可开脾暖胃。但高血脂、有心脑血管疾病的人，不宜吃羊杂碎。

牛肉干 牛肉干是蒙古族传统的风味食品，特点是易保存、方便携带、味美可口。蒙古语称牛肉干为"乌和仁哈塔生玛哈"，也称"帮日其"。牧民不但可以自制自用，还可以规模化生产。一般是在秋季制作，因秋季天气凉爽，肉条既不易生蛆又不易腐败，肉质不变。每到秋季，牧民们就把宰杀后的牛肉切成长条用盐卤，然后晾干即可。目前的肉干制作已产业化。在过去游牧时代，由于没有冰箱，牧民们就把牛肉晾干后保存。由于肉干体积小、易保存，游牧时携带方便，所以就成了游牧民族能够传承下来的独特食品之一。

早在成吉思汗建立蒙古帝国之前，蒙古骑兵便常以牛肉干为战备军粮。

白食

白食是指奶食。蒙古族各部落的牧人都能在家庭中制作奶食，但察哈尔部在元朝时期是皇帝身边的护卫军，北元时期为蒙古大汗的直属部落，清代又是为皇宫提供肉和奶制品的牧场，所以察哈尔奶食在品种、用料、制作工艺等方面有别于其他的蒙古部落，有精细美观、洁白爽口、风味独特、易于保存等特点。

液态奶食有鲜奶、淖劳日、爵亥、

白油、酸油液、黄油、酸油渣、乳清、酸奶、熟酸奶、酸乳等。

鲜奶　鲜奶，蒙古语叫"苏"，是加工各种奶制品的原料。马、牛、羊、驼均可以挤奶，且其奶都含有丰富的人体所需蛋白质、氨基酸、矿物质等营养元素。马奶营养丰富，性凉，油脂少，可以用来酿酸马奶。牛奶产量高，人们每天可以直接饮用，而其也是制作奶食的主要原料。绵羊奶的油脂多，性温热，可用于熬制奶油。山羊奶的油脂少，性凉，适合发酵做饮料，还有一定的药用价值。骆驼奶可用于勾兑奶茶或制作奶食，但比较少用。成年牧民很少喝鲜奶，鲜奶只给小儿或体弱的人饮用。

鲜奶可分为初乳、生奶、熟奶。初乳蒙古语叫"敖日格"，刚产仔母畜的奶叫浓初乳，色微黄而浓稠，含有很多抵抗疾病的抗体，对仔畜非常有好处，要让仔畜吮吸干净。仔畜未吃完的初乳，要人工挤出来，

牧民生活

且挤得要干净，这样有利于母畜产奶。仔畜吃完初乳后，人工挤出来的鲜奶叫生奶，是制作奶食和兑制奶茶的原料。生奶煮沸后揭去奶皮，剩余的奶叫熟奶，可以直接饮用，也可兑奶茶、和面蒸馒头或烙白面饼子。

淖劳日　生奶放置8小时之内，漂在上面的一层奶油，就是淖劳日。食用方法与爵亥差不多，可用来拌炒米。和面粉时加一点淖劳日，可使面粉充分发酵，蒸出来的馒头、烤出来的饼子膨松可口。

爵亥　爵亥是蒙古语的音译，察哈尔右翼后旗的汉族称其为"卷肯"，是一种酸甜可口的奶食，可以和在奶茶中，也可以涂在油饼上食用。卷肯拌炒米，再放一点白糖，过十多分钟以后食用，非常好吃，是奶食中的上品，深受人们的喜爱。

白油、酸油液　白油，蒙古语叫"查干陶苏"，是从爵亥或鲜奶中提取的，因其杂质较多，容易变质，目前牧民们很少制作，或只是将其作为制作黄油的原料来使用。酸油液，蒙古语叫"辛格"，是分离白油后剩下的液体，可以直接饮用，也可以佐餐食用。

黄油　黄油是从白油或爵亥中提取的，蒙古语叫"夏日陶苏"。黄油脂肪含量高，不能单独食用，

多是放在奶茶中，以增加奶茶的适口性，也多用来招待贵客。黄油遇冷会凝结为固态。

黄油渣　黄油渣，蒙古语叫"曲其盖"，也叫酸油渣，是炼取黄油后剩下的淡黄色糊状物，遇冷可凝结为半固体状。黄油渣的脂肪含量也很高，多作为配餐，与其他奶食一同食用。有的牧民说，黄油渣、酸奶有降血脂、降血压的功效，现在牧区的牧民多有发胖，可能与食用黄油渣、酸奶的人少了有关。

乳清　制作完奶油、奶豆腐以后的乳清，蒙古语称为"西拉乌苏"，也有人称之为酸奶，但其已经不是真正意义上的酸奶了，只能算作是酸汤了。乳清可以用来和小麦面蒸馒头、烙白面饼，也可以用来做面条，俗称酸奶面。不过，蒸馒头的酸奶与做面条的酸奶不一样，后者是将乳清烧开以后，凉冷，再加一定量的生奶，发酵后和面，做面条，还可以当醋吃，这样的酸奶有降低血脂的功效。

酸奶　酸奶是用乳曲发酵的奶子，蒙古语称"艾日格"，在牧民家中，一般家家都制作，用作食用调料。酸奶富有营养，具有滋补气血的作用和美容功能。常饮酸奶，可使皮肤增白。由于酸奶中含有乳酸菌，对肺结核、消化不良、心血管等疾病均有明显的疗效。酸奶还有解毒的功效，吃了毒草的牲畜可以灌酸奶解毒；被毒蛇咬了，用酸奶涂擦伤口有效。用驼奶、马奶酿制的酸奶是很好的饮料，特别适合夏季饮用。古人有诗赞美酸奶："闲向街头啖一瓯，琼浆满饮润枯喉。觉来下咽如脂滑，寒沁心脾爽似秋。"

熟酸奶　酸奶分生酵酸奶和熟酵酸奶两种。熟酸奶，蒙古语叫"查嘎"，是将酸奶加热煮沸后制成的，察哈尔蒙古部族人用其做食醋的代用品。煮面条或煮肉汤中加一点查嘎，可去除腥味，不油腻，味道也很好。在蒙古饺子、包子里加一点查嘎，也可以起到除腥去腻的作用。查嘎中含有乳酸菌等对人体有益的菌群，可健胃消食、帮助消化。查嘎还有消暑降温、止晕车、止恶心等作用。

酸乳　酸乳，也叫酸牛奶，是用不提取任何成分的牛奶直接制成的，蒙古语叫"塔日格"。酸乳与酸奶是有区别的，简单来说，酸乳呈糊状，酸奶呈稀汤状。酸乳是一种营养非常丰富的奶制品，目前已产业化批量生产。酸乳中含有较多的乳酸菌和乳酶，具有健胃保肝、提神理气的作用，还有美容护肤的功能。

固态奶食有奶皮、奶豆腐、奶

察哈尔奶食

渣子、松葫茹达、酸奶酪。

奶皮子　奶皮子，蒙古语称"乌日莫"，是奶食中的上品，牧民们多将其泡在奶茶中与炒米一起食用，非常可口。奶皮中的油脂含量较高，不仅营养丰富，而且还有药用价值。元代《饮膳正要》说："奶皮子属性清凉，有健心清肺、止渴防咳、毛发增色、治愈吐血之能。"

奶豆腐　奶豆腐，蒙古语称"比西拉格"，是蒙古族牧民家中常见的奶制食品。其用牛奶、羊奶、马奶等经凝固、发酵而成，形状类似普通豆腐，味道有的微酸，有的微甜，乳香浓郁，牧民很爱吃，常泡在奶茶中食用，或出远门当干粮，既解渴又充饥。有一首诗对奶豆腐进行

了赞美："新鲜美味属燕都，敢与佳人赛雪肤，饮罢相如烦渴解，芳生齿颊润于酥。"奶豆腐的形状很多，如片状、方块状、长条状、果条状等。

奶渣子　奶渣子，蒙古语叫"秀莫勒"，就是碎块状的奶豆腐。西察哈尔牧民把奶豆腐用手抓捏后，变成一条一条的条状奶制品，就叫"秀莫勒"，其与奶豆腐是同一类奶品，只是制作方法不同。奶渣子是奶食中最常见的大众化食品。奶渣子的优点是干得快，吃的时候，抓一点放入奶茶中，很快就会软化，便于食用。用羊奶制作的奶渣子是最好的，吃起来比较酥脆，而用牛奶制作的奶渣子较坚硬。

楚拉 楚拉，蒙古语，汉语也叫奶渣子。楚拉是东察哈尔牧民制作的一种食品，汉译名称与西察哈尔牧民做的奶渣子是同一种叫法，但制作方法有所不同。西察哈尔的奶渣子与奶豆腐是同一种东西。东察哈尔的楚拉是将分离掉爵亥已经发酵后的豆腐脑状酸奶，温火加热，边加热，边榨取其中的乳清，当乳清由黄变白时，不经过揉搓直接捞出来，凉冷后直接用手抓挤成条状即可。因加热的时间长，水分已经很少。

察哈尔"塔布嘎"

松葫茹达 察哈尔右翼后旗汉族将这种奶制品称为"松葫芦"，但其发音并不准确，蒙古语应为"松葫茹达"，是熟了的精制奶豆腐揉制压模而成。松葫茹达一经风干，可以长时间保存，是待客的上品奶食，多用来做礼品或垒放看盘。在察哈尔地区，松葫茹达是馈赠亲朋好友、老人和贵宾的重要礼品，也常在春节或喜庆的宴会上用来招待客人。清朝年间，松葫茹达是察哈尔牧民向朝廷进贡的一种主要奶制品。

酸奶酪 酸奶酪，蒙古语叫"阿热其"或"阿尔其"，也叫"阿茹勒"。

是将做完奶豆腐、奶酒后的酸奶水（也叫乳清，蒙古语叫"西拉乌素"），煮沸后熬制出来的。因为它是奶食中的最后一部分，相当于豆腐渣，所以称其为"奶渣"是比较合适的。酸奶酪也是一种非常好吃的奶食，味道酸中带甜，口感很酥脆，且有杀菌消炎、助消化、降血脂、消暑解渴的功效。

图得 图得是由佛教供品巴灵

察哈尔奶渣

的制作转化而来的，是用一种小于3厘米的模具拓出来的固态奶制品。图得的制作方法比较多，一是把面粉撒在笼布上蒸熟，再把黄油渣溶化后，加入黄油、砂糖、碎冰糖，将蒸好的面粉放入和成面团，用模具拓出来即可。二是把松蘑茹达压碎，加入炒米，用加热溶化的酸油渣、黄油和好，拓模即可。三是把大米或小米蒸熟，再用酸油渣和好，加入葡萄干、黄油、砂糖，用模具拓出。当然，也可以加入一些青红丝或点缀少许食用色素，使图得更加美观。模具可做成不同形状，如花瓣形、桃形、圆形、方形、扇形等。模板的底面，还可以雕刻云纹、火纹、水纹、花草、蒙古文等不同图案。用其拓出来的图得，样式众多，图案精美，深受群众的喜爱。

蒙古茶

察哈尔蒙古茶可谓是品种多样，味美可口，喝了它浑身冒汗，既解渴，又解馋，喝了还想喝。蒙古茶主要是用砖茶熬制而成，已有几千年的历史了。

清茶 察哈尔地区的牧民很少喝白开水，没有奶茶，至少也要喝熬制的砖茶，叫清茶，蒙古语叫"哈日切"。清茶要用慢火熬制，水开了以后，还要让它滚一会儿。熬好以后，用瓢从锅中舀出来，灌入暖壶，并在茶水中放一点盐。这样的清茶有一股淡淡的香味，越喝越想喝。过去牧区没有暖壶，或买不到暖壶，就把熬好的清茶灌到铜茶壶中，放在火盆上，用来保温。

茶叶中含有氨基酸、咖啡因、B族维生素和维生素C、维生素D等营养成分，有强心、利尿、健脾、提神醒脑和软化血管等功效。特别是砖茶，还有溶解脂肪、促进消化的作用，所以深受牧民们喜爱。

奶茶 奶茶，蒙古语叫"苏台切"。奶茶是牧民最常饮用的饮料，几乎天天喝、顿顿喝、口渴时喝、吃饭时也喝，大人喝、小孩子也喝。蒙古族人有"宁可三日无粮，不可一日无茶"之说，可见奶茶与牧民的关系是何等密切。赵翼《檐曝杂记》中曰："寻常度日，但持马牛乳。每清晨，男妇皆取乳，先熬茶熟，去其滓，倾乳而沸之，人各啜二碗，暮亦如此。"在清朝和民国年间，牧民们食用的砖茶多为"大玉川"，这种砖茶味美经泡、色红叶肥，被视为砖茶上品。现在牧民们喜欢用湖北产的"川"字牌青砖茶。

蒙古族牧民几乎每天要喝两顿茶，只在中午或晚上吃一顿面食。喝茶的时候，要同时吃一些炒米、油饼、奶食等。说是喝茶，其实也是吃饭，只是吃饭的时候必须要有茶，故称为喝茶。平时家中来客，或半前晌、半后晌及劳动之余，都要喝茶，并以茶待客。这时的茶，就是一种饮料的代用品。

蒙古民族喜好砖茶之习俗，

铜茶壶

究竟源于何时，无法考证。据记载，清朝康熙年间，内地一些商人携带砖茶、米面、布帛等杂物到蒙古腹地易去蒙地各种物产。其中除以米面、布帛直接易皮毛外，其余杂物均以砖茶定其价值。砖茶有"二四""二七""三九"之别。所谓"二四"者，即每箱可装24块砖茶，价值约33元（银圆），每块砖茶重五斤半，价值一元二、三角。"三九"茶则每块价值六角左右，亦当作一元币通行。有时，砖茶价值急剧提高，一些商人深入偏僻地区以较少的茶换取较多的畜产品，1块砖茶换1只羊、1块砖茶易去1头牛的事屡见不鲜。从那时起，草原上就有了以砖茶代替全羊馈赠亲戚朋友的习俗。

油茶　油茶是把面粉炒黄后，加入牛油、少量食盐后制成的，也叫面茶，蒙古语叫"陶苏台切"。熬油茶的时候，要在凉水中加入油茶粉，边加热边搅动，让牛油慢慢溶化，熬成比奶茶略稠为宜。如果在热水中加油茶粉，就会形成面疙瘩。水开了以后，要让油茶水在慢火上熬一会儿，这样熬出来的油茶，味道会更香更浓。油茶既可当茶又可当饭，是牧民冬季食用的茶食。

米茶　米茶是在蒙古奶茶中加入小米后熬制而成的，也叫小米奶茶，蒙古语叫"巴达台切"。这种米茶，集小米稀粥与奶茶的特点于一身，既有小米的清香，又有奶茶的醇厚，是汉族饮食文化与蒙古族饮食文化的一种自然结合，很有地方特点。熬米茶时，小米不能加太多，否则就熬成了稠粥，不好喝。这种米茶，既能当饮料，又能当饭吃，是察哈尔地区牧民们的常见饮食。

锅茶　锅茶，蒙古语叫"巴达阿力亥生切"，是奶茶的另一种喝法，其实也是砖茶加牛奶，只是食用的方法不同。喝锅茶时，先用传统方法将奶茶熬好，然后将奶茶倒入特制的铜锅中，点着固体燃料，加入风干肉、奶酪、奶皮子等，在锅中边吃边煮。吃的时候，将奶茶从锅中舀到碗内，加上奶豆腐、炒米、黄油等，边喝边吃。

放在餐桌上的铜锅，由于是用固体燃料来加热的，所以越往后炒米和奶豆腐泡得越软，味道口感就越好。锅茶常作为早点食用，正餐一般很少喝。喝锅茶的时候，再配上油炸果子、牛排、油饼、鸡蛋等，就更正宗了。锅茶多用来招待尊贵的客人。

住

蒙古包

蒙古包，在古代叫"毡庐"，现代有人称之为"毡房"。蒙古包有文字记载的历史可以追溯到汉代，在《史记》《汉书》等典籍中，它被称作"毡帐"和"穹庐"。"毡帐"就是用毡子搭建的帐篷。"穹庐"的"穹"是说它的外形像天空一样，而"庐"在古代是指搭建在田野里庵棚一类的东西。可见蒙古包的原始形态，一定没有现在这样漂亮。《史记·匈奴列传》中说，强盛于秦汉时期的匈奴也"父子同穹庐而卧"。正如《蒙古民族毡庐文化》所述，蒙古包这种古老的建筑，历经两千多年，虽然在造型、功能上日臻完善，但却把原始建筑的构造形态完整地保存下来，这是蒙古包以外的其他建筑很少见到的。

蒙古包建筑的构造形式，体现了技术和艺术的完美统一，其以最简洁的手法和材料完成了一种极富表现力的创造。而且所用材料——木棍、羊毛、牛皮、马尾，都是就地取材。在制作的过程中，也不会对环境造成工业污染，这是我们现代的任何建筑都无法做到的。几片用细木杆编制的哈纳网片，可伸可缩，简洁里包含着智慧；几十根乌尼杆和圆顶上透光的套脑，和哈纳一起完成了整个骨架的造型任务；骨架之间的连接，是用皮绳和鬃绳来完成的，而整个建筑的封闭和室内的铺设，也只是使用了几块大小不等的毡片而已。用料的简单几乎到了不可再省的地步。在建筑格局上，却又恰当地体现了牧民的生活和环境特点。只有把蒙古包放在草原上，才会是那样和谐、协调。

蒙古包不仅构造轻巧灵通，而且方便牧民游牧时拆迁、运输。就像是我们现在使用的折叠衣柜，用时支起来，不用时合回去，便于拆卸、运输、搭建，而且它还以其有限的空间最大限度地满足了人们的使用功能。日常的起居生活就不说了，就以其通风这一点来说，没住过蒙古包的人会以为它四壁合围，像一个封闭的"筒"，一定不适于在炎热夏季居住。其实不然，草原上虽多干热，但即使是无风的天气，坐在蒙古包里，只要撩起包房的毡脚，包房里立刻就会清风习习、凉爽无比。

8片以上哈纳制成的大毡房，需要在房内设置立柱，蒙古语叫"图力古尔"，主要是防止天窗与顶的塌陷。立柱有两根的，也有四根的。柱子的上端顶在套脑的边上，下面立在地上，挖坑插入，或设置柱石，保持牢固。有立柱的蒙古包，天窗一般都很大，否则立柱之间的距离太近，不好看。柱子围在火撑子的周围，有的人家还做一些刻有图案的围栏，起到了装饰火撑子的作用。这样的大毡房，柱子上雕龙画凤，多为王公贵族使用，一般的平民是做不起的。

平常人家用的小蒙古包，多数都安一个单扇门；大的蒙古包，可以安双扇门。门，蒙古语叫"乌德"。但由于受哈纳的限制，毡房的门都做得很低，进门的时候都要弯腰。王公贵族使用的房门，做工都很精细，门板上大多刻有"万"字、莲花、云纹等各种图案。到了冬天，都要在门外挂一块门帘，有的用兽皮做成，有的用毡子做成，上面绣有各种图案，非常美观。

包裹在哈纳外面的毡片，分围毡、顶毡、顶盖毡等。围毡，蒙古语叫"陶日格"，是围在哈纳上的，多为长方形。顶毡，也叫苫毡，蒙古语叫"德格布若"，是盖在乌尼杆上的，为扇形。顶盖毡，蒙古语叫"乌日和"，是围盖套脑的毡片，多为正方形。这些毡片的边，多用马鬃制成的绳子沿边，有牢固的作用。讲究一点的人家，对各种毡片还要进行简单的装饰，就是用不同

颜色的牛毛或驼毛拧成粗一点的绳子，用这种有颜色的绳子在围毡上绣出各种图案。捆绑毡房用的绳子有围绳、压绳、捆绳、坠绳等几种，它们有固定毡片和毡房的作用。

蒙古包不但外形简洁，内部摆设也比较简单。《朔漠纪程》中记载："地中置架，燃牛马粪。幕帐有门悬帘，备出入。惟上狭下宽，中凸而周凹，故入必伛偻，出必俯首。"无论官包，还是民居，皆铺毡毯。毡毯的质地、样式依各自经济条件而定。蒙古包的正中间对着套脑的下面，支一个火撑子，蒙古语叫"图拉嘎"，放上锅用来烧火做饭。过去牧区没有煤，生火是用牛粪或羊砖，也是一种环保燃料。火撑子没有烟筒，产生的烟就顺着套脑飘向了蒙古包外。

蒙古包的西北角上，放着供奉佛像的桌子或箱子，桌子上摆放着佛龛。佛桌的上方，可以挂有成吉思汗或班禅的画像，有的人家挂的是不同颜色的海莫日。包中放置几个放衣服、碗筷等用的小柜子，一般是衣柜放在北面，碗柜放在东南面。还有一个摆放食品的小桌子，放在火撑子的附近。为了防潮，被褥要叠放在一个垫柜上。还有一些水桶、奶桶之类的生活用品，也都摆放在包内。《蒙古行纪》

蒙古包内饰

也记载："蒙古包西北角供佛，正西存放衣冠，正东东南存橱下物。包内之物四围安置木箱。箱凡二层，中藏杂物"。

据《蒙古民族通史》记载，在察哈尔地区，"蒙古包正中，有一尺宽窄床。阖家被褥咸置其上，前施片幛，多以锦绣为之。盖娶妇时必用此床也。其下即阖家居处之毡地，如遇婚娶，蒙古包腐旧，而又无力更新，则晚辈亦可用之。但换包中床及包前门而后可"。

蒙古包的地面铺有地毡，地毡的下面铺一些生牛皮或生马皮，主要是为了防潮。冬天天气寒冷时，在蒙古包的四边，还可以挂一些壁毡，以抵御寒风的侵袭。有的牧民是用一些皮褥子挡在四边上，来防止包内温度的散失。

蒙古包外还建有畜圈，"帐幕之旁有大园圈在焉。绕枯柴以为藩篱，是为群畜夜栖之所"。毡房前还积有干牛粪，作为取暖烧饭之薪柴。"牛粪于毡帐前方，列如城，二行四行不等，处处如是。"为了守家护畜，一般都养有猎狗，正所谓"夜间烈犬，无人敢近"。

包外的东西也不能乱放。勒勒车要放在包的西边，牛鞍子和牲线不能着地，要把车辕顶起来放。牛粪车放在蒙古包的西南，要放得远一点。水车放在东南，要放得近一点。灰堆设在较远的东南方向，灰不能乱倒，灰堆上也不能倒杂物。

搭盖蒙古包的地方要靠山、向阳、有水。

斡尔朵

斡尔朵是蒙古语的音译，是宫帐或宫廷的意思，是大汗（皇帝）和哈屯住的地方。斡尔朵有两种，

白音淖尔浩特

一种是可移动的，一种是固定的。据《出使蒙古记》等书中记载，"斡尔朵总是处在他属民的中央""在宫廷的左右，可以按照宫帐所需的位置，随意向远方伸展，只要不把帐幕安置在宫廷的前面或后面就行"。在所有的驻营地，居中南向的斡尔朵都独居前列，哈屯的帐幕排列在斡尔朵稍后的左、右两侧，地位最高的第一夫人的帐幕位于最西边，因为蒙古族以西为尊。护卫人员和官员的帐幕设在后妃帐幕的两边。可移动的斡尔朵底部装有轮子，轮子很高大，要用20多头牛来拉。

斡尔朵迁徙称为"起营"。选定地点设帐，称为"定营"。起营时，声势浩大，"如蚁阵，萦纡延袤十五里，左右横距及其直之半"，几乎所有的附属帐幕都要随着斡尔朵移动。在车队前边的往往是专职

的占卜术士，他们负责选择新的定营地点，为斡尔朵定营后的宗教仪式做准备。驻营地大多选择在坡阜之下、平坦之处。斡尔朵迁徙的时间，"亦无定止，或一月或一季迁耳"，完全根据主人的意愿而定。成吉思汗时期，在卢驹河曲雕阿阑、土兀

蒙古包内饰

拉河黑林、萨里川哈老徒、航海岭北侧，设置了四个大斡尔朵，都是能够迁移的。

行

骑马

骑马，蒙古语叫"牧日敖那呼"，是古代蒙古人出行的主要方式。蒙古族人从小都会骑马，所以号称马背上的民族。据《蒙古民族通史》记载，在元代，草原牧民的交通工具主要是骑马和牛车。马是游牧、狩猎、作战和交往时必备的乘骑。

据《柏朗嘉宾蒙古行纪》记载，蒙古族的男子骑马自不必说，"少女和妇女也像男子一样敏捷地骑马和驰骋"，甚至"孩子刚刚长到两三岁的时候，便开始骑马而行，驾驭马匹和纵马驰骋"。徐霆也记录有"往来草地，未尝见有一人步行者"之类文字。

从元朝直到后来的几百年中，蒙古族牧民一直是用马来作为代步工具的，上至王公贵族，下至平民百姓，莫不以马为伴。所以牧民们常说，骏马是牧民忠诚的战友和伙伴。《蒙古民族通史》记载，"清代蒙古地区的交通运输仍以畜力为主，主要有马、骆驼和各种畜力车。马匹是民间最主要的交通工具。外出放牧、探亲访友都离不开马。"

蒙古族骑马的习俗，一直延续到民国后期，就是在中华人民共和国成立后的五六十年代，牧民们在外出办事时，仍然以骑马为主。当时的公安局和一些机关事业单位，也都养有马匹，下乡时，要骑马或坐马车。如今，内蒙古骑兵部队还是我国解放军兵种中唯一的一支骑兵队伍。

骑马

勒勒车

勒勒车是用木料制作的一种蒙古式牛车，是为了适应草原上的自然环境和蒙古族的生活习惯而制造出的一种交通运输工具。勒勒车多用桦木制作，因其耐雨淋、耐磕碰，车体又轻，适宜在草原、沙地上行走。"勒勒"是赶车的牧民吆喝牲口的声音，所以把这种车称作勒勒车。

勒勒车的车轮有大有小，大的轮子直径可达 1.4 米左右，相当于牛身的高度，小的直径也有 1 米多。轴子的辐条呈花状，所以汉民称之为花车。车身的长度，一般在 4 米以上，车辕差不多占了一半。有的车上用毡子搭一个篷，人坐在里面，就像是轿车，可以防风沙，又可以防雨。这种篷车在元代叫"合刺兀台·帖儿坚"，通称黑车或毡车。其"上覆黑毡甚密，雨水不透，驾以牛驼"。有的地区在冬天娶媳妇时，为了暖和要坐带篷的勒勒车。有的书中记载，勒勒车的车厢形若船舱，行则车为室，止则毡为庐。车停下来时，也可以坐在里面避雨或避暑。

由于古代的游牧民族逐水草而居，居无定所，经常要搬家，所以勒勒车在很早的时候就有使用。据史书记载，早在秦汉之际，匈奴人就已经懂得造车。3 世纪的敕勒人以造车闻名，他们造的车"车轮高大，辐数至多"，很适应草原的环境，正因为如此，当时南方人称他们为"高车"。辽代，蒙古族造车技术也很发达，并广泛用于游牧生活之中。

历史上，我国北方游牧民族比

套马　赵吉平摄影

勒勒车队

较多，大都擅长骑马征战，军民合为一体。由于勒勒车可以快速地在雪地和深草中行走，所以被称为"草上飞"，因而时常作为战车在战争中驮运军队的辎重。在平时生产、生活中，勒勒车主要用来拉水，运送烧火用的牛粪、羊粪等燃料。倒场搬家的时候，勒勒车还可以装载蒙古包和其他生活用具、用品。《蒙古民族通史》记载，元代的车辆，蒙古语叫"帖儿坚"。"合撒黑·帖儿坚"（大车）或者"格儿·帖儿坚"（毡房车），是将乘人和载物结合在一起的车，由一头或数头牛拉行。"撒幹儿合·帖儿坚"（有锁车），是载有许多带锁箱子的车。

《蒙古民族通史》记载，移营徙牧，则以勒勒车驮运，故家家皆备。一般每户牧民都备有一辆或几辆勒勒车，王公贵族的家中往往有十几辆或更多。每当牧民迁居或参加祭敖包聚会时，常常也是几十辆车前后相连，鱼贯而行，十分壮观。迁居的车辆行走的时候，前面的车坐人，中间的车拉生活用品，后面的车拉蒙古包，最后面的车拉生火用的羊砖或牛粪等。

蒙古族体育竞技

摔跤

蒙古语称摔跤为"搏克"，称摔跤手为"搏克庆"。摔跤是蒙古族特别喜爱的一种体育活动。在每年的祭敖包活动中，都要举行摔跤比赛，其也是近年来那达慕大会上必不可少的比赛项目。蒙古族的摔跤有其独特的服装、规则和方法，因此也叫蒙古式摔跤。

参加摔跤的选手都要穿着专门的蒙古族摔跤服：上身穿着的坎肩，蒙古语叫"昭德格"；腰间围的围腰彩带，蒙古语叫"拉布尔"；下身穿着套裤"陶浩"和裙裤"班吉拉"；脚上穿博克靴子。著名的摔跤手脖子上佩戴一个用各色彩条挽成的彩色项圈，蒙古语叫"江嘎"，是摔跤手在比赛时获奖的标志。

蒙古族的摔跤有其特点：按蒙古族传统习俗，摔跤运动员不受地区、体重的限制，采用淘汰制，一跤定胜负。参加比赛的摔跤手必须是2的某次乘方数，如8，16，32，64，128，256，512，1 024……比赛前先推一位族中的长者对参赛运动

摔跤选手

员进行编排和配对。选手对阵的方法有"传统对阵法""交叉对阵法""表格对阵法"等。蒙古长调《摔跤手歌》唱过3遍之后，摔跤手挥舞双臂、跳着鹰舞入场，向主席台行礼，顺时针旋转一圈，然后由裁判员发令，比赛双方握手致意后开始比赛。

摔跤的技巧很多，可以用捉、拉、扯、推、压等13个基本技巧演变出100多个动作。可互捉对方肩膀，也可互相搂腰，还可以钻入对方的腋下进攻，当然也可抓摔跤衣、腰带、裤带等。蒙古族摔跤的最大特点是不许抱腿，其规则还有不准打脸，不准突然从后背把人拉倒，不许触及眼睛和耳朵，不许拉头发、踢肚子或膝部以上的任何部位，手的动作不得超过腰部以下等。其他的竞赛规则还有：点名后忌讳不出场；不得酒后参赛；不得赤身；比赛中不能说话，更不能谩骂或污辱对方；不得与裁判员吵闹，不得污辱裁判员。《宦海沉浮录》云："布

摔跤服饰

裤者，专诸角力，胜败以仆地为定。"摔跤选手膝盖以上任何部位着地者为负。

从20世纪初到中叶，察哈尔地区涌现出了许多著名的搏克手，深得广大蒙古族民众的喜爱。有记载的如正蓝旗的扎木彦，正白旗的阿努格楞、龙腾、宝音若布吉，镶白旗的色木腾尼玛，镶黄旗的毕力古太、兰沙格尔丹，商都马群的僧格仁庆、贡楚格丹巴、色热特尔等。

赛马

蒙古高原盛产著名的蒙古马，其能跑善战，耐力极强。自古以来，蒙古族人对马就有特殊的感情。蒙古人从小就在马背上长大，都以自己有一匹善跑的快马而感到自豪。驯练烈马、精骑善射是蒙古族牧民的绝技，他们通常把是否善于驯马、赛马、射箭、摔跤作为鉴别一个优秀牧民的标准。

常见的赛马项目有三种，即快马赛、走马赛、颠马赛。快马赛，主要比马的速度，一般为直线赛跑，赛程一般为20，30，40千米，最先到达终点者为胜。在牧区祭敖包、庙会上举行的小型那达慕，是以快马赛为主。走马赛，主要是比赛马步伐的稳健与轻快，马的前后腿同向一顺前进。颠马赛，是蒙古族特有的马上竞技表演项目。这里的颠马是指的一只前腿与另一侧的后腿同向运动，颠起来平稳且速度极快。颠马赛主要比速度和美观。

赛马为蒙古族"男儿三技"之一，蒙古语叫"毛日敖日勒达呼"。参加者有时全是少年，但也有女孩子参加。赛马不分年龄，具有广泛

赛马

的群众性。赛马的方法有直线赛、转圈赛两种。还要根据马的年龄分组，一般分为3岁马、5岁以上马和公马组。

为了减轻马的负重，快马赛的选手多是10岁左右的小孩子，且不备马鞍。小骑手们都穿着绣有吉祥结等图案、十分鲜艳的赛马服装，脚蹬马靴，头戴尖顶帽子，腰间围着红绿绸带。赛马开始后，绸带随风飘动，非常漂亮。

比赛开始前，所有的选手都要骑马绕场3周，向观众致意。然后一同站到起跑线上，随着一声号令，参赛的马儿如离弦的弓箭一般向外冲出。赛马开始和结束时，都要唱长调《赛马歌》。获得前三名的选手，会得到丰厚的奖品，并对第一名的选手和马进行颂赞，还要对最末尾的选手和马进行十分幽默的祝颂，并授予鼓励奖。

射箭

射箭是蒙古族传统"男儿三技"的又一项目，也是那达慕大会最早的活动内容之一，蒙古语叫"脑木哈日巴呼"。在800多年以前，蒙古族人分为许多不同的部落，他们的经济生活大体可分为游牧经济和狩猎经济两种。在成吉思汗统一蒙古以后，虽然狩猎经济的部落逐渐转向了游牧经济，但狩猎时期长年积累下的拉弓射箭的本领却保留了下来，以防外敌侵略和野兽袭击畜群，没有牲畜的贫苦牧民则依赖弓箭捕杀动物维持生活。

蒙古族射箭比赛分静射、骑射、远射三种，有25步、50步、100步之分。静射时，射手立地，待裁判发令后，放箭射向箭靶，优者为胜。骑射时，射手骑马上，在马跑动中发箭，优者为胜。比赛不分男女老少，凡参加者都自备马匹和弓箭，弓箭的样式、弓的拉力以及箭的长度和重量均不限。比赛的规则是3轮9箭，即每人每轮只许射3支箭，以中靶箭数的多少定前三名。

比赛结束后，要为神箭手授予各种"莫尔根"的荣誉称号，一般取前四名或六名进行奖励。根据比赛的范围和取胜的情况，可授予"绝顶奇特莫尔根""达尔罕莫尔根""举世闻名莫尔根""崇高威信莫尔根"等称号。授奖时，还要咏颂良弓和神箭手赞词，并进行"迷拉礼"。

蒙古族传统节日

春节

春节是察哈尔蒙古族一年中最重要的节日，是祈求并祝愿一年兴旺、平安、康乐的日子。但蒙古族不叫其为春节，而叫"察干萨日"。"察干"是"白"的意思，"萨日"是"月"的意思，直译就是白月，

春节联欢晚会之"春节互拜"

即汉语中的"正月"。

在过去，春节的前一天，牧民们要在自己的蒙古包和住房的前面悬挂彩色的布条，现在受汉文化的影响，过年也要贴对联。这一天，全家人都要穿新衣服。现在的蒙古族很少见到穿白色衣服的了，而是穿新的蒙古袍或是买新衣服穿。到了晚上，首先进行的仪式是祭祖，给供的神上香，点佛灯，叩头。一般察哈尔蒙古族供的是班禅的像，也有供文殊、观音、千手佛等佛像的。晚上也要熬年夜，不睡觉，一晚上不灭灯，全家老小围坐在炕桌旁，桌上摆着一盘盘香喷喷的肉食、奶食品，以及糖块、香烟、美酒等，一边唠家常，一边喝酒，一边唱歌，一边吃奶食、手把肉、糖果等。

现在的蒙古族在春节的晚上也要吃羊肉馅饺子，挂灯笼，放鞭炮。春节的午夜里，蒙古族人都要煮一只整羊，全家围坐在一起吃手把肉，表示合家团圆的意思。酒肉剩得越多越好，象征年年有余、财源充足。这一夜，蒙古包中灯火辉煌，不时传出优美的马头琴声和动听的歌声，人们彻夜不眠、通宵达旦。

熬年夜到了后半夜有一个重要的仪式，就是接神。据《察哈尔史迹》记载，初一的五更时分，当启明星升起的时候，人们就开始在自家的门前祭天拜神，也叫接神。先由家中的主人把早已准备好的火把点燃，再把旺火堆点着。院中摆好供桌，家庭主妇把给神准备的供品摆上供桌。供品摆好后，家里的人按先男

春节拜年

后女、辈分大小次序向喜神方向磕头，同时把供品掰成小块向四方扔出，该仪式蒙古语叫献"德吉"，就是把首份食物献给天地、祖先和喜神。这一礼仪结束后，人们进家开始进行家庭内部的庆贺新春的仪式，孩子们则忙着燃放爆竹。

进家以后，要先给供奉神佛像的佛龛点香、点佛灯，然后依次向佛祖叩头，祈求佛祖对全家人的保佑。自从黄教传入蒙古地区后，烧香拜佛也就成了蒙古族常规的祭典仪式，特别是在重大节日或活动中，都要举行烧香拜佛的仪式。拜完佛后，年轻人还要给长辈们敬哈达，叩头，问好，交换鼻烟壶。现在的人们已经不用鼻烟壶了，这一仪式当然也就免了。然后一家人按辈分、年龄分别入座，家庭主妇先给人们满茶，并端上各种精美的食品茶点，

让大家品尝。

在这时，家庭主妇把自己精心准备的看盘端上来，让长者及全家人分享。察哈尔牧民过春节时，每家的主妇都要提前准备一个精美、漂亮的看盘，谁家的看盘摆放得好，里面的食品做得漂亮，谁家的主妇就最有面子，就会受到家人和邻居们的称赞。其实，这个盘不是看的，而是把这家最好的食物端出来让客人品尝的，蒙古语叫"德吉特布嘎"或"新宁特布嘎"，没有看的意思。汉族同胞不知其意，故称其为看盘。

大家吃过茶点后，家庭主妇就安顿开始敬新年酒，次序同敬哈达、行礼一样。敬完酒，大家品尝新年的第一顿饭，多数人家也是煮水饺，也有的人家炒几个下酒菜。长辈们要在小辈给敬酒的同时，发给孩子们压岁钱。有的老人说，在古代，

蒙古包内一角

因为没有钱这个东西，老人们就把平时攒下的羊腿上的踝骨送给孩子们作为拜年的礼物。

家庭贺年礼结束后，人们从有声望的某一家开始，给全浩特所有人家互拜新年，不分贫富，不分尊卑。过去在拜年时，见了面要互相问好："赛努！赛白努！"还要两手拿着哈达，互换一下鼻烟壶。现在不拿哈达和鼻烟壶了，只是互相问个好、握握手。探亲访友是察哈尔蒙古族春节期间十分讲究的礼节，尤其是探望长辈，并且讲究越早越好。因为人们希望通过拜新年表明对长辈尊敬的诚意，老年人在春节也盼望着晚辈们来探望。给长辈拜年还要带一些礼品，如糕点、炸果子、烟、酒等，包装上还要贴上方形的红纸。

如果家里有了白事，那就不能贴红纸了，这也同贴对联一样，讲究孝。

姑娘们给长辈拜年时要敬献自己缝制的扣条子，就是用来挽扣子的布条。探望已出嫁的姑娘时，拿的礼品中很讲究带大油炸饼，这是20世纪60年代以前的习俗，现在基本上不带大油炸饼了。

兴畜节

察哈尔蒙古部族是马背民族，战时行军打仗，平时养畜放牧。亦战亦休，亦兵亦牧。牲畜既是他们的战斗武器，又是他们的经济来源。因此，他们必须重视牲畜疾病的防治，重视畜群的安全。远古的时候，没有兽医，也没有药品，只好求助于长生天的保佑，这也是他们的无奈之举。在千百年来与天斗、与雪斗、与人斗的过程中，蒙古族逐渐形成了一套保佑牲畜、求祥纳福的做法。在过年的时候，也不忘给为他们提供衣食和财富的牲畜过年。

早期的察哈尔人大多过着游牧生活，牧民居住分散，兴畜节也是分户举办，没有统一的日子，但大多选择在正月，有正月初二、初五、初八、十五等。清朝末年，随着牧场被大理垦殖、草场缩小，牧民们基本结束了游牧生活，大多开始集中定居，为牲畜过节时，就以浩特为单位进行。近代每年的正月十六，是牧民为牲畜过年的日子。举行礼仪的前几天，一个浩特或邻近的几个浩特之间的牧民相互协商，按畜群大小和参加人数向各户征收用于庆典的费用，如米面、油肉、烟酒等。

举行礼仪这一天，各家男女老少都汇聚到一个离浩特或蒙古包不远的平坦、开阔之地，把牛、马、驼、绵羊、山羊五畜赶到这里，从里向外排成一圈。邀请民间有威望的长者主持过年仪式，或请喇嘛念经，焚香祭酒。人们在野外铺好白毡、坐垫，摆好供桌，在膘肥体壮的公畜角和脖子上拴上经喇嘛祝福后的哈达彩绸，由主持人分别念唱对牦牛、儿马、公驼、公羊的祝颂词。各户的长者或男主人在主持人的带领下，一边向天地撒献鲜奶、奶酒、奶食、糖果等食物"德吉"，一边高呼"呼瑞！呼瑞！"然后将炸熟的圆形油饼套在公牛、公羊的角和脖子上，庆祝牲畜过年。经过这种洗礼后的种公畜不能宰杀，也不出售，一直饲养到老死为止，蒙古语

驯马

套马

叫作"斯特若太"。

此外，人们还要用石头立新年老人，把黄油、奶食涂在上面，以示祝福。最后，大家一同回到蒙古包中，摆好熟肉菜肴，围坐在一起，把长期放牧的牧工们请到上座，对他们多年从事放牧的辛苦表示慰问和感谢，并祝福他们在新的一年里身体健康、幸福吉祥。大家兴高采烈地祝贺一番，频频向辛勤劳动的牧人敬酒，表达尊重和感激。这一天，长期放牧的人员被视为最尊贵的人，大家向其敬酒、献茶，热情招待，畜群由其他人代放。

马奶节

马奶节也称酸马奶节或酸马奶盛会，蒙古语称"其格乃日"，现代人也俗称其为"马奶酒节"。马、牛、羊、驼等五畜，既是察哈尔牧人的生活资料，也是生产资料，向来受到牧民们的重视。马作为五畜之首，不仅供牧人们骑乘，还为牧人提供奶食、酸奶饮料。牧人们在马的饲养、繁殖、生产活动中，形成了一套具有地区和民族特色的马文化。在察哈尔草原，诸如拴驹、打鬃、骟马、打马印、挤马奶等都可成为喜庆联欢的节目。与马有关的生产劳动和娱乐盛会结合为一体的群众性活动，形成了许多独特的风俗习惯。

酸马奶节一般安排在农历的八月份举行，具体日期不固定。现在主要是在养马比较多的东察哈尔举办。届时，举办酸马奶节的牧户，邀请相距不远的牧马人、套马人、训马手等来聚，怀着娱乐联欢和劳动丰收的喜悦之情，尽情享受和庆贺这一盛事。

　　酸马奶节的活动仪式要从骒马链桩开始。会场上燃熏香，在骒马链桩上方铺上白毡，再铺地毯和栽绒坐垫，摆上桌子。桌子中间摆好用彩绸哈达装饰的盛有酸马奶的檀香木桶和九眼祭勺。主持人礼让各位来宾客人就座并致请安问候后，宣布仪式开始。主办马奶节的户主这时骑着白马来到会场，接过祭勺和酸马奶桶，挂在系有哈达的套马杆上，绕骒马链桩正转3圈，用祭勺醮洒酸马奶，由老人或祝颂人念诵"向九九苍天、七十七位圣母，献上满满的九勺；向滩神山主、草场、水井，献上满满的九勺""祝愿大家的生活一天比一天富裕，一天比一天美好"等祝词。随后在众人的欢呼声中，将活动仪式推向高潮。醮洒祭献之后，为生第一驹的骒马与儿马的颈鬃戴上彩带，用黄油和酸马奶德吉涂抹第一驹的额头，兆示吉利。此后，受邀前来的亲戚朋友、长者老人和专来庆贺的客人以及跟来的孩子全部参加，大家有的喝着酸马奶，有的随着音乐声和歌声，不分男女，起舞欢乐。

　　仪式结束后，户主按照来宾的年龄、身份、辈分，把客人请入蒙古包中，献茶招待。来客们也向户

打马鬃

主敬献绸缎、地毯、坐垫、钱币、牲畜等礼物。主人用银碗斟满酸马奶或奶酒敬献客人，然后设全羊宴盛情款待。之后，户主或主持人邀请客人们参加娱乐活动。活动有摔跤、射箭比赛、套马驯马表演及下棋玩羊拐、狗撵鹿、抢白木等游戏，还有奏乐唱歌、表演幽默笑话等，内容非常丰富。期间，大家边吃肉，边喝酸马奶，边跳舞唱歌，热闹异常。有的地方还要举办喝酸马奶比赛，优胜者会得到一定的物质奖励。

祭敖包

祭敖包，蒙古语叫"敖包德海浩"。敖包是蒙古语，有的地方叫"脑包"，或叫"鄂博"。敖包多是用天然的石块垒成的，有的是用水泥和砖块砌成的。最常见的敖包是单个的，即一座山峰上垒砌一个敖包，也有的是3个、5个、7个、9个不等，还有的敖包是13个，即外围一面6个小堆，围绕中间1个大堆。

敖包在人们的心目中，象征着神的位置，世袭传承祭典，并且形成了极强烈的信仰。最初都以部落为单位筑敖包，后来随着牧民的定居，就以嘎查为单位建筑。建敖包的时候，最早是请萨满师来选风水好的地方建，后来喇嘛教传入蒙古地区后，就请喇嘛来定建敖包的地址，也可以请浩特中的长者或官绅来选址。

据赛音吉日嘎拉在《蒙古族祭祀》一书中记载，选好地址后，建敖包之前还要举行"压桑"仪式，就是用一些经喇嘛念经开光后的五谷籽、五畜鬃毛、写有玛尼字的字条等物，有的是用金银、玉石等，放入陶瓷瓶中，摆放在敖包的中央

诵经

或埋入地下，然后在上面用石块或砖块建敖包。

敖包多筑于丘陵的顶部，有的也建在路旁。人们每逢外出远行，凡路经有敖包的地方，都要下马向敖包参拜，祈祷平安；还要往敖包上添几块石头或几捧土，然后才跨马上路。

敖包一般呈圆形，大小不一。有的高7尺多，直径丈余，为两层，

祭敖包

上面的一层比下面的小一圈；有的只是一个小石堆，直径 3 尺多，围绕在大敖包的周围。敖包的顶端插有苏勒德、柳条等，形似烽火台，远远看去，像是一座座小山包。

民间或官方的祭祀敖包活动，一般包含着两层意思：一是在和平时期祈祷风调雨顺，牲畜兴旺，生活幸福、安定；二是战争时期祈求旗开得胜、所向无敌。古代的祭祀多为后者，而近代，尤其是民间的祭祀多为前者。

在察哈尔地区，祭敖包的方式有荤祭、素祭两种。荤祭是用杀了的整羊作牺牲，同时也有茶水、白酒、奶食、糕点等祭品，如那仁格日勒浩特的"达希勒敖包"就是荤祭。素祭就是用白酒、奶食、水果、油饼、炒米、糕点等作供品，阿贵庙的乌兰敖包、察汗敖包等都是素祭。

据《蒙古族祭祀》《察右后旗文史资料》等书记载，每年的农历五月十三，是多数察哈尔蒙古族传统的祭祀敖包的日子。《蒙古族祭祀》中说，之所以选择这一天，是因为按照旧历法书的说法，祭敖包如选择吉日良辰，地爷龙众才会高兴，人们的福禄会增多，元气会旺盛。有些地区称这一天是"格斯尔圣贤之日"。个别的嘎查敖包和寺庙的敖包选在其他日子里，也可以由喇嘛或阴阳先生临时选择祭日。

祭敖包时，牧民们都要穿上蒙古族服装，从家里带上奶食品、糕点、糖果、白酒、哈达等祭品，骑上骏马或坐车到敖包山会集。成年女子一般不上敖包山，孩子们不分男女都要参加。到了敖包山上，男人们先要把带来的祭品放在敖包正南面的供台上，然后给敖包加上几块石头，等候喇嘛主持祭奠敖包的仪式。

祭奠仪式开始前，喇嘛要准备一些祭祀用的食子，就是用莜面捏成的人形或三角形面塑，有二三十个，有大有小，还捏有十多个圆形的面珠，用一个大茶盘放在敖包前的供台上。供台上除了摆放人们送来的供品外，还放有香烛、佛珠、圣水壶、净水瓶、经卷等。

喇嘛要念诵专门祭敖包的经卷，边诵经，边吹海螺、击鼓、拍钹，参加者都要在喇嘛的指挥下向敖包跪拜，然后围坐在一起，祈福招财，向敖包献食物。喇嘛诵经到最后时，在场的人都要随着喇嘛的手势，齐声高呼："呼瑞！呼瑞！呼瑞！"诵经的时间有一个多小时。诵经完毕后，众人起身，围着敖包顺时针转3圈，边转边向敖包及四周抛洒鲜奶、白酒及奶食。如果是骑马来的，在离开的时候，牧民们还要骑着马顺时针围着敖包绕3圈。边绕边呼

喊："拉日吉鲁！拉日吉鲁！"同时将上马前已经拣好的石子扔到敖包上。

然后人们骑马或步行从敖包山下来，来到庙宇前，喇嘛会拿起手中的圣水壶，向来祭祀的人们施圣水。据说，用圣水灌顶，可以除却心中的无名烦恼，使自己的心平静下来，喝了喇嘛赐予的圣水，会得到好运。净水象征甘露，瓶口插的孔雀翎，象征福智圆满，具空无漏。到了五月十五这一天，阿贵庙周围十几个浩特的牧民和旗政府所在地的蒙古族群众，多数人都要来参加敖包的祭祀。

苏·巴音宝在《祭敖包》一文中写道，过去察哈尔地区祭敖包的时候，还要进行一项放生的活动，蒙古语叫"斯特日勒"。为了祭敖包，人们早已选好了一匹骏马准备献给神。在诵完祭祀的经文后，养马的人把马牵过来，喇嘛要用香柏的烟将马熏一下，再用新备好的五色或黄色布条换下神马长鬃上拴着的旧布条，然后把马放回马群。这个布条蒙古语叫"色特尔"。这就表示这匹马已经献给了神，人们不能买卖，不能役使，更不能宰杀。由于现在的马都是私有财产，没有谁能将一匹马闲养着不役使、不买卖，所以放生的仪式也就取消了。

祭火

察哈尔蒙古部族自古以来就有祭火的习俗，而且有一套民间的祭火程序。祭火，蒙古语叫"嘎拉德海浩"。因为蒙古族崇尚火，所以每年的祭火是必须进行的。随着蒙古人游牧生活的结束，人们的祭火方式也发生了改变，有的地方也称祭火为祭灶。蒙古族人对火的崇拜在原始社会就开始了。蒙古族人把火看成是一家人的保护神，是财福的施予者。祭火一般分为年祭、月祭两种，年祭是农历腊月二十三，月祭是每月的初一、初二。但察哈尔地区的祭火以年祭为主，现在好多地方已经不举行月祭了。

在察哈尔地区，最早的时候，人们祭火是用全羊，这是萨满教祭祀文化的遗存，反映了蒙古族古老的传统祭祀风俗。现在的察哈尔牧民多数是用胸骨祭火。据《察哈尔史迹》记载，到了腊月二十三这一天，察哈尔的牧人们便早早起床，把院子打扫得干干净净。家中的主妇从肉仓中把羊胸叉、羊直肠、护肚油、羊杂肉取出来煮熟，再把红枣、冰糖、糕点、奶制品取出，把看盘摆好。让孩子们到野外干净的地方拔一些龙须草（郭夏）来，用这种草的茎，做成灯盏的捻子，还要割一些狼牙针草（阿拉腾哈里根那）祭火用。傍晚，把牲畜安顿好，天上的星星出来后，祭火仪式就可以开始。

这种家庭式的祭火仪式是在毡

蒙古族群众集体祭火

祭火场景

房内进行的。祭火前，先把羊胸叉上的肉割净，用干净的羊毛绳子把胸叉骨上的两头长股连到胸叉的顶端，然后用羊护肚油裹起来，做成一个帆船的样子。据民间传说，火神就是坐这种船渡过天河的。在肉汤里加进一些肉和羊油，再放进小米熬成稠粥。用这个粥，在4个小碟里做4个灯盏，用4张小方黄表纸做它的垫子，放到图勒嘎或灶台的四角。用五色彩线和羊护肚油做成5份穗子，其中4份放到粥碟下，另1份同狼牙针草一起放到羊胸叉上。

祭火的时候，家里的人都要穿扮整齐，妇女要戴上头饰，家中的长者或男主人把胸叉敬放到图勒嘎或灶台里的旺火上，然后众人往火里投放羊肉的首份"德吉"，并倒一点酒，扔几块羊油。长者面向图勒嘎或灶台，行三拜九叩礼，一家人也跟着叩头。叩头以后，把图勒嘎或灶台四角粥灯的灯芯挖出来扔进火里，把垫纸也扔进火里，这时家里的孩子们可以到毡房外燃放爆竹。

在进行完以上仪式以后，大家开始围在炕桌周围，由长者念祭火的经文，其他人手里端着食品或羊肉，其中一人要端"招福"桶，里面是粥、羊直肠、羊肉、冰糖、红枣。当长者念到"呼瑞！呼瑞！"时，大家跟着齐声念："呼瑞！呼瑞！"众人端着食品顺时针转3圈，经过一定时间后，长者会问大家："十方的福富都招来了吗？"大家要齐声答："招来了！"而后，家中的主妇向长者献茶、献酒，大家围坐在一起吃肉、喝酒，尽情享受火神给予的恩施。祭火后的肉食，一定要给左邻右舍赠送一点。如果是年轻人，祭火仪式结束后，还要带上自家的酒，到长辈家敬酒。

祭树

在原察哈尔正黄旗北部的胡勒斯太浩特（现察哈尔右翼后旗乌兰哈达苏木二榆树沟），有一株千年古榆，蒙古语叫"额日特乃芒德"。每年农历六月二十六，家住大榆树沟扎拉风格的后人苏和巴特尔一家，都要去祭祀它，并视其为"神树"（蒙古语为"芒德宝日罕"）。古榆树树冠高约17米，树干的直径有2米多。古树研究专家实地考察后，认为这棵树至少已经有一千多年的树龄。

在以前，每年的农历六月二十六，附近的几个浩特的牧民都要祭祀这棵神树，这一习俗代代相传，已经有几百年的历史了。后来一段时间内，祭祀活动曾一度中断。近年来，人们又恢复了对"神树"的祭祀。祭树，蒙古语叫"芒都德海浩"。扎拉风格的第四代孙子苏和巴特尔，家住距胡勒斯太2千米的大榆树沟，他们家祖祖辈辈祭祀这棵古榆树。祭祀的程序也很简单，就是先在树的枝干上缠上蓝色或白色的哈达，然后将带来的奶油、奶豆腐、奶渣、烟酒等供品摆放在树的南面，在3个铜盅子里面倒满黄油，点上黄油灯，再点燃3炷香。人们围着古榆树先顺时针转3圈，再逆时针转3圈。每转一圈，都要跪下来朝着古榆树叩首一次，然后起来再转。边转圈边向古榆树祷告，祈求"树神"保佑全家平安健康、六畜兴旺。

祭树

篝火晚会

篝火晚会

相传在远古的时候，北方游牧民族的先人们学会了钻木取火。在随后的日子里，他们发现火不仅可以烤熟食物，还可以驱吓野兽，保护自己和家人，于是先人们自然地对火产生了最初的敬畏之情。当人们外出打猎满载而归时，为了互相庆祝获得的猎物，到了晚上，大家在用火烤熟食物的过程中，便互相拉着手，围着火堆跳舞，以表达自己喜悦愉快的心情，这种欢庆丰收的古老方式一直延续到了今天，形成了今天为人们所熟知的篝火晚会。

现代蒙古族举办的篝火晚会，与古代的晚会相比，无论从形式上还是从内容上，都有了很大的不同。过去的牧人们为了庆祝丰收自发地来到院子外面的空旷地，燃起火来，跳舞庆贺。现在的篝火晚会则多是一种有组织的娱乐活动，而且大多是在旅游区举办，举办的次数和规模因旅客的人数而定，没有专门的限制。举办篝火晚会时，一般都有固定的场地，并有专门的主持人，大家一起唱歌、一起跳舞，演员和观众同欢同乐，非常开心。

汉族民俗
衣
衣料

清末民初，旗境城乡人民衣料粗糙呆板、色泽单调。乡村衣料多麻布、土布；城镇以平面白市布、黑市布为主。白市布用途广泛，除缝制被褥外，家家户户还可以自己染色。时有"白洋布，一毛六，煮黑一染做棉裤"的俗语。红时令、海潮蓝、浅花布除特定用场外，一般销量不大。

1954年，国家实行棉布统一供应。城乡每人每年发布票2.33丈、棉花票1斤、棉线票0.5斤，限制了人们的购买力。城乡居民衣服款式多见中式大襟袄、宽裆裤、扎腿带。内穿棉、夹腰子（多用红时令缝制），样式以"圆领对门扣"为主。妇女多见"开心腰子"，为哺乳婴儿方便；婴儿多穿"爪爪腰子"。夏天，多穿对门夹袄、中式黑蓝裤、白市布小汗衫，天凉内套绒衣、绒裤。精线毛衣、毛裤极少。冬天，乡村农民穿白茬皮袄、皮裤，也就是人们常说的"白天穿，黑夜盖，阴天下雨毛迎外"。机关干部多穿中山装，企业职工多穿三紧工作服。

20世纪60年代初期，混合装束逐渐淘汰，布料始有斜纹、咔叽、花达呢等。西式服装开始流行，女子穿花衣渐成时尚。后来人们逐渐开始盛行黄、黑、灰三色布料。其时，大绒、条绒、海虎绒出现，但是货源比较紧张，凭票或分配供应。毛哔叽为高档时髦品，一般多为嫁妆。劳动布是青年男女最时髦的布料，新衣要洗数遍发白才穿，穿时还要补几块补丁，以显示艰苦朴素的革命本色。

20世纪70年代以后，凡尔丁、的确良、涤卡等化纤产品普及。一些旧式服装逐渐淘汰，取而代之的是西式服装，主要有青年装、中山装、列宁服、三紧服、西式裤、喇叭裤。内装是背心、秋衣、秋裤、的确良衬衫，毛衣、毛裤、毛背心也日渐增多。冬季还流行"风雪衣"，多女式，至半腿，时称"棉猴儿"。男子防寒大多擎吊面皮大衣，羔皮筒子、狐皮领子最为讲究。

进入20世纪80年代，随着纺织工业的发展，大量的尼龙、化纤产品进入市场，实行了30年的棉布统一供应制度也被取消。城乡人民服装不论质地还是款式都发生了重大的变化，审美观念也得到彻底的更新。穿戴不再是"老虎下山一张皮"，而是随季节的变化而改换，穿衣从原来的经久耐用转变为随潮流、赶时髦，很少再用棉布做衣服。男子多穿纱料衬衫，西服多燕尾服、半腿呢大衣、风衣、派力斯西裤。皮夹克开始流行，以黑色为主，三紧式和飞行式多见。女子多穿隐条的确良、格呢外罩、毛衣外套、卡腰大衣。

20世纪90年代，男女穿衣讲究美观大方，多穿色泽艳丽、款式新颖、价格高档的流行名牌服装。常见有西服套装、休闲装、牛仔系列等成品衣服。质地较好的有羊毛呢、羊绒呢、将军呢、海军呢、粗纺呢、雪花呢等。较常见的名牌有雪达、波司登、雅鹿、七匹狼、威尔浪、西远、老爷车、雪豹等。

2000年以后，保暖内衣流行，毛衣渐被羊绒衫取代，毛裤被羊绒絮片裤顶替。男子普遍穿西服，系领带；女子穿裙子，城乡居民穿衣风格追求潇洒、大方，并已成为时尚。

鞋帽

20世纪50年代，旗境城乡居民穿鞋普遍是自家缝制的实纳帮子千层底布鞋，不分左右换着穿。冬天穿毛钵儿、"毡疙瘩"、手工编织的羊毛袜。机关干部穿圆口或方口布鞋，冬天穿高腰棉布鞋。

20世纪60—70年代，鞋子式样增多，冬天穿大头鞋、翻毛皮鞋、灯芯绒布棉鞋；夏天穿塑料凉鞋、四眼春服呢鞋、松紧口压边塑料白底布鞋、一根带布鞋；秋天穿三接头皮鞋，元宝皮鞋，丁字皮鞋，蓝、黄色胶鞋。尼龙袜、丝袜更为大众化。

20世纪80年代以后，布鞋较少见，皮鞋、皮靴、高跟皮鞋已成时尚。

2000年，仿羊皮皮鞋、猪皮修面皮鞋、皮制凉鞋、高级合成革鞋和旅游鞋品种多，样式新颖，深受青年男女的青睐。此外，家庭都备有拖鞋，质地有塑料、布、皮、剪绒等。

20世纪50年代，旗境居民中老年男子剃光头，戴毡帽、狗皮帽、蓝布帽；青年人留中缝分头或小平头，夏天戴普通便帽，冬天戴双耳狗皮帽、兔皮帽。未婚或结婚女子梳双辫或一根大辫，扎头绳或塑料彩丝，围红、绿棉布头巾，冬天戴吊面尖顶狐皮帽；中老年妇女头发结髻带网，戴老板帽。机关干部戴解放帽。后来，青年男女普遍以戴军帽、挎黄书包为时髦，一直延续到20世纪70年代后期。

20世纪80年代以后，普遍戴涤卡帽、黄呢帽。女子戴毛线编织的瓜壳帽。随着服装的更新，男子戴帽子基本淘汰，夏天少数男子戴太阳帽，冬天围围脖即可逾冬。

佩饰

旧时佩戴首饰的多为中老年妇女，有金、银、铜、玉手镯、耳环、戒指。20世纪80年代以后，青年男女佩戴首饰逐渐增多，多以黄金、白金、银、玉戒指、耳环、项链、手链为主。女性普遍烫发、染发，使用高档系列化妆品。男子着西服，系领带、领花，佩领夹者也很多。2000年后，男女佩戴传呼机较为普遍。

食

旗境流传有"后山吃食三件宝，山药（马铃薯）、莜面、黄米糕"的说法。山药、莜面、黄米糕是察哈尔右翼后旗传统的土特产品，它们营养丰富、耐吃扛饿、做法多样，至今在城乡居民饮食文化中占据重要的地位。

山药

山药为农家大宗食品，既顶粮，又兼菜。山药做法有蒸、煮、焖、熬、烧、烤、炒、炸等，均可与咸、甜、酸、辣佐料拌之食用。具体做法有：

粉条　制作和粉有两种方法：一种是打欠，一种是开水扑和，粉面中加适量白矾和匀。开水扑粉要掌握好水温：水温过高，粉发青，易断节、易弯曲；水温低，扑不熟，粉床压不下去。加入白矾也要适量：白矾过量，粉发酸；白矾量小，粉条韧性降低，易断节。粉条进锅漂浮起即可捞出，稍用凉水浸泡，盘成椭圆形晾干。食用时用开水浸泡。圆粉多凉拌、炒，宽粉多烩、熬。

山鱼子　山药洗净，焖熟，去皮，然后压成团状，拌以适量莜面，反复搓揉，最后捏成梭子状，上笼蒸熟。食用时配制盐水汤、鸡蛋汤、羊肉蘑菇汤，再佐以辣椒、蒜泥，味道更佳。

块垒　山药洗净，焖熟，去皮，擦成丝，拌适量莜面，加盐，反复搓擦成颗粒状，蒸或炒均可。

刀切片片　将山药擦成丝状，拌适量莜面、羊尾油及葱、盐等调味品，搓成棒状，切成薄片，蒸熟后用醋、香油调味拌食。

莜面

察哈尔右翼后旗种植莜麦有着悠久的历史。莜面具有味香、耐饿、快熟、制作方便等优点，一直是人们喜爱的主食之一。莜麦经水淘洗、晾干、炒熟，用万能磨粉碎，不留麸皮，即成莜面。制作莜面有好多讲究，如冷水和面称"粉"面，开水和面称"扑"面，揉面称"才"面。要求"粉"面要"粉"到，"扑"面要"扑"熟，"才"面要"才"精。具体做法有：

窝窝　和好莜面后，揪成面块儿，在平滑的石板上推成薄片，绕于食指成卷，逐个立放在笼内，排列成蜂窝状。蒸熟后用配制的盐水

莜面窝窝

汤或羊肉蘑菇汤蘸着吃。也可拌山药丸丸或山药介介食之。

鱼鱼 和好莜面搓成细条盘放在笼屉内。农家巧妇能双手同时搓8根或10根。蒸熟后食用方法同窝窝一样。

饨饨 和好莜面擀成薄片，放入山药丝卷成筒状，切成馒头大小，蒸熟后用配制的盐水汤食用。

山药粉饺饺 莜面加少许山药粉用凉水或开水和面均可，擀薄皮包馅，蒸熟后用配制的盐水汤食用。

饸饹 将和好的莜面用压粉床压成粉条状，蒸熟后食用方法同窝窝一样。

拿糕 农民称之为"懒汉饭"。在开水锅内均匀地撒莜面，一边撒，一边搅拌成糊状，然后加少许开水，温火焖炖，熟后用配制的盐水汤或羊肉蘑菇汤食用。

炒面 先将莜面炒熟，细箩过滤。炒面是20世纪50—60年代农民常备的食品，是外出劳动的干粮。当地农民早晚习惯吃小米稀粥煮山药，常常离不开炒面。炒面也可用开水搅拌、加盐，俗称"炒面糊糊"，也有人将山药焖熟去皮加炒面拌食，再佐之咸菜、酸菜，即农家便饭。

莜面的做法还有下鱼子、焖鱼子、莜面饺饺、莜面条条、莜面片片、莜面饼子等。

黄米炸糕

黄米糕

黍子去皮即为黄米，黄米用水淘澄，晾八成干，谓之"粉"，用石碾碾碎，细箩过滤，即成糕面。制作时，用温水搅拌成块垒状，然后反复地擦、搓，一层层地撒在笼屉里蒸熟，谓之"和"。出笼后手沾凉水搓揉，谓之"才"糕。才好糕面后，抹一层素油，开始捏皮包馅，滚油锅炸成金黄色即可，不炸也可食用，谓之"素"糕。糕，食之耐饿，不易消化，一般吃半饱即可，不宜过量。

糕 糕是当地城乡人民群众逢年过节、婚嫁丧葬、盖房压栈、搬迁新居等庆典活动的必食品。当地风俗讲究再好的席面，如果没有糕，也显得平淡，烘托不起喜庆的气氛。人们还常用糕的软、硬来评价席面的好坏。正因为糕在人们饮食中的重要，故有"搬家不吃糕，一年搬三遭""山汉吃糕，小死一遭""隔壁送糕，一替一遭"等俗语。

酒俗

自古以来，酒就是内蒙古各旗境人民喜爱的饮料之一。逢年过节、亲朋聚会、宴飨宾客、婚丧嫁娶等场合都少不了饮酒。

20 世纪 50 年代，饮酒者多为中老年人。酒的种类也很单调，一般以散装薯干酒为主。下酒菜也较简单，一串红辣椒，两块酱豆腐，三四个咸鸡蛋，五六瓣紫皮蒜。每人二两足矣，心上热，话不乱，也不耽误什么活动计划。平时饮酒场面较少见，适逢知己故交、亲朋好友，或喜庆的节日，自家随便，以酒助兴。过去饮酒，非常注重酒德，唾弃酗酒闹事之行为。城乡偶有醉酒者，但聚众狂饮耍酒疯者极少。

随着农业生产的发展和人民生活水平的提高，饮酒风气日渐盛行。酒不限于寒时生暖、忧时生乐之功，遇到忧思烦闷，则"借酒浇愁"，高兴起来何止"一醉方休"。平素像搬迁、买卖开业等皆饮；遇有红白喜事或逢年过节，饮酒更在情理之中。察哈尔右翼后旗饮酒不甚讲究菜肴，故有"有酒没菜，不算慢待"的习俗。因此，饮酒花样越来越多、档次越来越高。多少年来，以茶待客的风俗渐被以酒待客的风俗所取代，从家庭铺摊子逐渐过渡到下饭馆摆酒席。酒种由单一的白酒发展到啤酒、黄酒、葡萄酒等，而且女士饮酒也习以为常。待客有酒才算是心真诚，酩酊大醉才算是回馈主人的盛情。

随着酒俗的盛行，喝酒的理由也日益增多。朋友偶尔见面，简单喝几盅，谓之为"打小段"；聚众慢饮，谓之为"连阴酒"。醉酒者称之为"去兰州"，呕吐者称之为"倒牛黄"。像"酒盅虽小通缸房""酒是烈的，心是诚的""骑马为快，喝酒为醉""喝醉酒总比拔麦子强"等有关酒的俗语，随处可听。

较丰盛的宴席，一般酒过三巡则量力而行，不强求。但喝到一定火候，酒兴升温，气氛浓烈，于是，你敬我，我还你，双方碰杯，要么轮流打通贯，要么一人唱歌，众人领杯。散席众人起立举杯，一饮而尽，谓之"圆桌酒"。

酒和人民生活息息相关，少量饮酒可以舒筋活血，有益健康。亲朋好友聚会，有酒可活跃气氛、增添雅兴，可调节人们的情绪、加深人们的感情。适饮，才是饮者的美德。因此，应提倡人们继承高雅酒俗，摒弃落后、不文明的酒德。

住

农民住所

旧时，农民住所极为简陋，多数为敞口院、土坯房，低矮潮湿。

遇有阴雨，不是房漏，就是屋塌。屋内照明为麻油灯。20世纪50年代初期，人民生活水平有所提高，农村逐渐改造土坯房为易出水地势的土坯脊子房，以一堂两屋为主，一家一院，院东、西两侧搭建牛羊圈、杂物房、畜禽窝舍、柴草棚、茅厕等。住房坐北朝南，屋门多为两扇木转门，小眼窗户糊麻纸，多前炕，铺草席，一般不打顶棚。房顶每年春天用胶泥土抹，冬天用杂草或马粪覆盖。农家冬天取暖主要靠火炕，俗有"家暖一条炕"之说。农家屋内摆设极为简单，常见有土坯砌的碗架、泥缸、水瓮，富余人家有大红柜、木碗橱。屋内照明改换成煤油灯。

"人民公社化"以后，政府重新规划农民住宅基地，要求村落整齐连贯。建房多选择避风向阳、宅基高硬、庭院易出水的地势。其时，房屋造型也有了较大改变，首先是加大建筑面积，根基用石头浆砌，装顶棚，安玻璃门窗。20世纪60年代中期，农家油画炕围子，铺羊毛毡、油布或塑料布。富裕人家还有收音机、缝纫机。

20世纪80年代以后，农民住所有了较大的改善，旧房屋重新翻修。普通农户新建房屋打石头根基加过河砖，4个砖垛子、砖挂面，满面门窗，白灰顶棚，院落围墙，铁大门。部分专业户、重点户建起了砖木结构的大瓦房，屋内打隔扇，铺地板砖。摆设换成大衣柜、高低柜、五斗橱、沙发、茶几、写字台。通电的乡村，都安装了电灯，部分家庭还购置了电视机、录音机、电冰箱、抽油烟机等家用电器。

市民住所

20世纪50—70年代，城镇机关干部和厂矿职工居住本单位建筑的家属房，个人无建房。家属房一般为土木结构，排房连院，一户一间，每户15平方米左右。屋内摆设简单，仅生活用具而已。

20世纪80年代初，随着人民生活水平的提高和新婚家庭的增多，再加之单位一时难以解决职工住房，于是兴起个人建筑房屋的热潮。一般为一户2~3间，土木结构居多，建筑面积为25~75平方米。1989年8月，察哈尔右翼后旗贯彻执行房屋改革政策，出台公房作价给个人的优惠政策，同时鼓励个人建房。城镇机关干部和厂矿职工开始建筑砖瓦结构的宅室。建筑用料全部为石头、红砖、水泥、白灰、沙子。打水泥混凝土过梁，屋内用麻刀灰搅抹，顶棚挂苇帘，抹白灰，铺地板砖，安装土暖气。正房一般分为客厅、卧室、厨房、卫生间、餐厅，院内小房也都为砖木结构，建筑面积为70~120平方米。

2000年以后，察哈尔右翼后旗人民政府所在地白音察干镇新区陆续开发，居民住宅小区迅速发展，青年人纷纷搬进了宽敞明亮的新楼房。

行

中华人民共和国成立前，城乡多使用牛板车，出行以步行为主，辅以骑马或骑驴。20世纪40年代，乡村使用铁木轮车，境内始有汽车客货拉运。城乡都为土路，雨季泥泞，冬天雪堵，行旅苦不堪言。1955年12月，集二线铁路通车后，城乡人们出远门始乘火车，汽车客货运也增加了班次，出行较为方便。"人民公社"时期，农村畜力胶轮大车为主要运输工具，自行车开始进入农家生活。20世纪70年代，自行车在城乡普及，公社、生产大队都有拖拉机，城镇机关、厂矿都有吉普车、大卡车。20世纪80年代以后，农村家家都有毛驴车，自行车也在农村普及，城镇个别家庭开始购置轻便摩托车。20世纪90年代，旗境公路四通八达，集通铁路建成通车。城乡汽车、拖拉机日渐增多，并出现了运输专业户。城镇街道经过规划整修，全部铺成黑色路面，彻底解决了

居民行路难的问题。2000年，旗境公路干线全部建成黑色路面，208国道纵贯南北，呼满大通道横跨东西。城乡摩托车普及，农家大部分有小四轮拖拉机，城镇居民开始购置私用小轿车。汽车客运、出租车、镇内跑街车都极为方便。

娱乐

麻将

麻将是城乡一种常见的娱乐项目。麻将由条子、筒子、万贯、箭牌、风牌、财神共138张组成。玩时4人，每人13张。首先开牌者为"庄家"，成牌为"和"，不吃不碰和为"门儿清"，自抓和为"自摸"，和牌都要翻番。麻将的玩法或记分在于玩家自搞，各地不同，但其娱乐中的称谓和俗语各地大同小异。例如单吊、暗杠、明杠、截和、清一色、混一色、碰碰和等。打麻将是一种娱乐和消遣的方式，它对人们分析、判断、联想和统筹全局的智力训练有一定的帮助。打麻将本属正常的娱乐消遣，无可非议。但是如果用其赌博，必然自食其果。

点羊窝

点羊窝是2个人对垒的一种游戏。首先在地上挖5个小窝，每窝置5枚干羊粪蛋或小石子，每方25粒。双方猜拳，胜者自选任意1窝

内5枚石子，按顺时针逐窝放置1枚，依此类推。放置完后出空窝，就可赢取空窝后边内石子，如还有间隔空窝，可连续赢取，称之为"套"，直至无空窝为止。赢的石子多，可以"锁贯"，赢家可自由往"贯"窝内置子，这样赢得更多。另一方抓放或赢取的方式同上述相同。

纳骨帽儿

纳骨帽儿是女孩子常玩的一种游戏，人数不等。骨帽儿（羊后腿踝骨），玩时分凸面和凹面。一般取4枚，配1颗玻璃球或小皮球，骨帽儿随玻璃球向上抛时撒开，然后快速抓面形一致的或4颗全抓，并把玻璃球接在同一手中。纳够规定的积分，还要按序翻骨帽儿的4种不同面形，率先完成者为胜。

踢毽子

毽子是用3枚古铜钱和公鸡羽毛制成，也有的用狗毛或山羊胡子制成。毽子的踢法主要有踢、蹦、跪、跷、鼓、掏、占、干湿缠、转身、旋空、外拐等。输者"拉毛"，即让赢者远踢，输者抓住为止。踢毽是一项有趣的健身运动。

跳皮筋

皮筋由2人架起，单人或多人跳之，并以脚勾筋。技巧有：踢腿钩脚、左右掏、转身、单脚或双脚迈筋、踩筋、闪筋等，似舞蹈姿势。皮筋始跳在脚踝骨处，渐升至膝、胯、胸口处，若勾脱或骑绳，视为输，罚下架绳，原架绳者入跳，边跳边唱歌。歌词有："红皮筋，香蕉梨，马兰开花二十一、二五六、二五七、二八、二九、三十一……""小白兔白又白，两只耳朵竖起来，三瓣瓣嘴，四条腿，爱吃青菜胡萝卜，白公鸡跑得快。"

传统节日活动

舞狮

1人站立持"狮子头"，1人弯腰成"狮子身"，合披1张"狮子皮"。表演时，狮前有武士持绣球、剑或霸王鞭引逗。狮子时而腾空，时而伏地，摇头摆尾，活灵活现。

舞狮

舞龙灯

用布扎成龙身，龙头特制，龙身内各节装灯。舞龙人数不等，用木棍挑起，前有武士持绣球引逗，上下翻滚，动作协调，舞姿优美。

社火

社火是每年春节期间城乡群众

举办的一项文化娱乐活动。从农历正月初三开始，由"会首"负责到各家各户征集钱粮食物，组织人员排练文艺节目、制作活动器材。家家挂灯笼，户户垒旺火，秧歌队敲锣打鼓沿街表演。农历正月十五元宵之夜，大街小巷灯影摇曳，传统的踩高跷、跑旱船、扭秧歌、舞龙灯、耍狮子、抬阁、脑阁等民间社火活动进入高潮。

踩高跷

表演者两腿用绳索缚在1~2米高的木跷上，装扮成《西游记》《白蛇传》《三国演义》中的各种戏剧人物。人可多可少，踩着鼓点，边走边舞。

车灯

制作方法基本与船灯相似，形状如花轿。表演时，车内乘坐少妇，前有车夫引路，旁有老妇帮车，后有老翁推车，还配有丑角"二不愣"打哄嬉戏，十分有趣。

东路二人台

作为地方戏曲剧种，东路二人台同西路二人台有着许多相同之处和联系，都是由地方小曲"丝弦坐腔"吸收社火歌舞而成。东路二人台以曲艺演唱形式为主，最早的女角一般为男扮女装，分为男角和女角两个角色，后来发展到三人台和多人台。剧情有悲剧、喜剧、正剧、闹剧、悲喜剧等。东路二人台在旗境城乡一直流行。

早期东路二人台剧目中，掺杂了一些不健康的内容。中华人民共和国成立后，东路二人台有了创新，新编了许多剧目，由原来30余个剧目发展到100余个，在演唱技巧和艺术形式上也吸收了部分东北二人转、西北秧歌剧、西路二人台的精华。主要剧目有《打樱桃》《打连成》《打金钱》《挂红灯》《五哥放羊》《闹元宵》《卖碗》《借冠子》《走西口》《探病》《割红缎》《补鞋》等，还有许多现编的配合形势政策宣传的剧目。东路二人台作为一种流传已久的艺术表演形式，具有独特的艺术魅力，深受人民群众的喜爱。

中华人民共和国成立前，旗境城乡业余文化主要以春节期间和农历正月十五办社火、扭秧歌及牧区祭脑包、那达慕等形式为主。

中华人民共和国成立后，各地业余文艺宣传队逐渐发展，俱乐部相继建立，业余活动不断丰富。从1956年起，全旗每年由旗人民委员会统一举办物资交流大会。交流会会期一般为7~10天，其时，邀请戏剧团、马戏团、杂技团演出。交流会是人民群众文化娱乐的主要形式。至1965年，全旗举办了6次业余文艺会演，并在旗直机关开展了交际舞活动。物资交流会在随后的一段时间，曾一度中断。1971—1976年，全旗共举办业余文艺会演3次。1979年后，物资交流会恢复，较大的苏木、乡、镇也都举办物资交流会或那达慕大会。

2000年后，全旗共有业余剧团、鼓乐团28个，包括架子鼓、音响、电子乐器等，不定期地开展业余文化活动。

岁时传统文化

春节

农历正月初一为农历的岁首，是旗境汉族和其他民族最隆重、最热闹的一个古老传统的喜庆节日，俗称"过大年"。

每年大、小雪节令中间宰猪卧羊，人们开始贮存一冬的肉食。之后，便进入农历十二月（腊月）初八，俗称"腊八"。腊八是春节的序幕，从这天开始，人们就闻到"年味"了。腊八这一天，家家户户都要吃别具风味的"腊八粥"。将谷米、大米、黄米、红豆等原料在微火中慢慢煮熟炖烂，再用勺头捣烂，佐之红糖搅拌成酱红色的稠粥。富裕人家要做可供食3天的腊八粥，所以也有人把腊八粥称为"三天红"。民间讲究腊八粥须在日出前食用，否则有得红眼病之旧俗。民间吃腊八粥是为了驱鬼邪、逐瘟疫、庆丰收、择吉祥。在农村，人们还把腊八粥撒在车、碾、磨以及牛、羊、马、猪圈门上，意为丰收也有它们的一份功劳。城乡居民有腌制"腊八蒜"的习惯，即把干净的蒜泡在不透气的醋瓶中，至春节开瓶取食，醋中有蒜味，蒜中有醋香，别具风味，是吃水饺的上好佐料。

腊八后，家家户户开始备办年货，粉条、豆腐、鸡、兔、鱼、烟酒、糕点、苹果梨、年画、鞭炮、新日历、新衣……家庭主妇整日烟喷雾罩地蒸点心、压粉条、蒸糕、炸麻花、炸丸子……

从农历十二月二十三到除夕止，民间把这段时间叫作"扫尘日"或"祭灶日"。从这一天起，家家户户开始打扫家、清垃圾、剃头、洗澡、洗衣服、拆被褥，盆钵碗盏等都要洗涮一新。正如民谚所说，"腊月二十三，动手洗灯盏；腊月二十四，庭院要整治；腊月二十五，刷家扫尘土；腊月二十六，家家糊窗户；腊月二十七，里外洗一洗；腊月二十八，家里擦一擦；腊月二十九，恶煞都送走"。

民间还有十二月二十三送灶王爷上天的习俗。黄昏，家庭主妇摆祭品、供麻糖、点香烛，然后给灶王爷烧香磕头，并在剪好的纸马和喂牲口的几节谷草上稍洒几滴水，这是给灶王爷准备的坐骑和草料。然后把供了一年的灶王像揭下来和"马匹""草料"一块放在黄表纸上烧掉。同时，嘴里还虔诚地祷念："年年有个二十三、灶王老爷要上天，有马骑、有草料，路途平安顺利到，供上麻糖把你甜，玉皇面前好进言。""祭灶"就是"祭灶君"，也叫"灶神"或"灶王"。送灶王爷上天叫"送灶"。吃麻糖的习俗是为了糊住灶神的嘴，使他上天不

察哈尔右翼后旗春节联欢晚会

说人间的坏话。人们把灶神供奉于灶台，认为灶神能掌管一家祸福。到除夕前再将新买回来的一张灶王爷像贴在原来的地方，两旁还贴一副"上天言好事，回宫降吉祥"的对联，横批是"一家之主"。除夕夜接"灶神"返回人间称为"迎灶"。

农历十二月二十九或三十，家家户户在居室墙上贴年画以示辞旧迎新。民间流传年画形式多样、风格不一，其形式有中条、屏条、灶画等多种，题材有山水花鸟、戏曲人物、民间传说等。这些年画把新

春佳节点缀得绚丽多姿、喜气横溢，为节日增添了欢乐。"贴春联"也称"贴对子"，除夕前，机关厂矿、商店、学校、城乡家庭都要张贴春联，表示喜庆，祈祷来年平安、幸福。旧时，春联没有政治色彩。如"幼儿拍手迎新春，老者点头辞旧岁""爆竹声中一岁除，万户更新旧桃符"等。此外，还在屋门、箱柜、墙壁等处贴"福"字，有的还把"福"字倒贴，意为"福到了"。

农家还要在洁白崭新的窗户纸上贴剪纸，俗称"贴窗花"。美观大方的窗花不但烘托了节日的气氛，而且也使人们受到强烈的艺术感染。除夕点旺火，是北方农村也是旗境传统的风俗。新春佳节，家家户户都要在庭院里垒旺火，用块煤由大到小依次压缝，垒成宝塔形的炭塔，底座留个点火口，中空外圆，里边装有木柴，便于引燃，没煤炭的地方，则用木柴或麦秸秆替代。

天黑后，有故去亲人的人家，由于亲人埋在异地或坟地较远，就备灯笼、钱垛和牌位到十字路口跪拜烧纸，同时轻声遥呼"儿孙来接你们回家过年"之类的话。请回来后供奉在堂屋，摆列吃食，安炉点香。以后每顿饭前要先供奉牌位并续香，然后家人才动筷吃饭，这种仪式民间称"请庶"。农历正月初五，还

要把牌位再送到十字路口焚烧，民间称"送庶"。

除夕之夜，家家高挂灯笼，户户终夜不眠，以待天明，称为"守岁"，俗称"熬年"。常说的"一夜连双岁，五更分两年"，就是在一夜之内辞旧迎新的双关语。除夕守岁，自古有之，古往今来，年年如此。据传说，除夕之夜如果彻夜不眠，毫无倦意，就是预兆着来年人的精力充沛、身体健康。

旧时"熬年"，家人或邻居聚在一起押宝耍钱，赌来年运气。中华人民共和国成立后的除夕，人们互相登门拜访远归的亲友，有的聚在一起打扑克、下象棋、猜谜语、说笑话、讲故事、听广播、包饺子……孩子们从头到脚一身新衣，手提灯笼，满大街嬉闹或沿门逐户串玩。家庭主妇忙着包饺子、做隔年饭，以示足食。还有把硬币包于饺中，吃出币贴于锅台，象征一年大吉大利的传统习俗。包饺子最后剩馅儿，预示来年吃的有余；剩下皮儿，预示来年穿的有余，馅儿、皮儿均匀，预示来年丰衣足食。

约至农历正月初一丑末寅初之时，户户点燃旺火，烈焰升腾，火堆炽烈，以示六畜兴旺、旺气通天、五谷丰登。家庭成年人遇有"逢九"年，把新买的红色内衣、内裤拿到旺火边烘烤，然后急急进家穿上，以图去邪保安。此时，家家都要出来烤旺火接神，接财神由家庭户主操作，即把财神摆上供桌，陈列祭品，点起香火。然后，取一大把柴草，从旺火堆点燃，边退着走边说："财神，财神，到我家，我家给你摆供啦！"进门后把点燃的柴草塞进灶膛，点着火，到初一不得熄灭。接神毕，家人以辈论序在牌位前叩拜，小辈叩拜后，还要在牌位前替健在的长辈求福拜谢。然后，全家人聚集在一起，团团圆圆地吃饺子，一来取其谐音"交子"，以示辞旧迎新；二则取招财进宝之意。

乡村要在黎明前集体出村迎"喜神"，人们赶着牛、马、驴、骡，怀揣馍馍，在村外拢起柴旺火，点燃炮仗，牛马撒欢奔腾，人们笑语欢声。迎"喜神"为的是喜庆临门，在新的一年里六畜兴旺、物阜年丰。

从20世纪80年代起，中央电视台每年举办"春节文艺联欢晚会"，成为千家万户熬年夜的主要娱乐形式。

从农历正月初一早晨起，大街小巷探亲访友的人群络绎不绝，亲友之间开始"拜年"。拜年是人们交流思想、联络感情、消除隔阂、增强团结的一种形式。探亲访友的人们见面都要互道"恭喜发财"。

大年初一这一天，晚辈给长辈拜年，长辈还给压岁钱，它代表着长辈对晚辈的美好祝福，保佑孩子在新的一年里健康吉利。

20世纪90年代后，春节期间国家机关单位举办"新春茶话会"，开展"拥军优属""拥政爱民"等活动。这一方式称为"团拜"，它既文明、又省事，逐渐被人们所接受。

农历正月初五，俗称"破五"，即破忌讳之日。初五之前一般不出门，过了初五出门就不忌讳了。初五日出前，家家送"穷土"，将几天的果皮垃圾和炕席下的土扫出，出门放几个鞭炮，然后将灰土送到十字路口倒掉。

农历正月初七为"人日"，俗称"人七"。民间流传人的魂灵在除夕出游，到初七夜回来。这天晚上要在门头点灯，使魂灵望见光亮，不致迷路。

农历正月初八，传说"八仙"就在这一天出游。人们出游为的是逢"仙"，以交好运。

农历正月初十为"舍籽"日，这一天家妇不动针线活，谓之"忌针"。城乡居民皆食莜面，捏莜面鱼鱼，意为一年顺顺利利。旧时，还要用莜面捏12个小钵儿，依次表示全年的12个月，蒸熟后，看哪个钵儿里有水，就预示哪个月有雨水。

至晚，有的还在其居室暗处或水缸侧燃灯烧纸，俗有给"耗子娶媳妇"照路旧俗。

农历正月十三"杨公日"，忌出远门，因为"十三"与"失散"谐音。正月初五、十五、二十五，民俗认为是"黑道日"，百事禁忌，不出远门，更不能在外住宿。

农历正月十五元宵节，旗境城乡都有挂灯笼（旧时用麻纸糊裱，染成红色，里边点一盏麻油灯）和吃元宵的传统习俗。元宵又名"汤圆"，取其圆形、圆音，寓意全家人团圆、平安、吉利、美满。也就从这一天开始，机关单位、学校、街道张灯结彩"闹元宵"，并组织文艺队伍挑花灯、踩高跷、跑旱船、扭秧歌、舞龙灯、耍狮子、抬阁、脑阁等。各文娱队走街串巷，载歌载舞，俗称"踩街"。许多群众也自发地组织起来，自筹资金购买戏装道具，自扮各种角色，热热闹闹地红火几天。

元宵节入夜，闹玩意儿活动进入高潮，大街小巷灯影摇曳、乐声袅袅，鞭炮鼓镲铿锵入耳，龙灯、旱船踏着缓急有致的鼓点起舞，竹马姗姗而行，各路文娱队以沿街旺火堆为娱乐点，锣鼓喧天，尽情欢乐，红火情景，美不胜收。此时，人们扶老携幼从四面八方赶来，分列街道两旁，竞相一饱眼福。

农历正月二十五，俗称"填仓节"，是农历正月最后一个节日，也是民间象征来年五谷丰登的节日。如果说"腊八"是春节的序幕，那么"填仓节"就是春节的尾声了。"填仓"意思就是填满谷仓。旗境把农历正月二十称为"小填仓"，把农历正月二十五称为"老填仓"。旧时，每当填仓之日，清晨家家户户响起"嗒嗒"声，上年纪的人们用簸箕或木锹铲上筛过的草灰，在门前用木棒敲打，撒成一个圆圆的囤形粮仓，有的还镶上花边，并在囤中撒五谷，象征五谷丰登，表达人们填满谷仓的愿望。过去，通常把山药焖熟和上莜面搓成山药饼吃，现多吃馅饼，俗称"盖窖饼"。

农历二月初二

民间传说，二月二是天上主管云雨的龙王抬头的日子。这天以后，雨水会逐渐增多起来，因此，这天就叫"春龙节"。民间有"二月二，龙抬头，大仓满，小仓流"的谚语；还有"二月二，龙抬头，舔龙皮（取年画），剃龙头（男子理发）"的习俗。这一天，农家早晨打着灯笼，担上水桶，桶里放一枚铜钱，抢着到井台挑水，挑回家连同铜钱倒入水缸，叫作"引钱龙"。二月二，农家吃饺子，俗有"二月二吃饺子，媳妇养小子，绵羊下母子"之说。吃油炸糕意为"撑腰糕"，以求一年身强体壮、福禄洪厚。爆米花比作"金豆开花，龙王升天，兴云布雨，五谷丰登"，也寓意吉庆。

清明节

清明节包含两层意思：一指节气，二指节日。在二十四节气中，只有清明演变为节日。民间过的并非节气，而是视清明为祭奠亡人之日，俗称"鬼节"。人们要在这一天踏青、上坟扫祭——焚烧纸钱，在坟头抛洒熟食、烟酒，有的人家还要做几个小菜供祭，说是给亡者送些钱财、吃食，供其在阴间享用，也表示对故去亲人的悼念。城乡人家有的还把彩色布头剪成硬币大小的圆片，用枳机相间，谓之"清明串串"，清明前三天，缀在孩子们的衣肩上，以示驱病镇邪、长命百岁，清明后四天摘下埋掉。"清明串串"最上面的一片儿布为蓝色，最下面的一片儿布为黄色，意为蓝天黄地。俗语有"蓝天、黄地，中间夹一岁""天一个、地一个，中间夹一个"。旧时，还有蒸"寒燕儿"的习俗，即用发面捏成小鸟蒸熟后，点染上色，插于枳机上，供小孩玩耍。

中华人民共和国成立以后，学校组织学生祭扫烈士公墓，缅怀先烈，寄托哀思，开展爱国主义和革命传统教育，从而赋予清明新的内容。

端午节

农历五月初五端午节，是纪念楚国著名爱国诗人屈原沉身汨罗江的日子，也是旗境民间三大节日之一。这天，家家户户都有包粽子、做凉糕的习俗。采艾蒿悬于门庭或泡在开水里洗脸洗手，有驱虫避瘟、消毒杀菌之功效。旧时，还有在家门上贴公鸡图和五毒符（蛇、蝎、蜈蚣、蟾蜍、壁虎）以及喝雄黄酒、挂长命锁、挂老虎素等习俗。有的还用彩纸裁剪编制各种形状的符，置于门楣上，用以防邪镇恶。用五色彩线拧成绳子，戴在孩子们的手腕、脚腕、脖颈上，以示除秽避毒。精于手工的人还用五色线缠成小粽子或用五色纸折叠成七巧板式图形，称"方胜"，给小孩玩耍。有的地方在端午节清晨，把雄黄酒洒在屋子里外，涂在小孩耳、鼻、额头和面颊上，以避除毒虫、蚊蝇叮咬，驱散瘟疫毒气。民间还有"疥蛤蟆躲端午"之说，这天给捉到的疥蛤蟆口中塞进一锭墨，悬于梁上或背阴处慢慢晾干，做成"蛤蟆锭"，遇有小孩起痄腮（流行性腮腺炎），即可研面用麻油拌之涂抹患处，具有消肿、清热、解毒之功效。

中秋节

农历八月十五是城乡居民仅次于春节的第二大节日。节前各家都要制作月饼，备置瓜果、蔬菜、羊肉、烟酒。十五早晨一般熬肉粥、吃月饼，中午合家吃饺子。过此节意在欢庆丰收，象征团圆。至晚，家家户户在庭院中置桌设案，备一个大月饼，绘有玉兔、桂树纹（称之"月奎"），将西瓜切成花牙状，陈列月饼、果蔬之类，对月望拜。十五这一天，外出的亲人都要赶回来与家人团圆。祭月毕，一家还要饮团圆酒，吃团圆饼、赏月饭。把用来祭月的月饼，当夜全家分食，亲戚朋友还互相赠送，以讨吉利。

察哈尔右翼后旗民间传统节日还有农历四月初八、四月十八、四月二十八"奶奶庙会"，农历六月初六"姑姑节"，农历七月初七"女儿节"，农历九月初九"重阳节"，农历十月初一"祭祖节"（鬼节）等。随着社会的进步，这些节日的程序正在逐步简化。

HUASHUONEIMENGGUchahaeryouyihouqi

文 化 艺 术
WENHUAYISHU

察哈尔右翼后旗是察哈尔文化发祥地之一。
察哈尔部是具有光辉历史和灿烂文化的蒙古族部
落。这几年，察哈尔右翼后旗倾心挖掘和研究察
哈尔文化，力求打造独特的"察哈尔文化品牌"。

文学

中华人民共和国成立前，旗境
民间口头文学流行的主要有二人台、
莲花落、好来宝等。中华人民共和
国成立后，以文化馆为核心，以民
间艺人为骨干，整理、改编了传统
剧目，创作了新形式、新风格、新
内容的二人台、爬山调、快板、歌
剧等；紧密配合党的中心工作，进
行文艺宣传，并举办业余创作讲座，
培训创作人员，全旗不断掀起群众

性的创作热潮，诗歌、小说、散文
等不同题材的创作不断丰富。

1958 年，察哈尔右翼后旗集中
了韩勿拉、察汗淖、当郎忽洞、吉
棍特拉等地的上千名社员，在韩勿
拉哈卜泉兴修水库，在民工中选拔
演员，组成了哈卜泉业余剧团。该
剧团以快板、独唱、对唱、小合唱
等表演形式为主。

20 世纪 70 年代后，文学创作
不断繁荣。1973 年，文化馆在哈彦

出版物

书画展一角

忽洞公社举办了文艺创作培训班，参加培训的有 20 余名业余爱好者。1974 年，文化馆创办《春潮》文学刊物，登载有小说、诗歌、散文、报告文学、剧本等，截至 1994 年，该文学刊物共出刊 46 期。1976 年，田滋茂的报告文学《旭仁花》由内蒙古人民出版社出版。1978 年，报告文学《达瓦校长》登载于《人民教育》杂志。1984—1988 年，农民赵青在《春潮》上发表 60 首诗歌。2000 年后，文艺创作持续繁荣。2005 年，《百花》创刊，每年出版 2 期；2010 年，《百花》由初期的 5 个栏目增加到现在的 8 个栏目，由初期的每期 30 多篇文章增加到现在的 60 多篇；2016 年，《百花》正式更名为《察右后旗百花》。

美术

1949 年前，旗境美术以民间艺人做纸扎、剪窗花、画炕围为主要内容。中华人民共和国成立后，各中小学均设美术课，配备美术教师，创作活动逐渐开展，创作队伍不断扩大。1974 年，全旗美术创作培训班在旗招待所举办，创作地点在人民政府礼堂南耳房。同年，举办了"全旗美术、书法、摄影展览"。1975 年，王又义的国画《千里归程一路春》，参加了内蒙古自治区美术作品展览并获奖；张万龙的年画《五七路上炼红心》，由内蒙古人民出版社出版。1976 年，高占元的国画《志芳在前面》、阎向勤的国画《工人师傅上讲台》、王利庭的国画《喜丰收》、朱晓勇的国画《硕果累累》、杨建国的水粉画《抗旱夺丰收》，参加了乌兰察布盟美术作品展览。1978年，赵友的年画《大红花》由内蒙古人民出版社出版。1979年，赵友的年画《独生子女一枝花》《同心协力》由内蒙古人民出版社出版发行。1985年，图书馆举办了全旗书画作品展览。1987年，文化馆举办了"庆祝内蒙古自治区成立40周年全旗美术、书法作品展览"。1989年，文化馆举办了"庆祝中华人民共和国成立40周年全旗美术、书法、摄影作品展览"。1993年，文化馆举办了"纪念毛泽东诞辰100周年全旗美术、书法、摄影作品展览"。1999年，文化管理中心主办、文化馆承办了"庆祝中华人民共和国成立50周年全旗美术、书法、摄影作品展览"。2010年后，全旗不少美术爱好者已成长为书画家。书法美术协会不少会员的作品在国家、内蒙古自治区、乌兰察布市参展参赛并获奖。2016年12月15日，《人民美术家》杂志社·内蒙古文化发展中心在察哈尔右翼后旗落地生根。

书法

20世纪60年代，察哈尔右翼后旗二中（原土牧尔台中学）教师李安福的行书、魏碑闻名于察哈尔右翼后旗。后又从集宁师范学院分配来王又义，他的书法、绘画技艺都很全面，并在土牧尔台中学成立了书法美术组，培养了一批书法爱好者。20世纪70年代，以文化馆为中心，经常举办书法培训班和展览，带动了察哈尔右翼后旗的书法创作。

2000年后，全旗书法爱好者日

田滋茂《四书五经》手抄本

莫·那音太书法作品

趋增多。书法绘画作品常年在察哈尔广场展出。书法美术协会经常组织会员参加全国、全区、乌兰察布市展览和比赛，不少作品获奖。

摄影

1949年前，旗境只有两家私营照相馆。1958年，察哈尔右翼后旗国营照相馆建立，其摄影室房顶全部安装玻璃，以便通过自然光来摄影。1958年，旗文化馆购买了照相设备，每月定期出宣传栏，制作幻灯片以深入基层巡回放映。20世纪60年代，旗委宣传部、科学技术委员会、林业局、教育局等单位均购置了摄影器具。1972—1973年，乌兰察布盟举办摄影展览，旗文化馆选送20余件作品参加展出。1974年，30余幅摄影作品参加了"全旗美术、书法、摄影作品展览"。

1977年8月1日，为庆祝内蒙古自治区成立30周年，旗文化馆举办了大型摄影展览，全面展示了各条战线所取得的成就。1991年，文化馆成立了摄影学会，会员30余人。学会积极开展摄影创作活动，并在各种报纸、杂志发表了数千幅新闻、艺术图片。1997年，旗委宣传部举办了"庆祝内蒙古自治区成立50周年摄影图片展览"。

2000年后，全旗摄影爱好者队伍不断壮大。除用专业相机、高档摄像机外，绝大多数人都会用智能手机摄影，并广泛传播。一些反映当地发展成就和自然风光的摄影作品受到广大群众的赞誉。

音乐

"阿日地道"，蒙古族民歌。蒙古族民歌是植根于广大牧民群众

摄影展一角

宫廷音乐——阿斯尔

的艺术花朵，它紧紧地伴随着牧民的生活。在打草、放牧、剪毛、套马、男婚女嫁、祭敖包、那达慕等活动中，人们聚在一起，拉起马头琴、四胡、不冬胡，不论男女老幼，人人皆唱。蒙古族民歌分三种："育日道"，意为普通民歌；"图林道"，意为歌颂神灵、寺庙活佛的民歌；"阿斯尔"，牌子曲。这些音乐纯朴、高亢、悠扬动听、富有情感。

二人台音乐是深受各族人民喜爱的地方戏曲。其唱腔曲调结构多为"四句头"，分亮调（也称慢板）、流水板、捏子板（也称踩板）和底锤（过门）。演奏曲调是二人台音乐中独立的曲子，主要用于开场、散场、换戏、间奏等。二人台音乐调式以东路调为主。2010年后，全旗音乐创作、名乐演奏等活动日趋活跃。2010年9月，察哈尔右翼后旗察哈尔阿斯尔乐团正式成立，并多次参赛获奖。

舞蹈

察哈尔右翼后旗民间舞蹈以一年一度的"社火"活动为代表，源远流长。20世纪50年代，苏联式"交际舞"传入旗境，城镇干部职工参加较多。1979年以后，民间舞蹈增添了新的内容，如扇子舞、霸王鞭舞、红绸舞、伞舞等。1985年，文化馆开办舞厅，并于1986年举办了全旗国际标准舞培训班。1987年，举办了全旗交谊舞培训班。1988年，举办了秧歌培训班。1989年，举办了中老年健身舞培训班。2000年后，健身舞繁荣，每年夏季都要举办一

次健身舞比赛。2010年后，中老年健身舞团队开始参加全国各地举办的健身舞比赛。

察哈尔文化
察哈尔文化研发背景
历史脉络

察哈尔蒙古部族的文化底蕴深厚。察哈尔右翼后旗在商、周时期为鬼方属地。从春秋战国到清朝（隶属察哈尔右翼四旗中的正红旗和正黄旗的北部地区），都曾留下察哈尔蒙古部族文化的足迹。1954年3月，将正红旗、正黄旗、陶林县、集宁县各拆一部分置察哈尔右翼后旗，至此，察哈尔右翼后旗正式建制。

历史遗迹

察哈尔右翼后旗境内现存有名胜古迹、历史遗迹等各类物质文化遗产共八大类180处。有国内外著名的察哈尔第四纪火山群和千年古榆，有达延汗、林丹汗驻牧的察汗不浪古城，有唯一有文字记载的达延汗曾祭祀的汗博格达敖包，有北魏开国都城克里孟古城，有清朝康熙皇帝赐名的善福寺(俗称阿贵庙)，有古老而极富神秘色彩的阴山岩文岩画等重要文化遗迹以及打响"绥东抗战第一枪"的红格尔图战役遗址。在全旗不可移动文物中，有国家级文物保护单位3处（北魏长城、金代界壕、北魏克里孟古城）、自治区级文物保护单位2处（元代察汗不浪古城，赵家坊、三道湾古墓群）。

文化底蕴

察哈尔右翼后旗是察哈尔蒙古

察哈尔服饰

部族生产生活之地。北元时期，达延汗统一了长期混战的东、西蒙古诸部，并驻帐于察哈尔万户中。察哈尔蒙古部族素有"利剑之锋刃，盔甲之侧面"之称，由于长期处于北元时期的政治、经济、军事、文化的中心，察哈尔蒙古部族完整地继承了北元的宫廷文化，集纳了民族风情、民族习俗、民族礼仪、民族音乐、民族歌舞、体育竞技、民族服饰、工艺美术、饮食文化、宗教文化、历史遗迹、历史名人等蒙元文化的优秀遗产，影响了一代又一代察哈尔人，逐步形成了独特的察哈尔文化。察哈尔右翼后旗作为察哈尔文化的发祥地之一，也是世界蒙古族传统礼仪保存最完整的地区之一。

察哈尔文化是草原文化总根系的"直根"，即察哈尔文化是草原文化根脉中的主干，其是北元宫廷文化的承载者、草原文化中的精粹、草原文化精神实质的拓展和延伸。

察哈尔文化的核心理念是察哈尔蒙古部族文化的内核和精华，是察哈尔蒙古部族乃至整个蒙古民族自身延绵不断的精神资源，其像血液一般流淌在蒙古民族的血脉中，主宰着蒙古民族的生存、走向，同时也是维系蒙古民族生存和发展的重要精神。察哈尔文化最核心的理念主要表现为崇尚自然、践行开放、恪守信义、敬重礼仪、英武爱国。在当前全面建成小康社会和推进社会主义文化大发展大繁荣的进程中，察哈尔文化的核心理念为区域经济

首届察哈尔文化艺术节入场仪式

社会的发展注入深厚的文化底蕴、提供持续发展的精神内驱力，具有十分重要的价值和作用。

察哈尔文化研发成就

近年来，察哈尔右翼后旗坚持一手抓群众性文化发展，一手抓民族特色文化繁荣，探索出了一条"抓特色、出精品、创品牌"的察哈尔文化研发之路。

（一）吹响文化"集结号"，为打造品牌营造声势

文化为力，首在凝心。察哈尔右翼后旗历史上是察哈尔蒙古部族繁衍生息之地，是察哈尔火山草原和蒙古族察哈尔文化保存最完整、

最纯正的地区之一。2008年，察哈尔右翼后旗确立了"打造察哈尔文化品牌，建设民族文化大旗"的战略，率先在自治区吹响了打造"察哈尔文化"的"集结号"。主要体现在成立"一会"、举办"一节"、承办"两会"上：

成立"一会" 率先成立了全国第一个察哈尔文化研究挖掘组织——察哈尔文化研究促进会，为推进打造察哈尔文化品牌奠定了坚实基础。该研究促进会聘请市党校原教育长钢土牧尔教授为察哈尔文化形象代言人，聘请内蒙古大学、内蒙古师范大学、内蒙古社科院的专家为察哈尔右翼后旗民族文化强旗建设顾问，并率先成立了自治区首家阿斯尔乐团，整理出阿斯尔乐曲乐谱40多首。2010年，察哈尔右翼后旗被国家文化部命名为"中国·阿斯尔音乐之乡"，并搭建起17个察哈尔文化相关协会及平台，挖掘整合本土资源，培育本土文化研创人才，使察哈尔文化传承与研创后继有人。察哈尔文化研究促进会累计投入800多万元对乌兰牧骑进行了重组和包装，招聘38名新队员，通过培训、考核等激励机制，锤炼队伍素质，提升演艺水平，最终成为自治区知名演艺团队。开办了"察哈尔情大讲堂"，对旗直机

关干部进行察哈尔文化普及和教育。多年来，培养了近百人的察哈尔文化研发骨干，掀起了全旗各族群众支持参与察哈尔文化品牌打造的热潮。

举办"一节" 举办首届察哈尔文化艺术节。2010年8月，察哈尔右翼后旗按照"以节造势、以节扬名、以节交友、以节厚文、以节鼓劲"的思路，成功举办了自治区第五届乌兰牧骑艺术节暨首届察哈尔文化艺术节。还举办了察哈尔奶制品展赛、察哈尔蒙古餐饮评赛和察哈尔阿斯尔、民歌、舞蹈大赛，有3万多名观众观看盛况。在全区擎起了打造察哈尔文化品牌的大旗，在全旗上下营造出浓厚的察哈尔文化传承发展氛围。

承办"两会" 2014年，承办全区"一旗一品"文化品牌创建现场观摩会，全区12个盟市、27个旗县的文联主席参加会议，确定察哈尔文化为自治区级文化品牌。2016年，承办区直社科类社团工作会议暨经验交流现场会，各盟市社科联主席，部分高校社科联负责人，73家区直社科类社团负责人，自治区社科联机关、各部门负责人，社团建设咨询委员会委员共120余人参加会议，推广了察哈尔文化研发经验，调动起了社会各界群众参与

2011年，察哈尔右翼后旗被文化部命名为中国民间文化艺术之乡

建设"文化强旗"的积极性和主动性，使得察哈尔文化的弘扬和传播达到了空前的高度和水平，使察哈尔右翼后旗的对外形象和察哈尔文化的影响力、美誉度显著提升。

（二）挖掘地域"人文史"，为打造品牌理清脉络

文化为根，重在挖掘。我们为还原和再现察哈尔文化的本来面目，积极培养和调动文化人才，不遗余力地挖掘地域"人文史"。主要体现在两个"注重"上：

注重地域史料的挖掘　由全国人大原副委员长布赫亲笔题写书名，集结自治区40多位专家、学者智慧和研究结晶，历经8年时间研究编撰的约160万字的《察哈尔史》于2015年底正式出版发行。先后出版了《察右后旗文史资料》（1~12辑）、《察哈尔论》《察哈尔史迹》《察哈尔文学简集》《察哈尔阿斯尔》（蒙汉文版）、《察哈尔民间文学》《察哈尔风俗》《察哈尔民歌集》《琴韵歌词集》《察哈尔民俗与民间文学》《300年的村落——阿力乌素》等十多部近千万字的史料书籍。其中，《察哈尔文学简集》荣获乌兰察布市"五个一工程"奖，《察哈尔史迹》荣获自治区"阿尔丁"奖。同时，与集宁师范学院共同研究的《察哈尔文化核心理念及其历史形态研究》课题，被自治区社科院正式批准立项，并承担了《北部边疆历史与现状研究》国家级科研项目《察哈尔八旗史》的编撰工作。

注重文化遗产的保护　一方面

《察哈尔史》

抓普查名录体系建设。全旗现已发掘考证文物遗址 180 处，其中国家级文物保护单位 3 处，自治区级保护单位 2 处，公布 40 处古遗迹为旗级文物保护单位。积极做好阿贵庙、察汗不浪古城、汗博格达敖包、察哈尔火山、岩文岩画、克里孟古城等不可移动文物的抢救、保护工作。另一方面，加大非物质文化遗产抢救挖掘力度。历经几年，全旗现收集各类非物质文化遗产 14 项 214 种，已获批自治区级项目 1 项（察哈尔毛植），获批市级项目 36 项，公布旗级项目 57 项，培育非物质文化遗产传承人 45 人。察哈尔右翼后旗遵循"便于传承，易于学习，活态保护"的原则，选择阿斯尔、察哈尔民俗、

察哈尔蒙医药、察哈尔民间艺术、察哈尔服饰等非物质文化遗产重点项目，以成立行业协会抢救保护等形式动员社会各界进行了整体性的抢救和区域性的保护。

（三）繁荣文艺"百花园"，为打造品牌增添色彩

文化为魂，贵在传扬。我们始终立足察哈尔历史文化选题材，不断培育文艺新人，打造舞台艺术精品，使察哈尔文艺"百花园"更加绚丽多彩。主要体现在三个"狠抓"上：

狠抓精品创作　创作了包含长调、短调、阿斯尔在内的《精锐察哈尔》《乌力格尔》《察哈尔婚礼》《腾飞的察哈尔》《察哈尔花

舞台剧《察哈尔婚礼》

察哈尔右翼后旗春晚

正红》《火山草原的祝福》《察哈尔民歌》《相逢》《察哈尔恋歌》等音乐作品。连续五年编排和录制以察哈尔文化为主题的春晚节目，如《情系察哈尔》《春满察哈尔》《祝福察哈尔》《八骏神韵》《骏马欢腾贺新春》等，都集中记录和再现了察哈尔文化的精髓。其中，歌曲《最美察右后旗》荣获全国词曲创作金奖，传统伦理剧《去爷爷奶奶家》

首届察哈尔文化艺术节入场仪式上的马队

和《马头琴与长调》分别在全国八省区首届蒙古族传统家庭教育大赛上荣获二等奖和优秀奖，歌舞剧《察哈尔恋歌》在乌兰察布市乌兰牧骑会演中荣获综合一等奖。2010年，由察哈尔民俗改编的大型舞台剧《察哈尔婚礼》获第五届自治区乌兰牧骑艺术节金奖，荣膺全区"五个一工程"奖，并作为草原精品剧目在全国展映。2015年，编创推出的大型原创蒙古剧《忠勇察哈尔》，入选第十二届中国·内蒙古草原文化节优秀展演剧目，摘得优秀展演剧目奖等五项殊荣；在第三届内蒙古戏剧"娜仁花"奖大赛上，《忠勇察哈尔》主演分别获得表演金奖、铜奖；参加中国第四届少数民族戏剧会演，荣膺15项大奖；2016年，荣获自治区艺术创作最高荣誉奖"萨日纳"奖戏剧剧目奖、音乐奖。另外，察哈尔右翼后旗还有多部反映察哈尔历史文化的音乐作品、舞蹈节目、书画作品等获得全国相关类别的比赛大奖。

狠抓活动开展　察哈尔右翼后旗与内蒙古电视台、乌兰察布市电视台联合举办了"中国·察哈尔民歌·阿斯尔"电视大奖赛，全国各地470名选手踊跃参赛，在区内外产生了轰动效应。组织察哈尔文化艺术团体参加自治区农牧民大联欢晚会、自治区首届少数民族文艺会演、自治区那达慕文艺演唱。该文化艺术团体参加了全国第九届蒙古族服装服饰大赛，获得了现代蒙古族服装二等奖、优秀组织奖。举办了乌兰察布盟（今乌兰察布市）、锡林郭勒盟"察哈尔杯"阿斯尔联赛。选送马匹在中国国际马产业博览会蒙古马选美大赛暨巨典电影角色海选活动中荣获冠军、最佳上镜一等奖。此外，察哈尔右翼后旗还大力推行察哈尔文化进机关、进校园、进企业、进社区"四进"活动，举办察哈尔历史文化知识讲座等，普及与提高并举，达到了文化惠民的目的。几年来，全旗共承办、联办和参加有关察哈尔文化各类赛事活动60余场；举办察哈尔文化专题讲座40多场；举办内容丰富、形式多样、群众喜闻乐见的察哈尔祭火、祭天、祭敖包等民间传统文化活动130多次，参加人数近30万人次。这些活动使察哈尔文化的社会认同感不断提高，群众参与度不断扩大，民族凝聚力不断增强。

狠抓阵地建设　作为"内蒙古察哈尔文化研究开发保护基地"，察哈尔右翼后旗始终以繁荣察哈尔文化为导向，着力加强文化阵地建设。投资8 000多万元建成了察哈尔文化艺术展览中心，建立了珍藏文献千余种上万册（卷）的察哈尔文献馆，创建了集学习、研究、交流和文化公益服务等功能于一体的察哈尔文化传承中心，建立了集文物收藏、陈列展示、学术研究、文化教育等功能于一体的察哈尔文化专题博物馆。开设了察哈尔文化服务社会、连接政府、接轨市场的重要窗口——察哈尔文化公共服务中心。在全旗10个基层文化站、15个基层文化活动室、115个草原书屋，配备了察哈尔历史文化书籍。分别在市艺术学校、市蒙古族中学、旗蒙古族学校设立"察哈尔文化教育基地"。同时，充分发挥察哈尔文化传承中心、察哈尔奶制品产业协会等相关协会及场馆的阵地作用，举办文化创业、转移技能、知识普及、礼俗规范、文艺活动等活动百余次，为社会各类文化人才和文艺爱好者搭建起施展才华的舞台，也使各族群众能够更方便更快捷地享受到文化事业的发展成果。

（四）放大宣传"影响力"，为打造品牌推荐美名

文化为媒，要在宣传。我们坚持开门搞创建，在"文"字上做文章，在"联"字上下功夫，上下结合、左右互动、密切协作，聚智、聚才、聚力，放大宣传"影响力"，打造品牌、擦亮品牌、推介品牌。主要体现在

五个"借助"上：

借助名人的号召力 除大型节会借助明星的吸引力宣传察哈尔文化外，还应该积极动员莫德格玛、德德玛等和察哈尔有关的艺术家积极关注、支持和传播察哈尔文化。2015年，选送的牧民歌手铁文太（毛毛）走上中央电视台《开门大吉》栏目，全国各大媒体进行追踪报道，我们也及时地在其微博、微信上宣传察哈尔右翼后旗及察哈尔文化，起到了很好的宣传效果。

借助交流的辐射力 察哈尔右翼后旗在张家口市、呼和浩特市、锡林郭勒盟、集宁区等地召开21次通报会和20多次学术研讨会。赴辽宁、河北、江苏、山西、新疆、台湾和自治区各盟市等40多个地区进行考察访问。接待北京、河北、新疆、青海、吉林、辽宁及内蒙古各旗县（市区）等80多个地区来访的文化考察团及各地寻根访祖人士5 000人次，使察哈尔文化辐射力日益扩大。

借助专家的权威力 察哈尔右翼后旗与自治区各级宣传、文化、文联、社科联、社科院、出版社、内蒙古大学、内蒙古师范大学及察哈尔地区社科机构、社团组织的有关专家建立协作机制。与有关国家和地区的专家学者加强沟通交流，

察哈尔广场雕塑——蒙古族妇女头饰

进一步提升了察哈尔文化研究层次和广度，提高了察哈尔文化研究的权威和影响。

借助媒体的传播力　中央人民广播电台，中央电视台《走遍天下》《乡土》栏目，内蒙古蒙、汉语卫视等20多家媒体走进察哈尔右翼后旗专题报道察哈尔文化；创办了察哈尔文化研究促进会网站；开通了察哈尔文化微信、微博；在市、旗两级日报社开设了《察哈尔历史文化专栏》，编发《察哈尔文化动态》100多期，编辑出版了《察哈尔文化》专刊；形成了电视上有画面、广播中有声音、报纸上有版面、网络上有专栏的全方位宣传体系。同时，在白音察干镇进出口、中心广场、城镇主干道交叉路口制作巨型宣传广告；在各苏木（乡镇）、景区、文化传承基地张贴宣传标语，使察哈尔文化家喻户晓，深入人心。

借助城镇的吸引力　按照"文化为魂、水系为韵、山城一体、生态宜居"的发展思路，建立了以察哈尔文化为主题内容的察哈尔广场、杭宁达莱生态园、白音乌拉生态园、珠兰广场和苏勒德、神骏等一系列富有民族特色的文化场所和景观雕塑。在白音察干镇主要街道上，对建筑物实施了察哈尔文化元素的外景观改造，形成了以察哈尔文化为内涵的城镇特征，实现了地域文化与城镇建设的有机融汇，并将文化城镇建设与亮化、绿化、美化工作同提高、齐推进，为普及和弘扬察哈尔文化，提升城镇文化品位和对外形象发挥了重要作用。

（五）开发旅游"风景线"，为打造品牌搭建载体

文化为效，成在兴产。我们坚持以丰富的察哈尔历史文化资源为依托，以神奇的察哈尔火山草原为背景，全力开发文化旅游"风景线"。主要体现在两个"促进"上：

促进文化旅游景区开发　积极推动文化旅游三大板块的开发，即历史文化板块、休闲娱乐板块、生态文化板块的开发，构建起"享民族风情、赏历史文化、观自然风光"的察哈尔文化旅游格局。重点开发以察哈尔火山、草原、天鹅湖、白音淖尔湖、石门口水库、千年古榆、脑包图流域、三井泉古代海底奇石

杭宁达莱生态园人工湖喷泉

为主的地质休闲度假观光游；大力发展以克里孟古城、察汗不浪古城、汗博格达敖包以及八号地岩文岩画、阿贵庙、红旗庙为主的察哈尔历史文化游；开辟以察哈尔蒙古部族特色浩特、白音淖尔、西坡、阿力乌素、那仁格日勒、察汗不浪为主的"农家乐""牧家游"乡村民俗游；打造以红格尔图战役爱国主义教育基地为主的励志游。

促进民族特色产业发展 立足文化旅游发展规划，整合各种旅游要素，本着"成熟一个，发展一个"的原则，设立相关行业协会，充分依托组织和人才优势，夯实察哈尔文化特色产业发展中的末梢组织建设。成立了察哈尔奶制品、察哈尔民族工艺等有产业特色的协会及平台17个。探索协会"144"的发展模式。通过示范、带动，实现了察哈尔文化特色产业规模的快速聚集发展。现在，全旗形成了集创意、传媒、装潢、收藏、节庆服务、民间手工艺、民族服饰、广告、摄影、书画、印刷、奶制品、特色餐饮、牧家游、农家乐等一系列富有民族特色、地方特点的大、中、小的产业集群。全旗民族文化特色产业直接、间接从业人员达3 400多人。察哈尔蒙古族服装服饰公司等两家企业分别被授予"全国民族特需商品定点生产企业"和"全国民族贸易商品定点生产企业"称号。察哈尔文化创意产业走出了一条文化—创意—产业的独特发展之路。在奶制品产业上注册了"罕宫"奶制品集体商标，建成了锡牧图奶制品加工厂，扶持周边农牧民发展奶牛养殖，走出了一条"协会＋公司＋农牧户"的路子。

察哈尔文化研发目标

着力加强优秀传统民族文化研究传播，着力培育现代文化市场体系，着力推动察哈尔文化建设新境界。助力察哈尔右翼后旗建成历史文脉清晰、文化事业繁荣、文化产业兴旺的自治区"文化强旗"。

（一）在构建历史文化板块上取得新进展

以克里孟古城、察汗不浪古城、汗博格达敖包、阿贵庙、红旗庙、八号地岩文岩画和古代海底海洋奇石等历史遗迹遗址为依托，找准、凝练出察哈尔历史文化与特色产业、特有产品开发以及地标性建筑的结合点，建设相关特色文化产业项目。深度挖掘察哈尔右翼后旗历史文化、名人轶事、古道、古驿站、宗教、祭祀文化，推出文学艺术及音像精品。

（二）在构建休闲娱乐板块上取得新进展

深入挖掘察哈尔右翼后旗"中国·民间文化艺术之乡——阿斯尔音乐之乡"和《察哈尔婚礼》《忠勇察哈尔》等品牌剧目的内在潜力，发挥本区域民族民俗文化及交通区位优势，大力发展特色休闲娱乐项目，生产独具地域特色的休闲娱乐活动的衍生品。通过各类、各档次的赛事组合、推介组合演出、交流，打造以体验察哈尔民俗风情为主体，以度假、疗养、休闲、娱乐活动为补充的文化产业。

（三）在构建生态文化板块上取得新进展

以现代城市人群对回归自然的巨大需求为契机，依托察哈尔火山群、千年古榆、杭宁达莱生态园、天鹅湖、石门口水库及脑包图流域生态保护区等生态文化资源，大力开发生态环境旅游、农业采摘园，拓展农家游、牧家乐等产业项目。同时，以"传承文化、保护生态、建设草原"为主题，争创"中国民族文化传承保护基地"和"国家级民族生态文化保护基地"，促进全旗经济与文化、文化与生态、保护与开发的互动发展。

今后的主要任务

（一）实施民族文化精品培育工程

建立完善有关文艺、社科、媒体等精品创作、生产、传播过程的扶持机制，打响察哈尔文化品牌，进一步满足人民群众的精神文化需求。精心编创3~5部文艺精品，争取获得自治区级以上奖项。

加强历史文化挖掘和研究工作整理、编撰、出版一批察哈尔历史文化精品，突出抓好察哈尔文献的整理、出版工作，重点编撰察哈尔文化系列丛书《察哈尔大辞典》《察哈尔百科全书》《察哈尔民歌大全》《察哈尔民间故事集》《察哈尔乌力格尔》《察哈尔历史文化名人录》《察哈尔名胜古迹》《察哈尔文献集》《察哈尔英雄史诗》《察哈尔寓言》《察哈尔传说》等。继续加强与集宁师范学院的合作交流，深化察哈尔文化协同创新中心工作，推进察哈尔文化学科体系建设，办好"察哈尔情大讲堂"，夯实察哈尔学术研究基地建设和理论基础。定期举办察哈尔历史文化研讨会和文化产业发展研讨会，提升察哈尔文化的知名度和影响力。撰写察哈尔文化和时代精神结合的文章，努力在文学、音乐、舞蹈、美术等艺术领域创作一批具有浓郁地方特色、反映时代精神、具有较高艺术水准、深受群众喜欢的文化艺术精品。

建立文化精品培育和奖评机制开展"一奖、一展、两赛"活动，充分调动广大察哈尔文艺工作者的创作积极性，促进察哈尔文化精品的生产和优秀人才的成长。"一奖"，即每两年举办一届"察哈尔文化奖"，对给察哈尔文化产生较大影响的文化精品及做出突出成绩的工作者予以表彰奖励。"一展"，即每年举办一届察哈尔手工艺品展。"两赛"，即每年举办一次群众性那达慕、察哈尔文艺联赛。积极争取自治区、市扶持项目或研究课题，做好《察哈尔史》《忠勇察哈尔》等文化成果的奖项申报工作。充分发挥察哈尔文化研究促进会在民族文化产业发展中的指导作用，积极争取各级政府的相关政策和资金，培育察哈尔创意创作、加工制作等特色产业。同时，争取设立察哈尔优秀作品、优秀剧目奖励基金，用于补助文化精品生产、文化人才培养、历史文化保护等。

（二）实施民族文化遗产保护工程

建立健全文物抢救保护和民间艺术保护机制，深入挖掘察哈尔文化，培育察哈尔文化品牌。构架起比较完备的文化遗产与历史文化名城、村镇的保护体系，形成保护与利用协调发展的新格局，努力把特色文化优势转化为经济发展优势。

提高物质文化遗产保护水平全面贯彻"保护为主、抢救第一、合理利用、加强管理"的文物保护方针，协助有关部门推进国家级、自治区级文物保护单位和地域性文

文化产业一条街

化遗存保护规划的编制工作。协同有关部门积极做好克里孟古城、察汗不浪古城、汗博格达敖包、阿贵庙、红旗庙、察哈尔火山的历史文化遗产的保护与升级申报工作。

加快非物质文化遗产保护传承　会同有关部门完成全旗非物质文化遗产资源的整理、分类和归档，基本建成非物质文化遗产数据库。对濒危项目和年老体弱的代表性传承人实施抢救性保护，对具有一定市场前景的非物质文化遗产项目实施生产性保护。

拓展民族文化遗产传承利用途径　正确处理保护与利用、传承与发展的关系，促进文化遗产资源在与产业和市场的结合中实现传承和可持续发展。助推依托文化遗产发展特色文化旅游。充分利用察哈尔文化博物馆、文献馆、传承中心等民族文化资源，积极发展特色文化传播产业基地。深入挖掘察哈尔蒙古部族传统节日的文化内涵，广泛开展优秀传统文化教育普及活动。

（三）实施民族文化互动交流工程

积极拓展察哈尔文化对外交流渠道，建立包容、互动的交流机制，打造、擦亮察哈尔文化品牌，使察哈尔文化成为享誉全区、亮丽全国、走向世界的特色文化品牌。

积极实施"走出去"工程　站在大察哈尔文化的角度，以察哈尔文化为结合点、关联点，加强对外文化和学术交流，推动察哈尔文化走向全国、走向世界。挖掘具有察

白音乌拉生态园中心雕塑——八骏神韵

哈尔文化特色的民族民俗创意产品，开展有针对性的文化交流与合作。同时，争取在国家、自治区、市的各类电视、网络、报纸、杂志以及各类新媒体开办察哈尔文化专栏，传播察哈尔文化艺术精品。借助"草原丝绸之路"和中、俄、蒙文化交流等活动平台，全力推动察哈尔文化走出国门，提升察哈尔文化的影响力。

积极实施"引进来"工程 通过采取政府搭台、市场运作的方式，举办全区、全国性有关察哈尔文化的大型节庆活动，承接区内外各类高水平的文艺赛事和著名专家学者的讲学论坛，承办大型民间艺术博览会、民族文化研讨会等，大力推进重点节会活动的市场化、产业化、

品牌化运作。加强与国内外各类文化研究组织、科研院所的沟通与交流，成立不同类别的专家课题研究组，设立多个研究课题。在研究课题上下功夫，在凝聚成果上做文章，在成果应用上探新路。

（四）实施民族文化产业壮大工程

按照"龙头带动、优势互补、突出重点、组团发展"相结合的原则，深度开发察哈尔文化产业，积极发展新兴文化产业，构建地方特色鲜明、产业优势明显、发展重点突出、总体实力不断增强的民族文化产业格局。

重点推进文化旅游产业 积极开发民族民俗文化旅游资源，深化与文化、旅游部门的相互合作、优

势互补，积极引导社会力量以各种形式参与民族文化旅游资源的开发、利用和经营。助推成吉思汗斡尔朵、民族文化产业园、察哈尔文化主题公园等民族文化基地建设，扩大文化旅游的建设规模和经济效益。规范发展农家乐、牧家游，发展一批民族文化特色嘎查、特色浩特村寨，建立一批民族文化保护区。

提升文艺演出产业 深入挖掘察哈尔历史文化节点，研发编创文艺作品。进一步打磨提升《察哈尔婚礼》《忠勇察哈尔》等精品剧目。积极推动与新疆博尔塔拉蒙古自治州等地联合编创拍摄的"察哈尔西迁"题材影视剧。在深入挖掘察哈尔优秀文化娱乐形式的基础上，有选择性地吸纳和引进文明健康、科技含量高的现代化文娱项目，开发有关察哈尔名人轶事的游戏软件和动画片，进一步提升察哈尔文化的娱乐品位。

发展文化展博产业 全力推动察哈尔文化博物馆项目建设，形成以专业性文博场、馆、所为主干，以察哈尔文献馆、察哈尔名人馆、察哈尔文化传承中心等场馆为辅助的民族文化展馆集群。充分利用历史文化遗址、遗迹和文献，以增加察哈尔文化展馆种类，展示先进展播形式，提高文物资源开发程度。开拓民族特色会展市场，加强与区内外展览机构的合作，策划举办具有重要影响的专业性文博展览。

积极拓展工艺品生产业 以察哈尔服饰、察哈尔毛植、雕刻、刺绣、皮画、烫画、铸造技艺开发为突破口，抓好察哈尔文化旅游产品的设

马头琴广场一角

计、开发、营销，建成具有察哈尔文化特色的旅游商品营销基地。大力发展察哈尔文化民间工艺品生产销售业，推动形成"一镇一品""一村一业"的专业化、规模化开发格局。推动建立文化产业专项扶持基金，培植民族文化艺术产业。

（五）实施民族文化项目建设工程

以构建"三大板块"为目标，以"三园一馆一镇"建设为重点，推动形成以特色民族文化旅游区、重大历史及自然文化遗址为支撑的综合文化产业带、特色文化产业带和特色文化产业聚集区。

察哈尔民族风情园　对察哈尔蒙古部族民俗风情、区域自然资源进行集中整合开发，建立突出察哈尔民俗风情，有一定规模、有较高水平、功能完备，以老年度假疗养、旅游观光、休闲娱乐、竞赛会展四大服务功能为主要特色的民族文化旅游园区，打造成承接北京—张家口冬奥会民族文化体验的疗养地。

察哈尔文化主题公园　将察哈尔历史文化与生态休闲娱乐项目结合起来，集中开发以察哈尔历史、人物、民俗等高度浓缩历史、再现历史为主线的人文景观，注重城镇基础综合功能和生态建设，建成集察哈尔历史人文再现、民族文化教育、文化活动等功能于一体的大型综合性主题文化公园。

察哈尔文化产业园　在现有民族文化产业园的基础上，将全旗文化标识较强、文化内涵丰富的特色产业整合入园，生产开发极具民族性、地域性的文化产品，引进有实力的文化产业龙头企业及高层次的研发和经营人才，充分发挥察哈尔文化公共服务中心的服务功能和平台作用，培育延伸文化产业链条，打造成集察哈尔历史文化、地方特产、特色饮食、民间工艺品制作、销售功能于一体的民族特色文化产业园。

察哈尔文化博物馆　察哈尔文化博物馆项目建设布局已得到自治区文化厅（文物局）批准。察哈尔文化博物馆作为世界研究了解察哈尔历史文化的重要目的地，其建成对创建"中国·察哈尔文化研究开发保护基地"和"国家级民族文化生态保护基地"，打造中国察哈尔文化品牌具有重要的现实意义和深远的历史意义。

提升城镇文化品位　助推城镇文化塑造工程要围绕察哈尔主体文化，以民族团结、进步、繁荣、发展、和谐共处为主题，继续充实完善城镇文化景观，改造提升广场、公园、街道、城镇进出口的民族文化内涵，塑造察哈尔文化名旗，提升察哈尔文化魅力，树立区域文化新形象。

（六）实施民族文化人才培育工程

文化的研究、挖掘工作是一项知识密集、智力密集的工程，所拥有人才的数量和质量决定了其发展水平。聚力壮大察哈尔文化事业人才队伍规模，培养和引进一批联系实际、有较高学术造诣的理论人才，一批紧跟时代步伐、有较高艺术水平的文学艺术人才，一批传承历史文化、技艺精湛的工艺美术人才，一批既了解民族文化发展规律，又通晓市场运作规律的文化产业经营管理人才。

引进、培养文化人才 重点扶持察哈尔手工艺、民族文艺创作等事业发展，鼓励以察哈尔本土文化资源为基础，反映察哈尔文化、体现较高水准的文化艺术作品。加快

马头琴广场雕塑

引进、培养一批民族文化艺术大师和文化领军人才。加强创作群体的培训和新人培育工作，支持社会力量兴办各类民族文化艺术培训班，提高创作群体的专业素质。

加强文化团队指导 充分发挥察哈尔文化研究促进会人才荟萃、智力密集的优势，察哈尔文化传承中心的传播、传授作用，察哈尔文献馆的教育、史库功能，察哈尔文化各行业协会的服务和平台作用，加强对察哈尔文化研究、挖掘、开发工作的培训，不定期、分专题举办各类民族文化培训班。继续指导和培育民族文化团队负责人、有关协会负责人和民间艺人等基层民族文化带头人，更好地发挥其引领作用。不断发展壮大察哈尔文化社会组织团队，使其成为一支推动民族文化大发展大繁荣的重要力量。

提高民族文化素养 充分利用节庆、纪念日等，组织开展群众性传统民族文化活动。办好察哈尔文化节、祭敖包、祭火等传统民俗文化活动，增强群众的活动参与度和知识普及率。开展察哈尔文化进农村牧区、进机关、进社区、进企业、进学校"五进"活动，增强全社会的文化自觉和文化自信，践行社会主义核心价值观，树立正确的民族观、历史观和文化观。

民间工艺

蒙古族图案

蒙古族图案，蒙古语叫"赫敖噶勒甲"，是蒙古族传统文化的重要组成部分，在民间流传十分广泛。蒙古族图案常见于蒙古族的衣、食、住、行、用等生活的各个方面，常用的传统图案有：云纹（哈木尔）、回纹、犄纹、卷草、础纹、龙、凤、盘结、八宝、普斯（圆形图案）、汗宝古、哈屯绥格、牛、马、羊、驼、狮、象、虎、鹿、狼、蝶、蝙蝠、鸟、鱼、佛手、杏花、牡丹、莲花，还有山纹、水纹、火纹、旋涡纹、指纹、葫芦纹、几何纹等。

蒙古族在创作各种民间工艺品时，常按照民俗观念自由地表达情感、理想和愿望。民间工艺品大多是具有实用价值的物品，这些器物的装饰纹样都在率真、自然、质朴、简洁、明快地表达着民族心理。远古时代的红山文化和夏家店下层文化，青海彩陶纹饰的马家窑类型、马厂类型以及后来的匈奴文化、东胡文化等，都给予蒙古族图案艺术以极大的影响。不同时代的图案纹样，冲破时间的间隔，在蒙古族民间图案中闪耀着瑰丽的色彩。

在日常生活中使用各种图案的地方有：毡房内的立柱、家具，木制、铜制、银制的生活用具，如餐具、炊具、酒具、松葫茹达模子、火镰、鼻烟壶等。还有毡房外面的围毡、顶毡上，勒勒车的包厢上，衣服、饰物，马鞍等马具，祭祀的各种用具等。如今察哈尔右翼后旗一些建筑物的外墙上，就是用蒙古族图案装饰的，它已成为了一种城市室外艺术，具有鲜明的地方特色。

蒙古族剪纸

蒙古族剪纸，蒙古语称"海沁花日"，是北方游牧民族在其漫长的生产、生活进程中，发明和运用的以影像作为形象表记的艺术手法，是在各种材料上镂刻、透空的艺术语言，是草原民俗文化不可分割的一部分。蒙古族剪纸的内容十分丰富，总体上反映了劳动人民对美好生活的向往。蒙古族常以日常生活中所见、所想的动物或植物作为剪纸创作的原型。剪纸中的动物形象有马、牛、羊、驼、鹿、猪、狗、兔、鸡、鸟、蝴蝶等，植物有莲花、菊花、青草、葡萄、西瓜、藤蔓等。

蒙古族剪纸

蒙古族剪纸

蒙古族剪纸

另有一些以生活中的场景为题材的剪纸，如《牧羊图》《牧马图》《牧牛图》等；以历史故事为题材的剪纸，如《教子图》《莫伦泰报恩图》等；以对美好事物的向往为题材的剪纸，如《喜鹊登梅》《草原雄鹰》《狮子元宝》等。

剪纸是内蒙古最为流行的民间艺术之一。在察哈尔地区的农村、牧区，民间剪纸在艺人的不间断传承中，形成了丰富多彩、争奇斗艳的艺术形式。由于多民族杂居，各民族的民间工艺互相融合、取长补短，形成了具有地方特色的民间剪纸艺术。每到过年时，人们都用红、绿、黄等不同颜色的纸张剪出各种

各样的人物、动物或吉祥字等纹样图案，其风格浑厚朴实，装饰性强，生动耐看。由于历史的原因，在相当一段时间内，蒙古族剪纸艺术没有得到发展，甚至面临失传的危险。很多剪纸艺人离世，也没有后人来传承这宝贵的民族文化。目前，要全力以赴地挖掘和继承剪纸艺术，并将其发扬光大。

蒙古族刺绣

刺绣古称针绣，是用绣针引彩线，按事先设计好的花纹在纺织品上刺绣运针，以绣迹构成花纹图案的一种工艺。刺绣在古代称"黹""针黹"。因刺绣多为妇女所作，故又名"女红"。刺绣是中国古老的手工技艺之一，蒙古族地区的刺绣也有上千年的历史了。说起刺绣，人们就会觉得那是江南绣女的专利，其实不然，草原上的蒙古族妇女，不但能牧羊，而且也会刺绣。刺绣，蒙古语叫"哈塔戈玛拉"，蒙古族刺绣同众多传统手工艺一样，在我国少数民族民间工艺方面占有一席之地。在蒙古民族所创造的全部文化里，刺绣艺术也是十分瑰丽的一页。

从刺绣的针法上看，与著名的苏绣、湘绣、川绣相比较，蒙古族的刺绣艺术不以纤细秀丽见长，而以凝重质朴取胜，其大面料的贴花

蒙古族刺绣

方法、粗犷匀称的针法、对比鲜明的色彩，给人以饱满充实之感。蒙古族人生活在地域辽阔的美丽草原，从服饰到刺绣图案，都能充分反映出蒙古族人民浓厚的生活气息。蒙古族服饰的刺绣艺术，以独特的艺术形式，展现了蒙古族妇女精湛的技艺和蒙古族服饰的无穷魅力。这些充满浓厚蒙古族文化内涵的艺术宝藏，吸引了后人不断地去探知，去感受那凝聚着蒙古族人民精湛技艺的精神境界。

现代察哈尔地区蒙古族民间刺绣的用料及花色较过去有了明显改进，刺绣图案的种类也呈现出多样化、美术化的特点。刺绣的针法也有所增加，有齐针、套针、扎针、

长短针、打子针、平金、戳沙等几十种，丰富多彩，各有特色。绣品可用在生活服装，歌舞服饰、台布、枕套、靠垫等生活日用品及屏风、壁挂等陈设品上。

蒙古族毛植

毛植是察哈尔蒙古部族的传统手工艺，蒙古语称"索日哈塔木勒"。它使用动物皮毛中的锋毛（退绒），在传统的大经纬纱网上栽织出各种动物图案，其作品写实、立体、粗犷、鲜活，能够真实再现动物的原生状态及蒙古民族的工艺特性，具有很强的艺术张力，被誉为"平面标本"。

1227年，成吉思汗病逝后，他的三儿子窝阔台继承了汗位。1234年，窝阔台汗令他的侄子拔都（术

毛植艺术

赤之子）第二次西征，并于 1242 年春占领了孛烈儿（波兰）和马札儿（匈牙利）等地。拔都在攻入马札儿的首都佩斯城后，看到宫中有一幅油画——一位骑士骑着一匹四蹄踏雪的枣红马，这匹枣红马很像成吉思汗在世时的坐骑。拔都把这幅画带回送给了窝阔台，窝阔台看后很吃惊，即命属下按原样做一匹枣红马。汗令一下，蒙古各部立即行动，调集各地能工巧匠、刺绣艺人赶制贡品。先后送来的石雕、木雕、铜雕、湘绣、苏绣等各种枣红马饰品，窝阔台都不满意。正在大家一筹莫展的时候，汗宫周围的察哈尔工匠送来一幅用原生毛栽植而成的枣红马，比西方的油画更加逼真。窝阔台非常高兴，把它挂在成吉思汗王陵的祭祀宫里。察哈尔部的先民们在窝

阔台汗时期，就利用得天独厚的自然条件和丰富的野生动物资源，大胆地将动物皮毛运用在织绣工艺中，创造出了独具特色的栽织技术——毛植，而其也成为今天察哈尔文化的珍贵遗产。

　　然而，由于工艺难度大和栽织艺人的流失转行等原因，具有悠久历史和民族特色的毛植工艺在近现代几乎失传。值得庆幸的是，20 世纪 60 年代，我国援蒙工人萧国栋先生在蒙古国乌兰巴托结识了察哈尔

毛植作品——松鼠

察哈尔毛植传承人——萧掌柜

籍毛植工艺唯一继承人苏日嘎拉图先生，苏日嘎拉图先生将祖传的察哈尔毛植工艺技术毫无保留地传授给他，之后，该技术被萧国栋先生带回国内。到20世纪90年代，萧国栋的儿子萧掌柜先生传承了这一几乎失传的民族文化遗产。2010年，在察哈尔文化研究促进会的恳切邀请下，萧掌柜先生来到了察哈尔右翼后旗，至此，察哈尔毛植工艺又回到了它的发源地，并成为察哈尔右翼后旗挖掘、弘扬察哈尔文化的又一亮点。

对于元朝时期北方诸属国的上层社会来说，毛植是代表身份和地位的物品。毛植独特的艺术形式，赢得了上流社会的青睐，各个属国向大汗进贡时，毛植是主要回赠品之一。毛植本身具有很强的实用性和观赏性，具有浓郁的蒙古文化特色。蒙古国出土的一件毛植《奔马图》和毛植老艺人的口述，表明毛植工艺可考的历史至少可以追溯到800多年前。毛植艺术的发掘，对于研究蒙古先民文化及民族工艺具有十分重要的现实意义和深远的历史意义。

毛植的主要原料是皮毛，技法分为单面绣和双面绣。其工序主要包括设计、浆毛、栽活、熏活、制景、配框等。因毛植工艺属纯手工制作，故只能使用剪子、镊子、锥子、麻布、木架、胶条等手工工具。这是毛植制作技艺原始性的最大特点。

毛植技艺又分绘稿制作（初学者）和腹稿制作两种。只有经过长期研习才能达到腹稿的境界。

目前在我国，察哈尔毛植是唯一保持祭祀仪式的民族手工技艺，其古老传统的手工技艺和庄重虔诚的祭祀仪式，让我们看到了蒙古民族崇尚自然、敬畏自然、保护生态的优秀品质。

我们掌握的历史资料和传承下来的工艺技术，可以证实毛植技艺是由察哈尔蒙古部族工艺发展而来的，它既是中国特种工艺的一部分，也是中国织毯艺术的优秀代表和重要组成部分。它凝聚了中国传统织绣艺术的精华，展现了马背民族独有的原始工艺美，是中华三大主流文化之一的草原文化中的又一朵绚丽奇葩。

蒙古族雕刻

蒙古族雕刻可分为石雕、木雕、骨雕等，它的产生和发展与蒙古民族的生产活动紧密相关，同时又受不同时期的宗教文化、民间信仰、社会哲学等诸多意识形态的直接影响。成吉思汗时代，由于非常注重对各种工匠人才的保护，所以蒙古族民间的各种石雕、木雕、骨雕等艺术得以传承下来。《内蒙古草原民俗与旅游》载，在元代，蒙古族的雕刻艺术就已经有了很大的发展。1927 年，曾在外蒙古达力岗嘎发现了 12 世纪、14 世纪的石雕像。后来，随着喇嘛教的传入，寺院、宫殿等场所出现了很多的石狮、浮雕石兽、古碑云纹等石刻艺术品。这些产生于明清时代的石雕，还能从现存完好的召庙中看到。察哈尔地区现存的石雕主要有石狮、石雕的拴马桩等。

木雕常见于民间的小型家具上，还有蒙古族象棋、马头琴、马鞍、木碗木盘、松葫茹达模子、祭祀用的祭奶勺等生活用具，也有很多是用木头雕刻成的。在蒙古族歌曲中有一首著名的《雕花的马鞍》，说的就是蒙古族民间木雕艺术。这些木雕制品，在如今的察哈尔牧民家中还可以经常看到。骨雕多见于牛角酒杯、蒙古刀鞘、乐器、号角、鼻烟壶、筷子、纽扣、夏塔尔、夏嘎、牛角梳子、首饰等生活用具和游戏用具。骨雕的用料多为牛和骆驼的腿骨、牛角等质地坚硬的骨或角，其造型小巧，雕刻精细，有很强的艺术性和文物价值，值得我们去认真研究。骨雕一般都是年代较为久远的民间艺术品，现代的人们已经很少使用。察哈尔牧民手中的骨雕制品现存的很少。

蒙古族錾刻

利用金、银、铜等金属材料的

延展性兴起来的錾刻工艺,是我国传统手工艺百花园中的一朵奇葩。它是随玉石器、骨角器等加工技术演化而来。从出土的商周青铜器、金银器上的一些錾刻文和文物标本可知,这种技术至今已有数千年的发展历史。蒙古族的錾刻工艺主要是银、铜制品,而且主要是供蒙古族王公贵族使用,一般平民很少使用。

镶黄旗乌兰沟出土的金马鞍和饰件,主体图案为八仙海棠形,框内浮雕卧鹿纹,卧鹿前后和框内外饰以花草纹和牡丹花纹,工艺精湛,华丽绝伦。同时出土的还有金手镯、金耳坠等。在察哈尔右翼前旗的古墓中还出土了元代很多的金银器皿、饰件等。明朝中叶,察哈尔的阿勒坦汗送给明朝皇帝的礼品中就有金银镂刻的金马鞍、马勒、箭筒等。清代的龙纹银壶比较具有代表性,其"凤嘴龙把"又配以各种卷草、莲花瓣和几何纹样,具有较高的艺术收藏价值。

现代察哈尔牧人的家中,也会看到一些铜制的生活用品,如铜火锅、铜壶、马镫、铜铃铛等,上面刻有一些牧民们喜爱的犄纹、花草、盘结、云纹等图案。蒙古族使用的马鞍上,也有一些用金、银、铜等材料制作的鞍花,其制作工艺即用了錾刻等方法,非常具有草原文化的气息。

蒙古族皮画

蒙古族皮画,以草原天然优质牛皮为原料,民间工艺师根据自己巧妙的构思,用刻刀在牛皮上精雕细琢出画的轮廓,经过特殊描绘、着色、层染、抛光、定形、半浮雕凹凸压制等一系列工序制作而成。蒙古族皮画多数以民族风情为体裁,充分利用和展示了天然皮革所具有的皮质皮色,具有线条流畅、勾描别致、立体感强、色彩柔和、永不褪色等特点。皮画浮雕般的立体效果,冷峻、凝重的风格以及猛烈、尖锐的视觉冲击力,令观赏者感到无比震撼,给人以全新的艺术享受。同时,蒙古族精品皮画充分体现了蒙古民族的艺术精髓和文化内涵,具有极高的艺术鉴赏和收藏价值,倍受海内外各界人士的青睐,是装饰、馈赠、收藏的首选佳品。

与普通的画相比,皮画有如下特点:一是色彩艳丽。没有经过染色的真皮是淡黄色的,有些略微泛红,在上色的过程中真皮本身和颜料特殊的融合使得原本的色彩更加鲜明。二是生动逼真。经过对立体装裱后的图案线条进行雕刻,产生了特有的浮雕效果,并且画面随内容需要跌宕起伏,与艳丽的色彩相配合,使得造型生动逼真。三是质感强烈。皮画精选牛皮等上等未经过分层的全皮制成,皮质细腻柔软,色调柔和,视觉舒适,质感无与伦比。四是高贵典雅。立体皮画常作为室内装饰极品,尽显主人的高贵气质与非凡的艺术品位。皮画中浓缩的草原风情,让人们在欣赏画作时,能感受到浓郁的草原气息,会产生出一种身临其境的感觉。

蒙古族毡画

毡画是蒙古族民间艺术之一,在察哈尔地区也很普及。早在元朝的游牧时代,蒙古族牧民就用羊毛毡子创作毡画,并悬挂在蒙古包内,或作为礼品馈赠亲朋好友。毡画的创作题材多来自于蒙古高原的自然场景和民间人文活动,内容丰富,特色鲜明,延续并记载着察哈尔蒙古部族的勇敢、智慧以及察哈尔蒙古草原的辉煌历史,承载着蒙古族对大自然和祖先的深厚祝福,具有较高的艺术价值。但由于战乱等原因,留存下来的传世之作很少。

毡画古称"火针刺绣",近代称之为"烫画""火笔画"等。毡画用料简单,无特殊工艺要求,制作过程不使用化学原料,没有污染,符合察哈尔蒙古部族追求自然、环保、健康的理念。毡画全部为手工烙制,有单色,也有彩色,制成后不掉色,易保存。

毡画多选取白色上等羊毛压制成毡,毡子的大小根据需要事先确定,形状多为长方形。制作毡子时,讲究边缘的整齐,以保证毡画的美观。毡子制好后,手工用烙铁在上面熨烫出焦黄的痕迹而成画。画毡的上边安装挂轴或挂绳,下边缀有缨穗,以增加其美观效果。因烫迹的深浅、粗细不同,色泽、质感和视觉效果亦不同,远看有如用颜料画成。

毡画的画面古朴典雅,画笔清秀简略,富有草原气息和民族风情。特别是用羊毛毡烫制的成吉思汗、达延汗、林丹汗等人物画像,更是栩栩如生、神情皆备、色彩独特、立体感强,是其他绘画形式不可替代的。毡画不仅能作为体现独特审美眼光的个性礼品,同时也是居家装饰的精品。近代的毡画常作为高档礼品赠送国外友人,并受到外国朋友的称赞。

经济发展

HUASHUONEIMENGGUchahaeryouyihouqi

经济发展

JINGJIFAZHAN

察哈尔右翼后旗是产业鲜明、产品亮丽的地区。这里开发建设了新型建材化工、农畜产品加工两大特色园区。有荣获全国绿色食品金奖的"后旗红"马铃薯，有国家级高新技术企业——蒙维公司。

农牧业产业

马铃薯

察哈尔右翼后旗农作物种植面积每年稳定在73万亩，马铃薯种植面积约40万亩，年产鲜薯8亿斤，占粮食作物总产量的70%以上。其中，农民种植业纯收入的50%来自马铃薯产业。马铃薯产业成为察哈尔右翼后旗农业生产的主导产业，并使察哈尔右翼后旗逐渐成为自治区马铃薯主产区之一。

察哈尔右翼后旗马铃薯以薯形好、芽眼浅、口味佳、口感好、淀粉含量高、营养丰富而驰名中外。察哈尔右翼后旗是中国薯都的核心种植区。

察哈尔右翼后旗总面积3 910平方千米。地理坐标为北纬40°30′～41°59′、东经112°42′～113°30′。

地理特征 地处丘陵和平原交错带，属半干旱中温带大陆性气候，平均海拔1 500米左右，无霜期105天。年平均温度2℃，≥10℃积温为1 900℃～2 300℃，平均日较差10℃～14℃，昼夜温差大，而且海拔高、空气干燥。这样的气候不但有利于马铃薯块茎膨大、干物质积累，而且与全国其他省区相比，严重危害马铃薯的疫病发生频率低，传毒蚜虫少。

光照 年均日照3 100小时，全年太阳总辐射量140.05千卡/平方厘米。太阳辐射强烈、光照充足，能使叶片变大，植株生长势头强，匍匐茎增多，块茎膨大加速，产量进一步提高。

水分 年降水量292毫米，6—9月份降水量占年降水量的80%，雨热同季。6—9月正值马铃薯块茎膨大期，田间持水量为60%~80%。上述特定水质条件满足了马铃薯生长

"后旗红"马铃薯包装箱

的需求，特别是"后旗红"马铃薯，红皮黄肉品系特性稳定，表现良好，适宜在察哈尔右翼后旗种植。

土壤　种植区土质为栗钙土，轻砂壤土种，耕作层 30 厘米。土壤有机质平均含量为 2.3% ~ 5.7%；碱解氮含量平均 86×10^{-6}，水解氮含量 0.837×10^{-6}；速效磷含量 78×10^{-6}，速效钾含量 150×10^{-6}。pH 值为 6.8 ~ 7.1。总之，非常适于种植马铃薯。特别是土壤中含有大量的速效钾，马铃薯吸收后，表皮光滑，颜色鲜亮，薯形更加美观。

内蒙古自治区级火山地质公园——察哈尔右翼后旗乌兰哈达火山群就位于这里。整个火山区域内都覆盖着厚厚的火山灰，土壤里的矿物质和微量元素含量较高。早晚温差较大，几乎没有虫害，所以基本不用农药。此外，丰富的牛羊粪为马铃薯的生长提供了生态养分。可以说察哈尔右翼后旗马铃薯是真正的绿色食品，是"火山养出的绿色食品"。

由于独特的地理位置、气候条件，察哈尔右翼后旗生产的马铃薯形状、色泽、口感、品质和营养价值均属上乘，特别是"后旗红"马铃薯，更是享誉全国，其红皮黄肉、芽眼浅、薯块大。大薯重达 1 千克，表皮光滑、颜色鲜亮。另外，该品种马铃薯蛋白质含量高，且拥有人体所必需的全部氨基酸，特别是富含谷类缺少的赖氨酸。

察哈尔右翼后旗马铃薯种植区实行区域化布局、规模化生产、标准化管理、系列化服务的农业产业化生产格局。基地建立了从产地环境、选种、育苗、栽培到投入品的使用、病虫害防治及产品储运包装销售全过程的综合标准体系和农技推广体系。通过技术承包、技术培训、田间示范、标准化监督管理等服务形式，有效保障了马铃薯产品的质

马铃薯指针式喷灌图

量安全。

在采用先进农技措施方面，制定了"三严、二改、一加强"关键措施。

"三严" 保生产严把种薯关，严把节水灌溉施工质量关，严把病虫害防治关。

"二改" 减成本改变传统的估算施肥技术，按照马铃薯不同生育阶段对各种营养的需求，准确计算施肥量；改变过去的估算浇水的方式，按马铃薯不同生育期需水标准，根据土壤水分测定仪测定指标进行浇水。

"一加强" 提效率改变过去小机械、浅耕层的机械技术，实施大机械、高标准、高质量的机械化栽培技术。

察哈尔右翼后旗马铃薯生产基地实行统一品种、统一生产标准、统一生产资料供应、统一病虫害防治、统一品牌销售的办法，加快了马铃薯产业化发展的步伐，提高了产品的知名度。

在马铃薯产业发展上呈现出"四化"态势：

种植规模化 近几年，察哈尔右翼后旗马铃薯种植面积稳定在40万亩左右。马铃薯产业真正成为察哈尔右翼后旗农业生产的主导产业。形成了"三区两带"马铃薯规模种植格局，即当郎忽洞、大六号和贲红三个种植区以及当郎忽洞—乌兰哈达—红格尔图35千米、贲红镇贲红村—希乐图38千米两条马铃薯集

马铃薯脱毒种薯大棚

中连片规模种植带。创建了白音察干镇、土牧尔台镇、大六号镇、贲红镇、红格尔图镇、当郎忽洞苏木、乌兰哈达苏木7个苏木、乡镇63个行政村的20万亩马铃薯绿色原料生产基地。

生产标准化　马铃薯种植逐步向规模化、设施化、标准化、产业化方向发展。每年马铃薯高效节水灌溉面积稳定在10.5万亩。大力推广节水灌溉、旱地覆膜、脱毒种薯、测土配方施肥、病虫害综合防治、全程机械化作业等标准化生产技术，保证了马铃薯的高产高效。察哈尔右翼后旗马铃薯高产创建示范田产量、经济效益和辐射带动作用已连续五年创农业部新高，受到国家和自治区专家好评，为华北地区马铃薯高产高效种植提供了可行的技术模式。2008年，察哈尔右翼后旗被授予"国家级马铃薯高产创新示范旗县"称号；2012年，被农业部授予"全国农业马铃薯标准化示范县"

称号。按照马铃薯标准化种植技术，经过5年努力打造，建成乌兰察布市首家20万亩的"全国绿色食品原料（马铃薯）标准化生产基地"。2014年，经内蒙古自治区农牧业厅审核，察后右旗马铃薯被认定为内蒙古自治区无公害农产品。

品种良种化　经过多年努力，察哈尔右翼后旗马铃薯种植全部实现脱毒种薯良种化，基本实现了良种"三系"配套。年生产微型薯3 048万粒，原原种140万斤，原种1 440万斤。全旗建成20个一级种薯繁育专业村、100个二级种薯繁育专业村，基本上具备了每三年更换一次良种的能力。脱毒种薯生产基地是乌兰察布市乃至全国的马铃薯种薯繁育基地，也是全国第一个马铃薯原种场诞生地，同时也是全国第一个原原种网室生产诞生地。全旗脱毒种薯生产从历史上和发展现状来看，在全国是领先的。2007年，国家工商局注册的"富奇"牌马铃薯被评为自治区名优产品，获得国家级绿色食品A级标识。通过多年的发展，全旗马铃薯种薯繁育体系不仅健全，而且已具规模，为全国马铃薯产业的不断发展壮大和升级做出了积极的贡献。近几年，经过科技人员试验示范，大田种植"后旗红"马铃薯亩产量高于品种

"克新一号" 7.8%，高于国外品种"夏坡蒂" 4.2%；网室种植"后旗红"马铃薯亩纯收入 1.1 万 ~1.2 万元，由于其田间性状表现良好、产量高，故市场前景可观，种植面积逐年增加。在 2011 年马铃薯产业遭受百年不遇滞销的情况下，"后旗红"以其过硬的品质，仍以每斤 0.8 元的价格稳占市场，供不应求。在 2015 年秋季马铃薯销售市场疲软的情况下，"后旗红"仍保持 0.8 元的稳定价格并销售一空。2015 年经中国绿色食品发展中心审核，"后旗红"马铃薯被认定为绿色食品 A 级产品。很多种植户取得了良好效益。

产品品牌化 坚持不断加强协调服务能力，积极组织能人大户领办协会、建设储窖和批发市场，基本形成了"协会引领、能人牵头、大户补充、市场储窖保障"的初级销售网络，使马铃薯销售淡季不淡、旺季不乱，变一季销售为四季销售。目前，全旗已培育马铃薯经销协会 3 个，专业经销队伍 300 多人。100 吨以上的储窖 46 座，总储存能力达到 9.2 万吨。建成马铃薯专业交易市场 2 处，特别是乌兰哈达马铃薯批发市场，其于 2006 年被农业部确定为北方马铃薯定点批发市场，现已成为华北最大的马铃薯专业批发市场，保证了马铃薯全年均衡上市，鲜薯

销售遍及山东、江苏、云南、湖南、广东、香港、澳门等 20 多地和俄罗斯、蒙古国、韩国、马来西亚、新加坡等国家，种薯销往广西、云南、四川等地。全旗马铃薯基本实现了以"吃"为主向以"卖"为主的转变。

2012 年，察哈尔右翼后旗被农业部评为乌兰察布市唯一马铃薯标准化示范旗（县），其中，乌兰哈达苏木七顷地村 1 000 亩马铃薯种植基地被认定为有机食品生产基地。特别是旗农业部门培育的本土品种"后旗红"马铃薯，不仅产量高，而且销量好。2012 年 7 月 29 日，第十届中国马铃薯大会暨乌兰察布第三届马铃薯文化节在乌兰察布市召开，察哈尔右翼后旗乌兰哈达苏木后村的马铃薯精种高产试验示范田是现场观摩点，种植品种 78 个，其中就有"后旗红"品种，得到了大会代表和专家的肯定和好评。2013 年，成功注册了"后旗红"马铃薯商标，同年被认证为 A 级绿色产品。2015 年，全旗种植"后旗红"面积达到 4.5 万亩以上，并在第十六届中国绿色食品博览会获得金奖。2016 年 11 月，"后旗红"马铃薯再次荣获第十四届中国国际农产品交易会参展农产品金奖。这些肯定真正体现了察哈尔右翼后旗马铃薯品牌拿得出、叫得响、有卖

火山脚下的黄牛

点，同时也提高了全旗马铃薯整体品牌形象、质量档次和市场占有率。目前，全旗拥有各类马铃薯加工小型企业 5 家，年可加工马铃薯 10 万吨，生产淀粉 8 000 吨、水晶粉等 2 000 吨。马铃薯龙头加工企业的发展，实现了从马铃薯鲜薯销售向精细加工产品的销售的转变，为企业带来了利润，也为全旗广大种植户扩大种植面积、增加销售总量、就近销售、就近加工转化增值提供了比较广阔的发展空间，马铃薯产业已基本形成产、繁、储、加、销一体化的产业化格局。现在，察哈尔右翼后旗"后旗红"马铃薯在良种繁育、大田生产等方面居全国马铃薯种植行业领先地位；在栽培技

术、田间管理、农产品质量等方面也占世界领先水平。察哈尔右翼后旗是北方最大的马铃薯销售基地。"后旗红"马铃薯品牌不仅是农产品品牌，也是内蒙古乃至中国的生态品牌、文化品牌。

"后旗红"马铃薯这一独特的品质资源，带动了当地农牧业经济发展，带动了农民增收，为察哈尔右翼后旗"三农"工作做出了巨大的贡献。

2016 年，国际品牌标准工程组织（IBS）专家组对"后旗红"马铃薯的育种、种植、生产、市场建设、品牌建设等诸多方面进行了现场检查评定审核，并依据品牌标准化模块评分标准进行了品牌标准化模块

评分。根据模块评分综合测评和现场全面检查综合评定，四位专家一致同意内蒙古察哈尔右翼后旗北方马铃薯批发市场有限责任公司注册生产经营的"后旗红"马铃薯为5A级国际品牌。

羊牛业

察哈尔右翼后旗位于内蒙古自治区乌兰察布市北部，西和北两个方向分别与四子王旗、察哈尔右翼中旗和锡林郭勒盟苏尼特右旗等几个畜牧业大旗接壤。全旗可利用草原面积325万亩，是一个畜牧业比重较大且畜牧业发展历史悠久的半农半牧旗。同时，畜牧业也是察哈尔右翼后旗的主导产业之一。2015年末，全旗牲畜存栏115.47万头（只），其中肉羊存栏98.62万只、肉牛存栏3万头、奶牛存栏1.5万头、马存栏0.35万匹、生猪存栏12万口，其主要指标均创历史最高水平。

（一）

肉羊占牧业绝对主导地位　经过多年的发展，肉羊产业已经具备了一定的规模。2014年，全旗肉羊存、出栏量均首次突破百万大关。2015年，在保持总量的基础上略有所增长。

主要牛羊良种化程度较高　1973年，根据内蒙古自治区改良方向区域规划的要求，察哈尔右翼后旗被列为半细毛羊育种区。通过各级技术人员的艰苦劳作，于1991年通过区内外专家的验收，由内蒙古自治区人民政府正式命名为"内蒙古半细毛羊"新品种。

"内蒙古半细毛羊"的验收命名，不仅填补了自治区没有半细毛羊的空白，而且为自治区畜牧业、纺织业发展起到积极作用。1980年，察哈尔右翼后旗被国务院授予"全国绵羊改良先进县（旗）"。2000年，察哈尔右翼后旗参展种羊荣获内蒙古绵羊品种和展示展销优秀奖。通过发展杜寒肉羊和引进高端肉牛，牛羊等主要畜群结构得到了优化，良种覆盖率进一步提高。同时，大力发展牛羊冷配技术。到2015年末，全旗羊人工授精站和牛冷配站分别达到107处和50处。

标准化规模养殖快速发展　加快设施畜牧业建设步伐，使传统畜牧业不断向现代畜牧业推进。优势畜种不断向规模化、集约化、标准化方向加快发展。2015年末，全旗肉羊、奶牛、肉牛、生猪和肉鸡规模化养殖比率分别达70%、80%、12.3%、42.4%和73%。

牧业组织化程度逐步提高　采取龙头带动、股份合作、市场联动等灵活多样的形式，积极引导龙头企业建立畜牧合作组织。目前，全旗已形成各类畜牧合作组织200多个。这些组织已成为连接农牧户和大市场的桥梁和纽带，有效地提高了畜牧业的组织化、市场化、规范化程度。

（二）

全旗紧紧围绕生态立旗战略，不断加大畜牧业结构调整力度，重点发展了适宜舍饲圈养的杜寒杂交肉羊，使肉羊产业成为全旗农牧业增效、农牧民增收的支柱产业之一。同时积极落实惠农惠牧政策，推动现代化舍饲牧业发展，畜牧业促进农牧民增收的主体地位进一步巩固。

引进优质品种　过去，察哈尔右翼后旗农牧民所饲养的肉羊多以寒羊为主。寒羊具有一年多胎、一胎多羔和适应舍饲圈养的优势，但在肉质和口感方面处于劣势，只能以低价赢得市场。为了改变这一现状，察哈尔右翼后旗利用国家进口种公羊方面的优惠政策，引进了具有肉质好、生长快、适应性强等诸多优点的杜泊种公羊，并以杜泊种公羊作为父本，以寒羊作为母本，经过多次试验，培育出了兼具肉质好和多胎效应的杜寒杂交肉羊。目前，全旗年均投放高代杜寒基础母羊5万只，年生产杜寒杂交羔羊近20万只，有力地提升了肉羊的市场竞争力，提高了养殖效益。在肉牛方面，察哈尔右翼后旗利用西门塔尔肉牛冻精对全旗肉牛基础母牛进行良种全覆盖。同时，鼓励龙头企业、合作社和养殖户引进高端肉牛品种。

强化基础建设　察哈尔右翼后旗利用京津风沙源工程、草原建设与保护和巩固退耕还林后续产业等项目，采取先建后补的方式，对全旗新建棚圈、储草棚、青贮窖、网围栏等畜牧业基础设施和饲草料基地进行补贴，使全旗畜牧业抗灾保畜能力得到了显著提升。全旗畜牧业基础设施建设通过产业扶持项目等得到加强。此外，为激发人工种草积极性，从2015年开始，察哈尔右翼后旗一年生牧草每亩补贴提高到20元，多年生牧草每亩补贴提高到70元。

融合利益联结　察哈尔右翼后旗以扶持畜牧业重点项目为抓手，通过龙头企业的示范带动，促进利益联结，提升了农牧民组织化程度，提高了全旗畜牧业产业化程度。2013年和2014年，先后成立了察哈尔右翼后旗土牧尔台肉羊养殖协会和黑牛养殖协会，吸引入会养殖大户和合作社50多家，几乎占据全旗肉羊养殖规模的三分之一和肉牛养殖规模的半壁江山。近几年，又先后扶持了百万肉羊养殖联合体项目和优质黑牛养殖项目等，这些项目都与农牧民利益联结紧密。2015年，引进了雏鹰农牧集团百万口生猪产业化项目，项目建成后可容纳养殖合作社800多户、可提供就业岗位1 000多个。

开展技术指导　为加快传统畜牧业向现代畜牧业的转变，察哈尔右翼后旗通过邀请专家开展培训、选派科技特派员下乡服务等活动，将畜牧业先进发展理念和实用技术送到农牧民手中。从2011年开始，全旗年均举办培训班5期，培训农牧民2 000多人，接待技术咨询人员1 000多人次，现场指导5 000人次。

落实惠牧政策　从2011年到2015年，全旗畜牧业累计享受国家和地方财政各项补贴近2亿元，其中养殖业补贴2 462万元（包括"菜篮子"项目525万元、标准化肉羊养殖补贴225万元、标准化奶牛养殖补贴300万元、秸秆养畜补贴140万元、秸秆转化项目补贴200万元、产业化肉羊养殖补贴100万元、能繁母猪补贴66万元、猪人工授精站器械补贴6万元、种公羊项目补贴400万元、百万肉羊联合体项目补贴500万元）、草原生态补贴和生产资料补贴7 890多万元、沙源工程补贴1 832万元、巩固退耕还林后续产业项目补贴1 707万元、苜蓿种植补贴180万元。此外，争取回牧草良种补贴4 699万元。协助保险公司为奶牛养殖户承保奶牛保险13 318头，理赔157.09万元，能繁母猪投保12 000头，理赔5.1万元。通过投保方式为农牧民挽回损失162.19万元。

（三）

察哈尔右翼后旗立足地区实际，着眼长远发展，围绕"稳羊、增牛、扩猪"的总体战略布局，加快转变生产方式。牧区稳定养殖规模，提高个体单产，提升草原品牌核心竞争力；农区提高繁殖率，提升品质效益。大力推进农区草食家畜标准化规模养殖，加快畜禽养殖标准化、规模化进程，积极建设牧区生态家庭牧场和农区标准化规模养殖场。进一步完善良种繁育和推广体系，提高良种化水平。牧区大力推进草牧场规范流转，整合畜牧业生产资料，引导扶持养殖能手向专业大户、联户、合作社等形式的家庭牧场方向发展；农区积极引进社会资本，推进庭院养殖向人畜分离转变，加快推广先进适用技术模式，重点支持生态循环畜牧业发展，引导形成牧区繁育、农区育肥的新型产业结构，发展"公司＋合作社""公司＋合作社＋基地"等为主导的生产组织模式，提升中小规模户和散养户的组织化程度。

奶牛养殖

肉羊产业 在稳定牧区基础母羊养殖规模基础上，加大优质种公羊覆盖力度，结合百万只肉羊联合体项目的实施，利用引进纯种杜泊种公羊的养殖场，通过技术培训和科学引导，让各养殖场进行高代杂交母羊的选育，力争年投放高代杜寒基础母羊6万只。同时，大力推广母畜提前配种，提高冬羔、早春羔比重，加快畜群周转，提高养殖效益；在突出抓好农区基础母羊繁育专业户基础上，继续推广具有一年多胎、一胎多羔效益的杜寒杂交肉羊，提高繁殖成活率，力争年生产杜寒杂交羔羊30万只。

肉奶牛业 进一步加大肉牛奶牛良种冻精补贴力度，逐步扩大奶牛肉牛养殖规模。在肉牛产业上，借助已初具规模的优质黑牛，引进草原和牛，带动周边地区大力发展优质肉牛养殖。在奶牛产业上，认真落实乌兰察布市政府《关于保护和扶持奶牛产业发展实施方案》，促进奶牛产业的健康发展。加快推进奶牛规模养殖场建设。重点打造旺牧养殖农民专业合作社、富康奶牛养殖小区、黑山奶牛养殖小区、西泉奶牛养殖小区的建设，使规模化养殖比例达到80%。

生猪产业 重点协调推进雏鹰农牧集团生猪一体化项目，继续做好雏鹰农牧集团与相关苏木、乡镇及部门之间的沟通协调工作，在完善2015年已开工建设的8个养殖小区的基础上，完成10个养殖小区的建设任务，力争全部投入生产。同时，加快40万吨饲料加工厂以及雏鹰农牧集团有限公司总部办公大楼项目实施，做好雏鹰农牧集团百万口生猪屠宰加工厂项目的选址和前期准

肉羊养殖

发展规模化舍饲养殖　推进标准化规模养殖水平，鼓励和扶持农牧户建设棚圈、贮草棚、人畜饮水井以及相关配套牧业机械设备，大力发展牧区家庭牧场。在水源条件较好的半农半牧区，突出抓好节水灌溉饲草料基地建设，加强棚圈、青贮窖等基础设施建设，发展规模化舍饲养殖。发挥农区粮食及秸秆等农副产品资源丰富的优势，以奶牛、生猪、家禽产业为重点，依托国家奶牛标准化规模养殖等项目，积极引导工商资本参与规模养殖场建设。

备工作。抓好现有生猪养殖场的规范化养殖，努力降低成本，提高养殖效益。

在加快羊牛产业发展中，全旗倾力推进"三化"建设：

加强设施化基础建设　以京津风沙源治理、巩固退耕还林成果工程等基础设施建设项目为切入点，改善牲畜棚圈和饲草储备等基础设施条件，增强牧区防灾抗灾能力，保证牲畜成活率，降低灾害年牲畜死亡数量。同时，加强饲草资源开发利用，培育优势饲草产业基地，增加配合和反刍饲料的使用量，满足家畜的营养需求，保障生产优质、高效、安全的畜产品。

实施品牌化发展战略　重点发展杜寒杂交肉羊和草原和牛、黑牛为主的优质高档肉牛品牌，探索建立畜产品来源可追溯、去向可查证的电子追溯体系，打造统一的火山草原畜牧业品牌，保障草原牛羊肉的声誉。

设施菜

察哈尔右翼后旗现在年种植设施农业面积534.6亩，其中日光温室494座366.7亩（种植蔬菜91座64.7亩，育微型薯195座171.1亩，种植草莓18座15.2亩，育葱头苗36座36亩）、大棚376座167.9亩（种植蔬菜20座，育微型薯132座83亩）。

温室大棚蔬菜种植重点引进北京温室蔬菜种植模式，为一年三茬，

生猪养殖

即春夏一茬叶菜类，夏秋一大茬茄果类，秋冬一茬叶菜类。温室大棚蔬菜平均亩产1万千克左右，部分温室亩产达1.5万千克，亩纯收入3万元左右。塑料大棚种植模式为一年一茬，种植品种为叶菜类和茄果类，平均亩产4 000千克左右，亩纯收入1万元左右。在白音察干镇绿洲移民区重点打造200亩设施蔬菜标准园建设基地；在当郎忽洞苏木杨贵村打造1 000亩露地标准园生产基地。打造2个绿色蔬菜生产基地，即大六号镇庙湾村的神农谷农牧公司、白音察干镇绿洲移民区的绿龙公司，并在一定区域内实施绿色防控技术。神农谷农牧公司拥有日光温室17座17亩（其中种植草莓7座，每座草莓纯收入4万多元；茄果类蔬菜10棚，每座纯收入3万多元）、露地蔬菜生产面积250亩。绿龙公司拥有日光温室140座（其中种植草莓10座，每座纯收入4万元左右；育微型薯82座，每座纯收入达2万元左右；蔬菜11座，每座纯收入达3万元左右；香菇4座，每座纯收入达4万元），新建双钢架、双农膜越冬温室10座10亩，准备种植越冬茄果类蔬菜。

露地生产蔬菜面积200亩。全旗冷凉蔬菜种植面积达2万亩，以白音察干镇绿洲移民区、只几卜、

温室大棚蔬菜

土牧尔台镇于家洼、当郎忽洞苏木杨贵村为重点，栽培蔬菜品种有大白菜、甘蓝、红萝卜、西芹、荠菜等。重点引进北京达华公司的蔬菜种植建设高标准节能日光温室200座。在白音察干镇绿洲移民区新建日光温室100座。在龙泉移民区、海窝村、只几卜村、贲红镇移民村、何家地都建立了日光温室和塑料大棚，成为全旗的温室大棚蔬菜种植区，推动全旗蔬菜产业向良性化方向发展。

工业产业

察哈尔右翼后旗工业经济按照"科学规划、合理布局、持续发展"的原则，围绕"园区承载、产业集聚、循环发展"的思路，优化整合石灰石、风能、畜产品等资源，重点规划建设了新型建材化工、新能源、皮毛绒肉加工工业园区。优化工业布局，提升产业层次，不断强化基础设施建设。创新招商引资机制，狠抓重点项目建设，以园区为平台的工业经济进入了集群式、循环型的发展阶段。

全旗现有各类工业企业 300 多家，规模以上工业企业 51 家。全旗形成了以电石化工、建材、清洁能源、农畜产品加工为主导的重点产业集群。

支柱产业

电石产业

察哈尔右翼后旗依托优质丰富的石灰石资源，大力发展电石及电石化工产业。通过大力招商引资和不断扩规上档，积极延伸产业链条，优化升级，实现了从商品电石到电石化工的转化，进一步延伸了产业链，提高了产品的附加值。目前，电石化工的循环经济产业模式已经形成，成为察哈尔右翼后旗经济发展中最重要的主导产业，也是乌兰察布电石化工主要生产基地。

2015 年底，察哈尔右翼后旗符合电石行业准入条件的电石生产企业有 4 家。其中以白雁湖化工为龙头的电石企业共有电石矿热炉 16 台，产能 120 万吨，在建 4 万千伏安矿热炉 8 台，项目全部达产后，全旗电石产能将达到 186 万吨；以蒙维科技公司为代表的电石化工目前聚乙烯醇（PVA）产能 10 万吨，炭黑产能 3 万吨，石灰氮产能 5 万吨。到 2016 年，电石化工下游产品产能达到 83 万吨。

察哈尔右翼后旗以内蒙古蒙维科技有限公司为龙头，重点发展电石下游产品，打造电石化工产业集聚区。蒙维公司是国内一次性产能最大的 PVA 生产企业，年产 10 万吨。特种 PVA 树脂项目采用国内最先进的电石乙炔法固定床合成醋酸乙烯（VAC）技术，重点在特种 PVA 产品生产过程中的节能减排和环保等方面寻求突破，真正实现产业结构调

白雁湖化工股份有限公司

整和升级换代。

"十二五"期间，蒙维公司投资78亿元，在建材化工产业区新上6个大项目，分别是年产20万吨多功能、差别化PVA，6万吨特种纤维，年产4万吨可再分散性干粉胶，年产2万吨PVA膜，年产60万吨电石渣综合利用水泥熟料生产线和4×50兆瓦余热发电项目，达产后总产值将突破100亿元，实现营业收入超百亿，解决就业人数3 600多人。

随着国内电石市场的发展变化，传统的电石生产工艺已逐渐不能满足生产需求。察哈尔右翼后旗电石企业通过技改扩能，提升了电石产业竞争力。内蒙古港原化工有限公司投资2.2亿元，采用北京神雾环保开发的新型电石生产工艺，对现有电石炉进行技改扩能。项目建成投产后，电石产量20万吨/年，比现有单台密闭电石炉产量提高3万吨，综合电耗下降到2 900度/吨，年节电0.9亿度。这一技术的应用，使项目生产工艺对地区乃至全国电石行业具有颠覆性的变革意义，推广后对电石行业有着重要的引领作用。

今后，察哈尔右翼后旗建材化工园区将进一步加大招商引资力度，继续引进电石生产企业，进一步满足电石化工产业发展的需求。到2017年，全旗商品电石和原料电石的产能将达到300万吨，用电负荷达到150万千伏安。

全旗精心打造电石化工领先区，着力提高供给质量体系和效率。到2020年，电石产能将达到350万吨，实现产值200亿元，利税16亿元。

建材产业

察哈尔右翼后旗依托丰富的石灰石资源，发展建材产业。乌兰察布中联水泥集团被国家列为循环经济试点，在继续扩大水泥产能的同时，加快循环经济项目配套建设，积极引进发展特种水泥；以钾长石为原料发展建筑陶瓷、玻璃等建材产业；以粉煤灰、石膏为原料发展高强度墙体材料、防渗材料、涂料等新型建材；石材储量大、质地优良、分布广，石板材市场开发和精深加工潜力巨大。

现在，以中联水泥集团为龙头的建材产业现有水泥生产企业7家、熟料生产企业1家，产能达到了水泥610万吨、熟料400万吨的规模。各类白灰企业近50家，其中气

内蒙古蒙维科技有限公司

烧白灰和旋转窑企业 5 家，产能约 260 万吨。建材产业主要分布在察哈尔右翼后旗建材化工园区红格尔图建材产业园内。

今后，将以中联水泥集团为龙头，进一步打造华北建材产业龙头。在现有年产熟料 400 万吨的基础上，进一步扩大规模和提高技术含量。到 2017 年，熟料产能将达到 1 000 万吨，水泥产能达到 1 500 万吨。利用水泥、废渣生产砌块、免烧砖、轻体隔墙板等新型建材 20 亿块。

清洁能源产业

察哈尔右翼后旗具有得天独厚的风能资源。目前，全旗风电装机容量达到 70 万千瓦，并网发电 60 万千瓦。光照时间长，可发展太阳能光伏电产业。

察哈尔右翼后旗重化工业比重大，未来清洁能源产业是经济发展的另一大重点产业。今后将积极搞好相关项目的服务，为项目达产创造便利条件。到 2017 年，全旗风电装机容量达到 150 万千瓦，并网发电 120 万千瓦，光伏电装机容量 15 万千瓦，热电联产和余热发电装机容量达到 150 万千瓦。

煤化工产业

目前，察哈尔右翼后旗以铸邦公司为代表的 320 万吨褐煤干馏提质项目正在建设当中；世纪恒润公司 300 万吨褐煤开采项目也在建设当中。

今后，察哈尔右翼后旗将依托丰富的电石化工优势及周边地区的煤炭资源优势发展煤化工产业，进一步延伸产业链条，做大做强以煤炭为主要基础原料的煤化工产业。

中联水泥厂

到 2017 年，全旗电石年兰炭用量达到 270 万吨，全旗煤炭开采提炼年达到 500 万吨，其他工业年用煤约 500 万吨。

石油化工产业

目前，察哈尔右翼后旗以中翰公司为代表的石油化工项目年产 100 万吨重交沥青、10 万吨润滑油项目正在建设。

现在，全旗境内探明的石油储量为 1 亿吨。到 2017 年，全旗石油开采量年达到 50 万吨。依托这一优势资源，将进一步发展石油化工，并将其作为今后五年招商引资的重点。

畜产品加工业

察哈尔右翼后旗农畜产品资源丰富，以皮革、绒毛、肉类、马铃薯、胡萝卜、奶制品等绿色产品为特色的品牌知名度日益扩大。目前，全旗已注册农畜产品商标 9 个，规划建设了土牧尔台畜产品加工园区，并引进天津鑫刚集团对园区基础设施进行开发建设。现在，皮革加工量达到 110 万张，绒毛交易量 7000 吨。到 2017 年，全旗皮革鞣制加工达到 850 万张、梳绒 3800 吨、洗毛 6000 吨，马铃薯鲜薯加工能力达到 1 亿斤。以农畜产品深度开发加工为主，继续引进一批产业关联度高、辐射带动力强的龙头骨干企业，进

行皮、毛、绒、肉的精深加工及开发以牲畜脏器为原料的生物制药，提高加工转化率和产品附加值。重点引进以皮革、绒毛、肉类和马铃薯、胡萝卜等为原料的深加工项目。

全旗的农畜产品加工业主要分布在土牧尔台皮毛绒肉加工园区。经过近几年的发展，土牧尔台皮毛绒肉加工园区的基础设施等各项功能已基本完善，形成年梳绒 2100 吨、洗毛 4000 吨、肉食品 4600 吨、皮革鞣制加工 100 万张、绒毛制品 30 万件、皮毛制品 24 万件的产能。特别是 2013 年引进的北京机械科技有限公司污水处理厂项目，为土牧尔台皮毛绒肉的发展注入新的活力。

重点园区

察哈尔右翼后旗建材化工园区由杭宁达莱、蒙维新材料、红格尔图建材三个功能区组成，总规划面积 100 平方千米。目前，园区总体规划、循环经济产业发展规划编制工作已完成。园区水、电、路等基础设施一期建设累计投入 7.4 亿元。

杭宁达莱核心功能区规划总面积 50 平方千米，重点发展电石及下游产品和石油化工产业。目前，完成了"三横一纵"道路、跨集二线铁路大桥及杭宁达莱大道跨铁路主干道建设和绿化亮化工程。2012 年

开工建设的220千伏变电站已投入使用，各项基础设施建设累计投入4.4亿元。目前用电负荷为32万千伏安，到2017年用电负荷近100万千伏安。现有入园企业14家，协议总投资182亿元，已完成投资22亿元，主要以电石及下游深加工项目为主。项目全部达产后，可实现产值290亿元、利税15亿元，安排就业岗位8 000多个。

蒙维新材料功能区，规划面积30平方千米，以蒙维科技有限公司为龙头，重点发展电石、铁合金及PVA为主的电石下游产品。现有220千伏变电站1座、110千伏变电站2座、35千伏变电站2座。目前用电负荷为27万千伏安。水电管网配套完善，完成了主干道硬化、亮化、绿化工程，各项基础设施建设累计投入2.2亿元。

红格尔图建材功能区，规划面积20平方千米，以中联水泥公司为龙头，重点发展以水泥、熟料、白灰为主的建材产业，配套带动发展物流业。新建35千伏变电站一座已投入运行，目前用电负荷为10万千伏安。各项基础设施建设累计投入8 000万元。除中联水泥公司外，有水泥粉磨加工企业6家、白灰加工企业40多家。

在园区建设中，察哈尔右翼后旗始终坚持"两点"：

一是立足旗域产业定位，高标准制定园区规划。2012年，察哈尔右翼后旗委托内蒙古工业大学经济管理学院编制完成了《建材化工园区循环经济产业发展规划》，随后对园区总体规划进行了修编完善。建材化工园区的产业定位是依托石灰石优势资源，发展科技含量高和附加值高的电石化工产业和水泥建材产业，并由此带动发展煤化工和石油化工产业，围绕项目的下游产品开发，延伸产业链条，发展循环经济，推动产业向高端化、精深化、品牌化、集群化发展，形成企业小循环、产业链和园区大循环的发展格局。园区规划面积100平方千米，按照"一园三区"功能布局，目前已开发25平方千米，其中核心区杭宁达莱功能区10平方千米，重点开发商品电石、煤炭化工和石油化工；蒙维新材料产业功能区6平方千米，重点开发PVA等电石下游产品；红格尔图建材功能区9平方千米，重点发展熟料、水泥及水泥制品。

目前，工业园区围绕循环经济发展思路，重点从两个方面开发延伸：一是建材产业，石灰石—熟料—水泥—水泥制品；二是电石化工，石灰石—电石—二氟乙烷、炭黑、石灰氮、PVA等。

同时，还将进一步开发薄膜、管材、维尼龙等特种纤维产品。最后，电石化工的废渣作为建材企业的原料被充分利用，建材化工企业的余热又被回收发电，尾气被回收供给白灰企业。三个功能区互为依存、相互关联，初步实现了"原料互用、功能互补、产业循环"。

二是完善投融资机制，高水平建设园区基础设施。建材化工园区通过政府投资，引导社会、企业多渠道筹集建设资金，加大园区水、电、路、通讯等基础设施建设力度，优化工业发展环境。

杭宁达莱核心功能区，基础设施累计投入资金2.4亿元，完成了道路、跨铁路大桥及杭宁达莱大道跨铁路主干道的路面铺设和绿化工程。

今年，引进的贵邦圣泰2×13.5万千瓦自备电厂项目已开工，还准备在园区成立建材化工技能提升基地，引进安徽皖维总部研发基地。

蒙维新材料功能区水电管网配套完善，并完成了主干道硬化及主干道两侧路灯安装及绿化工程，各项基础设施建设累计投入1.2亿元。

红格尔图建材功能区电网、道路、绿化等基础设施完成。通过加大园区基础设施建设，最大限度地降低了企业入驻成本，完善了配套服务功能，优化了企业发展环境，园区的产业集聚功能明显增强，为承接产业转移奠定了良好基础。

按照自治区"双百亿"工程和乌兰察布市"构筑三个基地""建设电石化工领先区"战略部署，高

杭宁达莱工业园区一角

标准建设了察哈尔右翼后旗建材化工园区。园区由杭宁达莱工业园、蒙维新材料产业园、红格尔图建材园三个功能区组成。2012年被确定为市级重点工业园区，同年园区营业收入突破百亿元，成为自治区"双百亿"园区。

现园区电石产能105万吨，PVA等下游产品产能11.5万吨，水泥产能610万吨，熟料产能400万吨，直接吸纳就业1万人，带动就业2.5万人，形成了原料互用、功能互补、配套发展的循环经济模式。

土牧尔台皮毛绒肉加工业园区于2008年9月被乌兰察布市确认为乌兰察布市农牧业产业化示范园，2009年7月被国家农业部认定为全国农畜产品加工创业基地。

园区周边常年从事皮毛绒肉贩运的人员达8 000多人，并有400多人常年分散在蒙古国、俄罗斯等地从事皮毛绒肉贩运行业。土牧尔台在历史上就是中国北方出名的皮毛绒肉集散地，具有发展肉羊产业的地域与资源优势。

土牧尔台皮毛绒肉加工业园区始建于2007年。园区最初总体规划占地3 000亩，现已开发建设1 400多亩。园区"七通一平"基本完成，各项基础设施建设累计投资达到1.3亿元。

园区内各类企业现发展到56家，并建有2个活畜交易市场（年交易肉羊15万只、肉牛2 000头）。在这些企业中，涉及皮毛绒肉加工的企业有50家（其中梳绒、洗毛、绒

土牧尔台皮毛绒肉加工园区产品展厅

毛制品及毛绒加工企业24家，裘皮鞣制及皮革制品加工企业4家，肉食品加工企业10家，肠衣制品企业1家，毛发制品企业1家，养殖企业10家），马铃薯深加工企业1家，其他企业（面粉厂、砖厂、饲料厂）5家，规模以上企业达到17家。近年来，企业完成固定资产投资3.2亿元，解决就业人员1 600多人，年工业总产值可突破20亿元，上缴税金近1 000万元。

园区现有梳绒机464台、电脑针织横织机226台、毛绒生产线1套。年生产梳绒2 400吨、洗毛4 000多吨，绒毛交易量9 000多吨；年屠宰加工肉羊30万只，肉类交易量达6 000多吨；年贩运、鞣制、加工各类皮张110万张；年生产绒毛制品30万件，皮毛制品24万件，生产坐垫、地毯2 500多平方米。园区产品注册的商标有：泰发祥、融融、牧尔金斯、纳兰明珠、乌勒庚、佳原等。生产种类有：羊绒制品、羊毛制品、羊剪绒制品、肉制品（带骨牛羊肉、精选牛肉胚、精选羊肉砖、精选卷羊肉、羊尾胚、后腿、里脊骨）、床上用品及毛发制品。产品远销北京、天津、上海、广东、河北、山东、河南、江苏、福建、浙江、山西等地，并出口日本、美国、蒙古国、新加坡以及欧盟等国家和地区。

文化产业

察哈尔文化博物馆

察哈尔文化博物馆是全国唯一一座集察哈尔文物典藏、陈列展示、学术研究、传播交流、社会教育等功能于一体的专题性博物馆。博物馆汇集了现代元素、地域表征与民族特色，是浓缩察哈尔火山草原生态变迁史与察哈尔文化发展史的一部"百科全书"，是察哈尔（部）地区经济社会发展水平和文化繁荣的重要标志。

博物馆共设四个展区：

英雄部落

以英雄集萃为主题，从巩固北元政权、清朝西迁戍边到近现代以来抗击外来侵略等为亮点，充分反映出察哈尔蒙古部族为维护祖国领土完整、边疆安宁，前仆后继、英勇悲壮的爱国主义情怀和英雄主义精神。

光辉历史

由察哈尔蒙古部族的起源、形成、发展到鼎盛近千年的发展脉络，突出成吉思汗和北元王朝的历史，重点体现出察哈尔蒙古部族的聪明才智以及察哈尔蒙古部族辉煌的发展历程。

灿烂文化

以板块串珠形式，全面再现察哈尔蒙古部族不同历史时期的生产生活、文化艺术、风俗礼仪、宗教信仰等，体现察哈尔文化为草原文明发展所做出的不可磨灭的重要贡献。

传承发展

以亮点聚焦方式，全方位、多角度集中呈现察哈尔文化研发的十大成果，立体展示中华人民共和国成立以来察哈尔文化事业繁荣、文化产业发展的辉煌成就，精彩再现察哈尔文化的无限魅力。

察哈尔文献馆

察哈尔文化是蒙古族文化的重要内容，是草原文化的一支绚丽奇葩，是中华文化的重要组成部分。数百年来，有关察哈尔的历史文化在世界各地产生了诸多灿若星辰的文化著述和文献资料，这些著述和文献资料，在各个时期、各个领域，为推动人类发展和社会进步发挥了重大作用。

察哈尔文献馆是全国首家专题性、专业性察哈尔文献珍藏场馆，集收藏、阅览、咨询、检索等功能于一体，完好地保存了察哈尔地区的各种论著、史料、档案、视频音像等千余种近现代文献资料共万余册，其中获国家级奖的28种，自治区级奖的92种，具有较高的史料、学术价值。

察哈尔文献馆凭借丰富的馆藏资源，立足深厚的察哈尔文化沃土，为社会提供多形式、多层次、多渠道的全方位专利文献查阅服务。文献馆致力于开展古籍整理保护、科普教育活动，成为开展学术研究、地方史志编辑、科普教育活动的重要参考资料库。

察哈尔文化传承中心

察哈尔文化传承中心是自治区首家集学习、研究、交流和文化公益服务等功能于一体的综合性文化活动场所。该中心设置了"一社"（察哈尔文化书社）"两中心"（察哈尔文化研究促进会会员中心、察哈尔文化艺术交流中心）。本中心立足察哈尔右翼后旗，面向乌兰察布市，辐射全区、全国，是培育察哈尔文化品牌，传播、弘扬和发展察哈尔文化的重要窗口和平台。其主要职能有：

学习培训

为到访人员免费提供图书阅览、察哈尔文化知识解答及察哈尔文化礼仪培训等服务，努力把该文化传承中心打造成全民普及学习察哈尔文化知识的业余学校、信息平台、精神乐园。

文化展示

以察哈尔右翼后旗文化艺术名人展、察哈尔文化史料展以及文化艺术展示为依托，进一步增强察哈

村民在书屋阅览

尔右翼后旗及察哈尔文化的对外影响力和知名度，形成察哈尔文化的展示平台和对外宣传窗口。

文化交流

搭建起察哈尔地区文化艺术人才联系的桥梁与纽带，为察哈尔文化研究等活动提供信息、思想交流的服务平台，使之成为察哈尔文化艺术人才的联谊之地。

文化策划

策划举办高端察哈尔文化派对，组织开展察哈尔文化知识竞赛及书法、美术、摄影比赛等展博活动，协助旗委、旗政府策划实施服务社会、面向大众的大型文化公益活动。

文化经纪

由察哈尔文化艺术名人组成顾问组，为全社会提供察哈尔文化产业的策划、咨询和经纪服务，以深入开发民族文化资源，促进传统文化产业发展。

察哈尔文化公共服务中心

察哈尔文化公共服务中心是在"打造察哈尔文化品牌，加快发展特色文化产业"的背景下建立的综合性文化公共服务平台，是察哈尔文化服务社会、连接政府、接轨市场的桥梁和纽带，是传播、弘扬和发展察哈尔文化的重要窗口和平台。在"大众创业、万众创新"的新形势下，察哈尔文化公共服务中心大胆探索综合公共文化服务载体建设运营新机制，实现了公共文化服务高效化、服务供给精准化、人才队伍多元化、服务保障长效化，面向全社会形成了点面辐射、上下联动、效能凸显的服务网络。

察哈尔文化艺术展览中心

察哈尔文化艺术展览中心位于白音察干镇建成区南部杭宁达莱生态园，与红格尔图战役纪念碑和广播电视塔南北相望，与杭宁达莱人工湖俯首相伴，是察哈尔右翼后旗标志性建筑和主要景观之一。察哈尔文化艺术展览中心集群艺、展览、文化、图书、文艺等功能于一体，承担着推广先进文化、传播科学知识、交流书画艺术、承办政务会议、演绎精品剧目、提供休闲娱乐、展示发展成果等多项职能。工程总投资7 900万元，占地面积1.3万平方米，总建筑面积1.28万平方米。于2009年9月开工建设，2012年8月份投入使用。

工程外观整体呈圆柱形，内部为环形套建，共有三个楼层。内部一层中央大厅为察哈尔右翼后旗成就展览和白音察干镇规划沙盘，外围为历史文物展厅、书画摄影展厅、廉政教育展厅、国防教育展厅；二层为民俗展厅、莫德格玛展厅、田滋茂书画展厅、非物质文化遗产展厅、青少年活动中心、图书阅览室、电子阅览室、少儿阅览室、蒙古文阅览室、报纸杂志室、文艺辅导和培训中心；三层中央大厅为可供文艺演出和举行大型会议的多功能厅，外围为苏木乡镇厅和乌兰牧骑排演练厅。该展览中心走廊为外环型走廊，休闲时可一览白音察干镇和杭宁达莱生态园全貌。工程外观造型构思独特，气势宏伟，内部场馆宽敞，功能齐全，加之与自然地形的巧妙结合，体现了察哈尔文化博大精深、劲力苍天、开放包容、淳厚古朴的精神。

察哈尔文化艺术展览中心的建设，是察哈尔右翼后旗弘扬察哈尔文化、建设民族文化强旗的重要举措，是引领全旗民族文化建设、构建覆盖城乡文化网络的主阵地，是察哈尔右翼后旗推进民族文化大发展大繁荣的新亮点。

察哈尔右翼后旗蒙古族学校

察哈尔右翼后旗蒙古族学校建于1956年，是察哈尔右翼后旗唯一一所纯蒙古语授课的九年一贯寄宿制学校。学校占地面积1.4万平方米，建筑面积6 700平方米，现有教职工97人，教学班15个，其中幼儿班5个、小学班7个、初中班3个；现有在校生302人，住校生162人。学校师资力量雄厚，专任教师的合格率达100%。

学校拥有教学楼、宿舍楼、餐饮楼等，教学生活设备齐全。现代化教育教学设备完善，教师办公条件优越。多媒体教室、电脑室、教

蒙古语朗诵比赛

蒙古语授课

师电子备课室，为教学活动的开展提供了有力的保障。

学校以"办优质学校、兴民族教育、育有用人才"为办学宗旨，以"德育为首、教学为主、管理为先、育人为本"为办学理念。教师以"敬业、爱生、进取、奉献"为教风，以每一个学生来到这里"日日有进步，天天有收获"为目标。

在学校管理工作中，狠抓教学常规管理。在课堂教学中，着力构建高效课堂，细化教学操作，强化质量意识，始终坚持"先学后导，以学定教"的教学理念不动摇。针对寄宿生较多的情况，实行代家长制管理，为学生创造家庭般的学习、生活环境，为学生打造舒适优雅的成长环境，使学生时时、事事都能感到家的舒适与温暖。

为了培养学生的体育和艺术兴趣，陶冶学生的艺术情操，学校组建了安代舞队、筷子舞队、马头琴队、蒙古象棋兴趣小组、蒙古族摔跤队、射箭队、乒乓球队、美术和蒙古语书法兴趣小组等兴趣小组，学生根据自己的兴趣和爱好自愿参加。

今天的察哈尔右翼后旗蒙古族学校，承载着民族人才培养的重任，在鲜花与绿树的簇拥中荡漾着母语教学的旋律，琅琅的读书声述说着马背民族博大的胸怀，升腾着民族人才五彩的梦想。

察哈尔阿斯尔乐团

阿斯尔是流行于察哈尔地区的蒙古族特有的宫廷器乐曲。它结构紧密，转调自然，风格高雅，悠扬婉转。阿斯尔从元代流传至今，已有700多年的历史，它是民族文化

阿斯尔演奏

大型阿斯尔演奏

艺术宝库的奇葩，具有不可替代的艺术价值。

察哈尔右翼后旗为了保护和传承这一濒临消失的文化瑰宝，专门组织力量对其进行了全面系统的挖掘和整理，举办了察哈尔阿斯尔研讨会。收集阿斯尔经典曲目，编辑出版了有关阿斯尔的蒙汉文书籍。在旗民族小学，组织学生学习和演奏阿斯尔。与此同时，在民间也形成了弘扬和传承察哈尔阿斯尔的良好态势。由30多位民间艺人组成的传播察哈尔蒙古族宫廷音乐阿斯尔的民间乐团体——察哈尔右翼后旗察哈尔阿斯尔乐团于2010年9月份正式挂牌成立。2009年，该乐团在自治区阿斯尔蓝旗邀请赛中获团体第四名；2010年，在首届察哈尔右翼后旗察哈尔文化艺术节察哈尔歌曲、阿斯尔比赛中获表演一、二等奖和最佳组织奖；在由内蒙古电视台、乌兰察布市电视台、察哈尔右翼后旗承办的"察哈尔杯"首届中国·察哈尔阿斯尔电视大奖赛中获最佳组织奖和察哈尔阿斯尔演奏电视大奖赛二等奖；每年代表乌兰察布市和察哈尔右翼后旗参加由锡林郭勒盟正蓝旗、正镶白旗、镶黄旗等六旗县轮流举办的"察哈尔杯"老年歌舞、器乐赛，多次载誉而归。2011年，国家文化部命名察哈尔右翼后旗为"中国民间文化艺术之乡——阿斯尔音乐之乡"，使阿斯尔成为察哈尔右翼后旗特色文化的象征。

察哈尔奶制品产业协会

察哈尔右翼后旗饮食文化历史悠久，其中奶制品的加工、制作独具民族特色。产品拥有纯天然、无污染、绿色性、营养等特点，具有广阔的发展前景。

在旗政协、察哈尔文化研究促进会的倡导下，2010年成立了"察哈尔奶制品产业协会"。协会注册会员现有58家，包含了全旗中小型奶制品加工企业及具有一定规模的家庭作坊。协会实行"三统一分"，即统一管理、统一商标、统一价格、分户营销，探索走出了一条"协会＋公司＋农牧户"的发展模式，解决了农牧户奶源滞销的问题，也解决了奶制品的销售问题，解决了农牧

白音察干
松胡茹达

察哈尔奶食

民转移就业的问题，实现了农牧户利益的最大化。

协会成立后，抓住了自治区第五届乌兰牧骑艺术节和首届察哈尔文化艺术节在察哈尔右翼后旗举办的契机，举行了察哈尔奶制品展赛等活动；与旗就业局联合举办了5次奶制品制作技术培训班；组织会员赴锡林郭勒盟正蓝旗、镶黄旗等地奶制品厂家进行参观学习；由协会牵头，成功注册了"罕宫"牌奶食商标；利用扶贫专项资金对11家奶制品厂进行了改扩建；注册成立了察哈尔右翼后旗奶制品有限责任公司；向自治区、乌兰察布市成功申报"查干伊德"之乡。在协会近几年的组织引领和辐射带动下，全旗奶制品产业直接、间接从业人员达2 000多人，实现了以产业带就业，以就业促发展，以发展增效益的目标。

察哈尔奶食

察哈尔右翼后旗乌兰牧骑排演的舞蹈参加第四届中国少数民族戏剧会演

现在，全旗生产的奶制品有20多个种类、50多个花色品种。每年各种奶制品产量达45万千克，实现产值5 400多万元。

察哈尔右翼后旗乌兰牧骑

察哈尔右翼后旗乌兰牧骑成立于1965年9月，是一支具有光荣传统、拥有灿烂历史的基层文艺队伍，属财政全额拨款事业单位。50多年来，乌兰牧骑长期扎根于农村牧区，活跃在基层，始终坚持"二为"方向和"双百"方针，为加强农牧区社会主义精神文明建设、促进基层民族文化事业和经济社会发展、促进民族团结等做出了积极贡献。

乌兰牧骑在岗在职人员38人，队员平均年龄为25岁。研究生学历者2名、大学学历者34名、中专学

历者2名，声乐演员13名、舞蹈演员16名、器乐演奏员9名。每年赴基层演出达100余场。先后在国内20多个省、市、自治区演出5 000余场次，其中基层演出达4 000场次，被《中国文化报》亲切称为"根植在察哈尔草原的心连心艺术团"。

"问渠那得清如许？为有源头活水来。"全旗先后投入800余万元对乌兰牧骑进行软硬件升级改造，并屡结硕果。

2009年，歌舞剧《心醉察哈尔》在乌兰察布市乌兰牧骑会演中荣获金奖；2010年编排的歌舞剧《察哈尔婚礼》荣获自治区第五届乌兰牧骑艺术节金奖；2011年创作的歌曲《察哈尔家园》《我爱你乌兰察布》《我是草原人》等均获国家级创作大奖；

2011年《察哈尔婚礼》入选乌兰察布市第三批非物质文化遗产名录，并在参加第九届中国内蒙古草原文化节时，被作为草原精品剧目在全国推广；2012年，内蒙古自治区第十一届精神文明建设"五个一工程"奖评选揭晓，《察哈尔婚礼》荣膺全区"五个一工程"奖；2013年，编排的民族歌舞晚会"察哈尔恋歌"参加乌兰察布市乌兰牧骑会演，总分排名第一，奖项排名第一，集体、个人奖项共计15项，创历史新高；创作歌曲《最美察右后旗》荣获优秀创作奖、全国总评词曲金奖，并参演2013年"美丽中国"大型音乐展演活动；2015年9月，在第三届内蒙古戏剧"娜仁花"奖大赛上，编排的原创蒙古剧《忠勇察哈尔》获乌兰牧骑大赛组织奖，主演分获表演金奖、铜奖；2016年5月，受邀参加"歌舞中国"2016全国少数民族电视歌舞展演暨赴韩大型集体舞、合唱演出选拔活动，夺得年度总冠军，分别荣获节目金奖、优秀组织机构奖、优秀编导奖、最佳服饰奖四项大奖，并且获得参加中韩文化交流演出活动的资格；2016年7月，编排的楚拉嘎蒙古语好来宝《火山草原察哈尔人》入选第六届全国少数民族曲艺展演，荣获"优秀剧（节）目奖"荣誉称号。

2012年，察哈尔右翼后旗乌兰牧骑被评为乌兰察布市乌兰牧骑建设先进集体；2013年，察哈尔右翼后旗乌兰牧骑被评为乌兰察布市"五四"红旗团支部（总支），荣获2013年度"乌兰察布市民族团结创建活动示范单位""察哈尔右翼后旗民族团结模范集体"荣誉称号；2015年，自治区第六次乌兰牧骑评估组专家对全区乌兰牧骑实地验收评估后，察哈尔右翼后旗乌兰牧骑被自治区文化厅授予全区"一类乌兰牧骑"荣誉称号。

如今的察哈尔右翼后旗乌兰牧骑已成为宣传草原、赞誉家乡的重要平台，成为外界了解察哈尔右翼后旗的重要窗口，为弘扬民族文化、宣传本地区做出了积极贡献。

蒙古剧《忠勇察哈尔》

18世纪50年代，清政府虽然平息了新疆大、小和卓叛乱和准噶尔部阿睦尔撒纳的反叛，但新疆伊犁地区防务空虚，沙俄势力不断侵扰、蚕食伊犁边境地区。为了加强新疆伊犁地区的防务力量，抵御外敌势力的扩张，清朝政府决定从察哈尔八旗调遣2 000名携眷官兵和500名成年妇女前往新疆伊犁地区永久驻防。

蒙古剧《忠勇察哈尔》就是以清朝乾隆年间为背景，以察哈尔八

原创蒙古剧《忠勇察哈尔》部分剧照

原创蒙古剧《忠勇察哈尔》在第十二届中国·内蒙古草原文化节上的演出场景

原创蒙古剧《忠勇察哈尔》在第十二届中国·内蒙古草原文化节上的演出场景

旗 2 000 名携眷官兵及 500 名已婚妇女共 6 000 多人分三批西迁新疆伊犁戍边为题材，选取一对恋人察哈尔夫、巴德玛在西迁戍边过程中的悲欢离合的故事，再现了察哈尔蒙古部数千军民舍家离乡、不远万里、浩浩荡荡奔赴边疆的宏大气势和克服万难的艰辛历程，特别是讴歌了 500 名察哈尔妇女，为了祖国边疆的稳定，大义西迁、远嫁边疆，为了维护祖国的统一和领土完整，奉献出自己一生的伟大壮举。察哈尔八旗的 6 000 多军民热爱自己的家乡，热爱自己的亲人，但是在国家危难之时，他们却义无反顾地选择了西迁新疆并永久驻防的道路。这条路布满了荆棘，更有着个人利益与国家利益、家庭利益与国防安全的激烈冲突。在跌宕起伏的故事情节中，通过这些普通军民心中的家与国、公与私的巨大冲突，展现了他们淳朴的感情和美丽的心灵，更反映出察哈尔蒙古部族忠勇爱国、傲骨铮铮的爱国主义情怀和为了祖国的利益勇猛顽强、视死如归的英雄主义气概。该剧对增强民族团结、维护祖国统一，弘扬主旋律，树立社会主义核心价值观具有重要的现实意义和深远的历史意义。

特色产业

察哈尔右翼后旗坚持推进文化产业与文化旅游融合发展，举力创建察哈尔火山草原文化旅游强势品牌，尽心打造生态、特色、避暑、休闲、度假、开放的火山草原旅游胜地。

察哈尔右翼后旗以打造祖国正北方、亮丽内蒙古、魅力察哈尔、火山草原情旅游形象为目标，重点推动发展了地质度假避暑观光游、察哈尔历史文化游、生态园广场休闲游、牧（农）家乐、乡村民俗游和红格尔图抗战励志游，基本构建起了观自然风光、赏历史文化、享民族风情、避炎热之暑的察哈尔文化特色旅游格局。

察哈尔右翼后旗始终坚持民族特色产业与民族文化旅游发展相结合，整合各类文化旅游要素，搭建产业与旅游、旅游与文化融合发展的平台。全旗成立了有产业特色的协会及平台17个，建成了占地4 000多平方米的民族文化产业街，探索出了协会"144"发展模式，即1个协会（以一个察哈尔文化特色产业为基本单位），4大建设内容（特色＋品牌＋组织＋人才），4大发展模式（服务组织推动型、技术能人带动型、特色资源依托型、民俗文化开发型生产模式）。通过示范、引领和带动，察哈尔右翼后旗实现了察哈尔文化特色产业的集聚联动式发展，已成为乌兰察布市乃至全区文化旅游产业发展的新亮点。

近年来，察哈尔右翼后旗依托察哈尔文化的历史积淀和察哈尔独特的人文资源和自然景观，实现了察哈尔文化特色产业的快速集聚发展。2014年底开始筹建民族文化产业街，面积4 000余平方米，外装修设计以察哈尔文化元素为主，既突出强烈的民族特色，又显得美观大气。店面装修突出了民族特色和行业特点。现吸纳民族文化特色企业、民族工艺传承、民族特色商品生产经营等32家优秀文化企业和商户，共23个种类3 000多种产品。产业街每年可实现产值 8 000 万元，利润 4 000 万元，带动就业 200 多人。通过政府的扶持、引导，文化产业正逐步成为全旗的支柱产业。

现在，全旗的传媒、收藏、广告、摄影、书画、印刷、奶制品、特色餐饮、民族服饰、文化娱乐、节庆服务、民间工艺等一系列富有民族特色、地方特点的产业群已经形成，直接、间接从业人员达 3 400 多人，年产值 1.5 亿元。察哈尔蒙古族服装服饰公司、察哈尔工艺品公司这两家企业分别被授予"全国民族特需商品定点生产企业"和"全国民族贸易商品定点生产企业"称号。

察哈尔右翼后旗民族文化产业街的建成运营，更充分挖掘和整合了民族特色文化资源，汇集了察哈尔右翼后旗察哈尔优质文化特色产品，展示了"察哈尔文化"这一民族特色，成为发展文化旅游经济中不可或缺的组成部分。通过对基础设施的建设和打造，初步形成了阿贵庙、石门口水库、察哈尔火山、天鹅湖湿地、千年古榆树、生态园景观、红格尔图遗址、民族文化产业街等精品旅游景点。

今后，察哈尔右翼后旗将继续突出察哈尔火山草原生态、察哈尔历史文化传承、察哈尔蒙古民族风情三大主题，综合开发出具有察哈尔文化特色的火山草原生态游、历史文化人文游、蒙古民族风情游三大系列产品，全面提升察哈尔右翼后旗民族文化特色产业的综合实力。到 2020 年，察哈尔右翼后旗计划年接待游客 100 万人次，文化旅游业总收入 5 亿元，旅游人数、旅游总收入分别保持在年均增长 20% 上，带动相关产业提质增效、持续发展。

亮丽风景

HUASHUONEIMENGGUchahaeryouyihouqi

亮 丽 风 景

LIANGLIFENGJING

察哈尔右翼后旗在农业、牧业、工业、商业、文化、生态、党建等多个方面呈现出强劲的发展势头，察哈尔右翼后旗正努力打造祖国北疆亮丽的风景线。

察哈尔右翼后旗发展概况

　　察哈尔右翼后旗位于内蒙古自治区中部，阴山北麓，乌兰察布市后山地区。全旗面积 3 910 平方千米，耕地 73 万亩，可利用草场 323 万亩。全旗人口 22 万人，有蒙古、汉、回、满等 8 个民族。全旗辖 2 个苏木、1 个乡、5 个镇，是一个以蒙古族为主体、汉族占多数的半农半牧旗。

　　察哈尔右翼后旗地处北京、呼和浩特、二连浩特的三角结合地带，蒙晋冀金三角合作区。这里区位优越，历史悠久，风光秀丽，交通便捷，资源丰富，产业鲜明，气候宜人，是中国正北方休闲养生、避暑度假的好地方。这里打造出了"全国绿色名旗""察哈尔阿斯尔之乡""美丽乡村旅游扶贫重点村"。

　　在这里，22 万察哈尔右翼后旗人民沐浴着改革开放的春风，借势

国家"一带一路"倡议，主动承接京津冀协同发展经济圈辐射，按照内蒙古自治区经济社会发展思路，主动融入乌大张区域一体化发展，立足地区特色产业，坚持以合作推进融入，以绿色升级产业，以改革谋求发展。用勤劳的双手、聪明的才智和不竭的创新铸就了辉煌。全旗经济实力不断增强，产业结构日趋完善，城镇建设力度空前，基础设施全面加强，社会事业协调进步。

　　2015 年，全旗地区生产总值完成 81.6 亿元，增长 8%；公共财政预算收入完成 2.6 亿元，增长 11.8%；固定资产投资完成 52.5 亿元，增长 18.2%；社会消费品零售总额完成 24.2 亿元，增长 11%；城乡居民人均可支配收入分别达到 23 692 元和 8 972 元，分别增长 9% 和 10%。

　　在这里，22 万察哈尔右翼后旗

察哈尔广场中心雕塑——苏鲁德

人民借助着国家惠民政策，坚持把工业化、城镇化、产业化建设融入社会事业发展，使发展成果惠及更多群众。竭尽全力推进社会事业、基础建设、生态建设和民生建设。始终坚持保发展与促长远并重，始终坚持富民与强旗并重。用发展成果、建设成就来促进发展和保障民生。全旗以"精准扶贫、精准脱贫"为重点的社会民生工作持续发力，教育、卫生、文化、科技、就业、社保、医保、计生、新农合等各项社会事业长足发展。

如今，科学发展、开放和谐、全面繁荣的察哈尔右翼后旗又一次站在了发展的新起点。在新常态下，正在大力践行新发展理念，坚守发展、生态和民生底线，协同推进新型工业化、信息化、城镇化、农牧业产业化和绿色化，以新的理念、新的举措推进新的发展。

我们相信，一心奋进前行的察哈尔右翼后旗，一定是一个崛起、跨越、辉煌的察哈尔右翼后旗！

亮丽察哈尔右翼后旗

这一片土地，生机焕发；这一片草原，绿野满目。

这一座火山，威风无限；这里的人们，聪明能干。

春风浩荡，夏意浓香，万紫千红，以绿茵地、蔚蓝天、百花开笑迎天下客。

察哈尔右翼后旗开启新卷，务实创业，改革发展，以新常态、新理念、新节奏跨入"十三五"，为生活在火山草原上勤劳智慧的人民创造美好生活！

在这个充满生机、活力、希望的季节，人们感受到察哈尔右翼后旗的务实与为民、美丽与亮丽。

这里，散发着火山草原醉人的清香，燃烧着工业园区生产的热火，回荡着城乡村镇欢乐的笑语，铺展着现代农田迷人的景色，记录着各族人民丰富多彩的幸福生活……

这就是美丽的察哈尔右翼后旗，祖国正北方，内蒙古自治区中部，乌兰察布市向北开放的桥头堡。勤劳、智慧、创新的察哈尔右翼后旗人，在旗域崛起、跨越发展、建设辉煌的征程中，始终把政策落实、项目引资、工程建设、举措创新作为前行奋进的着力点，坚持把人力、物力、财力、领导力集中在稳增长、促发展、调结构、惠民生上。借势国家"一带一路"倡议，深入贯彻内蒙古自治区经济社会发展思路，举力落实乌兰察布市推进经济社会持续发展的新举措，主动融入京津冀经济圈，置身于蒙晋冀（乌大张）长城金三角合作区，凝心聚力打造祖国北疆亮丽风景线（经济发展的风景线、民族团结的风景线、文化繁荣的风景线、边疆安宁的风景线、生态文明的风景线、各族人民幸福生活的风景线）。火山草原，正迎来新的发展……

经济建设是一个地区发展的基础，只要把经济搞上去，其他的就容易跟上来；持续发展是一个地区崛起前行的前提，只有把科学发展作为第一要务不动摇，各族人民幸福美好的生活才能实现。

察哈尔右翼后旗人是这样想的，也是这样做的。沐浴着改革开放的春风，伴随着区域一体化发展的前进脚步，奋发有为的察哈尔右翼后旗人，正在全面建成小康社会的新征程上阔步前行！

面对还贫困、还不太富裕的旗情，察哈尔右翼后旗人依托自身的区位、资源、产业、人文优势，主动适应新常态，立足新起点，创新新举措，谋求新发展。不断前行在先行先试、攻坚克难、赶超跨越的发展路上。"资金不多想着多办事，项目不多想着多做事。"尽量把有限的资金用在刀刃上，尽量把高效的项目覆盖到民生上。察哈尔右翼后旗人民抢机遇、挖潜力、求突破、稳增长、保民生、促发展，全旗正呈现出经济总量增长、产业结构优化、民生不断改善、社会和谐稳定的良好发展态势。

全旗经济正在由农牧业主导向工业化引领转变，农牧区人口正在由农村牧区向城镇（小集镇、中心村）集聚转变，农村牧区生产生活设施

天鹅湖

正在由单一拥有向综合覆盖转变。

务实的察哈尔右翼后旗人，在寻找富民强旗的道路上，不断探索、总结、实践。围绕绿色、合作、引资做好工作，始终坚持实施工业强旗战略，把发展工业作为增实力、促发展、惠民生的主导产业和骨干财源，坚持做、不动摇、持久抓。立足地区特有资源，发展旗域特色产业。全旗培育形成了建材、电石化工、电力能源、农畜产品加工等支柱产业。规划建设了建材化工园、清洁能源园、土牧尔台皮毛绒肉加工园。

全旗有大型央企中联水泥集团旗下的核心企业——乌兰察布中联水泥有限公司，全国知名的电石生产企业——内蒙古白雁湖化工股份有限公司，乌兰察布市最大的电石下行产品生产企业——蒙维科技有限公司。

全旗工业经济正步入转型升级、绿色环保、带动辐射的快车道，为全旗经济社会发展注入了强劲动力，为富民奠定了基础，为强旗夯实了根基。

智慧的察哈尔右翼后旗人，在推进城镇与乡村一体化建设的进程中，围绕提升公共服务水平，打造城镇亮丽名片，持续推进文明城镇创建活动，坚持虚功实做、软功硬做、好功快做、慢功长做，不断统筹推进棚户区改造、基础设施建设、物业综合管理、镇容环境治理、市场监管完善、交通综合整治、绿化质量提升、食品药品安全、精神文明建设、民族团结进步等创建工作。

坚持城镇以中心镇建设为重点，乡村以新农村新牧区建设为重点。城镇以硬化、亮化、美化、绿化、净化和给排水为重点的市政工程不断给力，乡村以精准脱贫工程为重点的新村（浩特）建设持续发力。在城镇建设上，坚持突出民族文化、生态绿化、水系景观、市政路街建设。坚持以文化提升城镇品位，以绿化彰显城镇美丽，以景观增添城镇亮丽，以市政工程完善城镇功能，举力推进环城生态屏障、生态园、文化休闲广场、城区街道绿化生态景观体系建设。正在一年又一年地给人们凸显着白音察干镇楼高、路平、山青、水绿、人增、景美的城镇特色，一个宜业、宜居、宜行、宜游、宜乐的新型草原小镇正在察哈尔火山草原上崛起。

勤劳的察哈尔右翼后旗人，在总结传统农牧业经验的基础上，顺应时代发展的潮流，不断探索新形势下农牧业产业化推进的方式和路径。面对农村牧区劳力外流的现实，农村如何种地、牧区怎样养畜成了察哈尔右翼后旗领导层和群众层思考最多的问题。不断的实践和反复的思考，让察哈尔右翼后旗人在党的农牧业政策引导下，逐渐探索明白了农牧业要走的路径——农牧业产业化和农牧业现代化。

察哈尔右翼后旗人秉承精种高效、规模养殖、科技推动、集约发展的新理念，抓住薯业（马铃薯产业）、菜业（冷凉蔬菜产业）、羊业（肉羊产业）、牛业（肉牛产业）不放松，坚持以现代设施和规模农田来装备和经营薯菜业，坚持以规模棚舍和优良畜种来发展和壮大羊牛业。以产业、科技、效益为支撑点，在这片沃土上展开了农牧业产业化的大实践，正在不断呈现出田绿、果红、羊肥、牛壮的景象。

察哈尔右翼后旗农牧业是一个历史长、产业大、品牌亮的产业。农牧业特色产业优势明显。马铃薯、蔬菜、肉羊、肉牛四大特色产业由传统经营向现代经营转变。"富奇"牌马铃薯获得国家绿色食品A级标识、内蒙古自治区级名优产品；"后旗红"马铃薯获5A级国际品牌认证，是全国名优产品；全旗20万亩马铃薯成功创建全国绿色食品标准化生产基地。

"后旗红"马铃薯规模种植

察哈尔广场彩虹

二广高速白音察干境内的航拍图

开放的察哈尔右翼后旗人，积极融入乌大张长城金三角合作区，用心承接乌大张、呼包鄂、黑吉辽、京津冀和环渤海五大经济圈项目、产业、科技、人才的辐射，以"优化投资软硬环境、创新招商引资机制"为着力点，一批大物流、大市场、大商场、大酒店正在形成。优越的区位优势、便捷的交通运输（集二、集通两条铁路，208国道，二广高速，

呼满省际大通道）正在拉动着全旗现代服务体系和市场流通体系的逐步完善。以服务业和物流业为主的第三产业总体发展水平和产业成长质量正在向新的高度攀升。贡红物流综合服务园区、北方马铃薯批发市场、祥泓汽贸城、北方商城、大润发广场、土牧尔台活畜交易市场、大六号废汽车拆解市场、通达国际等项目促进了商贸流通业的发展。全旗金融、保险、通信、快递、物流、信息、资讯服务业持续发力。

包容的察哈尔右翼后旗人，在弘扬先进文化、传递社会正能量的同时，立足地区文化特色，挖掘、整理、研究、传播民族地区特色文化——察哈尔文化。

自清朝乾隆二十六年（1761年）

察哈尔右翼后旗春节联欢晚会场景

合唱比赛

开始设察哈尔都统以来，这里就属于察哈尔地区。察哈尔文化作为草原文化的直根，成为这里的民族特色文化。从人口大迁移"走西口"到中、俄、蒙漫漫商道，从绥远抗战到红格尔图战役，从游牧生活到牧家乐迎客，从阿斯尔音乐到察哈尔婚礼，从抗击外侵到西迁戍边……这些都印记了察哈尔地区的人文交往和文化遗迹。

深厚的民族文化底蕴，丰富的民族文化活动，悠久的民族文化历史，孕育了察哈尔地区灿烂的民族文化。在全面构建以文化、教育、卫生、民生为重点的覆盖城乡的公共服务体系的同时，察哈尔民族特色文化品牌正在形成。

全旗依托察哈尔文化、火山草原等独特的人文资源和自然景观，打造文化旅游品牌，收获了"中国民间文化艺术之乡"、全区"一旗一品"文化品牌创建示范旗、"察哈尔文化研究保护基地"等多项荣誉。流传至今的阿斯尔长调、察哈尔婚礼、蒙古族服饰、民族歌舞、那达慕、祭敖包、祭火等集中展示着察哈尔的风土人情和文化神韵，是民族艺术的瑰宝。优秀剧目《察哈尔婚礼》获自治区"五个一工程"奖；大型蒙古剧《忠勇察哈尔》在第十二届中国·内蒙古草原文化节优秀剧目展演中获多项荣誉，深受广大观众的好评。

在党的民族政策的正确指引下，察哈尔右翼后旗始终站在维护国家统一、促进民族团结、保障祖国边疆安宁的高度，创新民族工作思路，推进民族工作落实，民族团结进步事业成果丰硕。全旗民族特色产业正在兴起，民族文化事业正在持续繁荣，新型和谐民族关系全面巩固。2014年，察哈尔右翼后旗被国务院

锡勒高旬草原羊群

授予"全国民族团结进步模范集体"荣誉称号。

察哈尔右翼后旗的领导干部们，坚持以人民群众的呼声为第一信号、以人民群众的愿望为第一要求，千方百计解决民生问题，扎实为人民群众办实事、做好事，努力使改革发展成果惠及各族人民群众。始终按照"稳定是第一责任"的要求，围绕"平安和谐旗"创建目标，持续深入开展平安创建活动。始终坚持强化人防、技防、物防建设，不断加强重点行业和重点领域的综治管理和安全监管。始终积极开展旗级领导带头下访和接访活动，妥善化解各族群众反映的困难问题和矛盾纠纷，用心做好做实维稳工作。全旗多项平安和谐创建举措的实施，有效地维护了民族地区社会稳定和祖国北部边疆的安宁。

热情的察哈尔右翼后旗人，在繁荣民族文化、打造察哈尔品牌的实践中，坚持把文化发展与旅游产业相结合，坚持把特有的自然景观与人文景观相结合，把察哈尔民族文化、火山草原地貌、生态绿化园建设相融会，以文化丰富旅游内涵，以自然彰显独特景观，以绿色打造亮丽风景。

察哈尔右翼后旗自然风光秀美、迷人、独特、亮丽。这里不仅有火山群、天鹅湖，还有阿贵庙、古榆树；不仅有石门口水库、大草原风电，还有草原牧区新村（浩特）牧家乐。

在这里，蓝天、白云、绿地交

相辉映，骏马、牛羊、鸟儿生机无限。走进这里，拥有的是别样的感觉，观看的是独特的胜景。这里有火山家族中的"奇葩"，有春、秋两季候鸟迁徙的原生态湿地保护区——天鹅湖，有内蒙古高原上树龄1 000多年的"神树"——古榆树，有距今300多年清朝康熙皇帝提名"善福寺"的阿贵庙……虽不是人间最奇，但也独具一格。

察哈尔右翼后旗人坚持尊重自然、顺应自然、保护自然的生态文明理念，大力开展以植树造林、城镇绿化、区域生态为重点的生态文明建设，以绿色装点美丽，以绿色集聚活力。坚持保护与建设并重，深入贯彻落实禁牧舍饲和草畜平衡政策，大力实施通道绿化、退耕还林还草、草原奖补项目生态建设工程。全旗形成了北部"三纵五横"和南部"两山一滩"为重点的生态建设保护框架，生态环境不断改善。正在努力实现"绿起来"与"美起来"相统一，"美起来"与"富起来"相融合。全旗各族人民群众对生态环境的满意度持续提升。

幸福的察哈尔右翼后旗人，在全面建成小康社会的征程上，一年又一年地不断推进建设、加快发展，用智慧和能力努力地开拓和创造着幸福和美好的未来。各级政府始终高度关注民生、坚持改善民生，让各族人民群众更多地享受到就业、创业、社保、教育、医疗、住房、低保、扶贫、救助等一系列惠民政策。

农村牧区围绕精准扶贫工程，坚持把精准脱贫作为最大的民生工程，统筹实施开发式、转移式、保障式、产业式扶贫，努力让贫困群众在生产生活上更多地分享改革发

当郎忽洞苏木幸福院

展的成果，更早地摆脱贫困、走向富裕、奔向小康。

坚持把充分就业作为提升城乡居民收入的主渠道，实施"重点项目拉动就业、创业园区带动就业、就地就近转移就业、劳务经济促进就业、重点群众安置就业"工程，多渠道、宽领域、全方位促进城乡劳动力就业、创业、增收。按照国家政策规定不断完善城乡社保体系建设，在持续完善提升城镇工矿企业、机关、事业单位社保工作的同时，争取列入了全区第一批新型农村牧区养老保险试点旗，使全旗城乡更多的群众享受到了新农合、社保、医保、低保、五保、高龄补等社会保障政策带来的实惠。

坚持推进城乡保障性住房体系建设，全旗在已经建设保障性住房的基础上，加快了城镇旧区、棚户区改造和乡村互助幸福院、美丽新村浩特建设。全旗各族人民群众正享受着越来越多的公共服务，过着幸福美好的生活。

察哈尔右翼后旗的发展历程和沧桑巨变，凝聚了各级领导、各族干部群众和各方朋友的关心、支持和帮助，倾注了每一位开拓创业者的赤诚情怀和美好愿望。其不仅显现出历史进程中团结奋进、拼搏创业、敢于担当、进取前行的时代风貌，

也从中展示着励精图治、务实肯干、开放包容、创新发展的察哈尔右翼后旗人的精神风貌。

思深方益远，谋定而后动。热情好客的察哈尔右翼后旗各族干部群众肩并肩、心连心，抓机遇、促发展，正朝着全面建成小康社会的宏伟目标前进！

察哈尔右翼后旗人，在建设丝绸之路经济带和建设草原丝绸之路的同时，和蒙晋冀长城金三角合作区人民一道，深度融入京津冀协同发展战略区域一体化发展。

世界离我们很远，世界又离我们很近。因为信息时代的到来，互联网走进了人们的生活。"互联网＋"正在点燃信息消费新引擎、催生行业发展新业态、引领企业抢占新机遇。"互联网＋"模式已成为企业竞争、产业竞争乃至地区竞争的新常态。人们正在走进互联网应用和互联网产业，商业模式创新，跨界融合创新。察哈尔右翼后旗也正在"互联网＋"工业（农牧业、商贸、金融、政务、文化、民生、生态）多个领域寻找突破，不断促进互联网经济成为新常态下旗域增强竞争能力的新优势、推动转型升级的新动力、促进经济发展的新引擎。

新起点开启新征程，新目标催生新作为。察哈尔右翼后旗人正在

光伏发电站

按照"四个全面"战略布局的要求，坚持创新、协调、绿色、开放、共享的发展理念，以全旗被列入自治区级可持续发展实验区为契机，以全面深化改革为动力，以转变发展方式为主线，以改善民生为根本，正在依托两大园区（建材化工园、农畜产品加工园），培育壮大六大特色主导产业（电石化工、新型建材、绿色农畜产品加工、新能源新材料、文化旅游、现代商贸物流业）；正在给力推进"五旗"建设（坚持创新发展，建设活力察哈尔右翼后旗；坚持协调发展，建设和谐察哈尔右翼后旗；坚持绿色发展，建设生态察哈尔右翼后旗；坚持开放发展，建设魅力察哈尔右翼后旗；坚持共享发展，建设幸福察哈尔右翼后旗）；正在建设活力、和谐、生态、魅力、幸福察哈尔右翼后旗的路上一往无前！

面向未来，察哈尔右翼后旗人有信心，也有决心在"携手合作、共同发展、凝心聚力、共建同享"

的区域一体化发展实践中，挖潜力、增动力、植优势、拓空间，用抓改革、促转变、优结构、搞创新的办法，把察哈尔右翼后旗建设得更加富裕、更加壮美，让察哈尔右翼后旗的老百姓过上更好的日子，生活得更加幸福！

这既是我们所有工作的目标，也是我们所有人的美好向望，更是火山草原的一份衷心祝福！

经济发展风景线

在科学发展的实践中，察哈尔右翼后旗紧抓发展第一要务不动摇，依托自身的区位、交通、人文、自然、资源优势，抓机遇、挖潜力、求突破，创新区域化举措，融入乌大张发展，在先行先试、赶超跨越的征程上不断前行。

察哈尔右翼后旗始终坚持贯彻中央"四个全面"的战略布局，正确认识新常态，在全国"一带一路"倡议的推进下，融入全国区域经济一体化发展。始终坚持贯彻内蒙古自治区经济社会发展的思路，坚持加快推进以绿色环保为重点的工业化、以人为核心的新型城镇化和以脱贫攻坚为重点的农牧业产业化进程，全方位开放、宽领域招商、多渠道发展，凝心聚力打造祖国北疆亮丽风景线。

城镇篇

察哈尔右翼后旗坚持以建设生态型宜居宜业城镇为目标，高起点、高标准、高质量编制完成了旗域村镇建设体系规划、中心城区控制性详规和建制镇总体规划。

在推进城镇化建设的实践中，突出民族文化、生态特点、水系景观，实施硬化、亮化、美化、净化和给水、排水、净水工程。白音察干镇中心城区环路框架建设基本形成，杭宁达莱和白音乌拉生态园建设日趋完善，察哈尔广场等公共文化活动场所建设不断提升，生态绿化覆盖城区环路干道出口不断完善，城镇文化标志性景观建设彰显亮丽，棚户区改造建设步伐正在加快，城镇产业集聚吸纳功能正在扩张。新建了一批保障性住房，旗域中心医院、文化中心等一批民生工程。白音察干镇拆迁改造旧城区22.4万平方米，实施了镇东新区净水厂等重大项目。中心城区环路框架基本形成，公共设施进一步完善。建设"智慧"白音察干。通过政府购买服务，促进桑德环卫公司规范化运行，提升城镇环卫管理水平。打造山景、水景、绿景、人文景观交相辉映的魅力白音察干，提升城镇品位。一个生态型宜居宜业城镇正在崛起。

现在白音察干中心城镇建成区面积12.5平方千米，人口增加到6.2万人，城镇化率提高到47%，城镇功能、形象和品位明显提升。

商贸篇

察哈尔右翼后旗坚持全力优化经济社会发展软、硬两个环境，加大招商引资力度，加快弥补服务业短板。一批大物流、大市场、大商场、大酒店正在加速形成，现代服务体

"后旗红"马铃薯销往北京

贲红煤炭物流综合服务园

系和市场流通体系逐步健全。商贸物流和旅游业发展取得新进展。建设了汽贸物流园、商贸城、农贸市场、星级酒店等重点项目。编制了全旗旅游业总体规划。将乌兰哈达火山群申报为自治区级火山地质公园，并有7个嘎查村被列为国家"美丽乡村旅游扶贫重点村"。

第三产业总体发展水平和产业数量、质量有了新的提高。一批较大型服务项目促进了商贸流通业的发展。火山草原观光、牧民生活体验、察哈尔文化领略为特色的文化旅游业快速发展。以察哈尔毛植毛绣、奶制品加工、民族工艺产品、民族服饰服装等为重点的"民族特色产业一条街"正在兴起。通讯、快递、物流、信息、资讯持续发展。

农牧业篇

察哈尔右翼后旗农耕文化历史悠久，特色产业优势明显。马铃薯、蔬菜、肉牛、肉羊四大特色产业由传统经营发展到现代经营。现代化农业和舍饲化牧业成为旗域内的主模式，农牧业提质增效取得新进展。全旗土地草牧场流转规模达到50万亩，牲畜存出栏量均突破百万头（只）大关。引进了雏鹰农牧集团"百万口生猪一体化"和蒙多利"百万只肉羊养殖联合体"等一批龙头示范带动项目。全旗节水灌溉面积达到21万亩，无公害、绿色、有机农产品种植面积达到30.4万亩，已认证"三品一标"20个。被农业部确定为全国马铃薯标准化种植示范旗、全国马铃薯绿色原料生产基地。察哈尔右翼后旗"后旗红"马铃薯在第十六届中国绿色食品博览会上荣获金奖，并通过了国际品牌认证。土牧尔台畜产品加工园被确认为乌兰察布市农牧业产业化示范园。

工业篇

察哈尔右翼后旗在推进工业化进程中，坚持实施"工业强旗"战略，把发展工业作为增实力、促发展、惠民生的主导产业。规划建设了建材化工园区、土牧尔台皮毛绒肉加工园区、清洁能源园区。工业转型升级取得了新进展。引进和培育蒙维、港原、白雁湖、中联、大唐国际等骨干企业，形成了电石化工、建材、农畜产品加工、清洁能源等产业基地。电石化工产业实现了上大压小、技术换代，并向下游产业延伸，全旗电石产能达到153.5

万吨。在乌兰察布市率先淘汰铁合金及小型化工企业，五年累计淘汰落后产能近 30 万吨。率先引进电石下游产品 PVA 生产加工企业，产能达到 20 万吨，商品电石就地转化率达到 25%。率先在土牧尔台皮革加工基地建成万吨污水处理厂，皮革鞣制加工能力达到 110 万张。水泥熟料产能达到 1 000 多万吨。风光电并网 77 万千瓦。

民族团结风景线

民族团结是一个民族延续的根基，各民族团结共存，是经济社会各项事业繁荣稳定发展的基础，符合各族各界人民群众的情感和意愿。

"各民族亲如一家，守望相助，共同进步"的精神风貌，既是一个地区经济社会发展的内生动力，也是一个地区民族文化繁荣发展的活力之源。

察哈尔右翼后旗在党的民族政策的正确指引下，始终站在维护国家统一、促进民族团结、保障祖国北疆安宁的高度，紧紧围绕"共同

白音淖尔浩特牧民活动中心

最美人物颁奖晚会

团结奋斗、共同繁荣发展"的民族工作主题，创新工作思路，推进工作落实，认真贯彻党的民族政策。进一步加大工作力度，有力地推动了全旗民族团结进步事业的蓬勃发展，民族团结进步事业取得了丰硕成果。全旗民族特色产业得到发展，民族文化不断繁荣，新型民族关系全面巩固，呈现出各民族和睦相处、和衷共济、和谐发展的可喜局面。全旗荣获"全国民族团结进步模范集体""全区民族团结进步示范单位"和"乌兰察布市民族团结模范集体"称号。

文化繁荣风景线

察哈尔右翼后旗坚持不懈地开展中国特色社会主义宣传教育，坚持不懈地用中国梦和社会主义核心价值观凝聚共识、汇聚力量，坚持不懈地打造察哈尔文化品牌和推进民族文化产业发展，坚持不懈地实施文化走出去战略，高扬主旋律，激扬正能量，大力弘扬吃苦耐劳、一往无前的蒙古马精神，用察哈尔

运动会开幕式

摔跤方队

右翼后旗壮美的故事，增强对外宣传文化的影响力。

察哈尔右翼后旗坚持以教育、卫生、文化等为重点的社会事业全面进步，全旗覆盖城乡的公共服务体系初步建立。依托察哈尔文化、火山草原等独特的人文资源和自然景观，打造了文化旅游品牌，创建了全国首家察哈尔文化专题博物馆、文献馆、传承中心和内蒙"蒙古剧创作实验基地"。流传至今的阿斯尔长调、察哈尔婚礼、蒙古族服饰、民族舞蹈、那达慕、祭敖包等集中展示着察哈尔的风土人情和文化神韵，是民族艺术的瑰宝。优秀剧目《察哈尔婚礼》、大型原创蒙古剧《忠勇察哈尔》荣获国家、自治区级奖励。编辑出版的《察哈尔史》，填补了中国蒙古学研究领域的空白。全旗民族文化事业和民族文化产业不断发展壮大。

边疆安宁风景线

察哈尔右翼后旗坚持以人民群众的呼声为第一信号，以人民群众的愿望为第一要求，千方百计解决民生问题，扎实为人民群众办实事、做好事，努力让改革发展成果更多地惠及各族群众。始终按照"稳定是第一责任"，坚持深入推进平安创建活动，围绕"平安和谐旗"创建目标，完善社会治安综合治理体制机制，以信息化为支撑，加快建设社会治安立体防控体系，建设基础综合服务管理平台。大力推进基础信息化、警务实战化、执法规范化、队伍正规化建设。构建群防群

消防演练

乌兰察布市率先成立了交通事故审判法庭

草原风光

治、联防联治的社会治安防控网，加快推进网上综合防控体系建设。构建信访、调解、综治"三位一体"的社会矛盾排查化解机制，妥善处理各种社会矛盾纠纷。社会治理体系不断完善。

察哈尔右翼后旗始终坚持强化"人防、技防、物防"等建设。多方筹资改善政法部门办公条件，实施电子监控系统建设，配备了一批执法装备。积极开展旗级领导带头下访和接访活动，妥善化解各族群众反映的困难问题和矛盾纠纷，做好做实维稳工作。始终坚持认真开展安全生产隐患专项整治和信访维稳工作，深入开展安全隐患排查和"打非治违"专项整治，安全生产形势总体平稳，有效地维护了民族地区社会稳定。

坚持加强军民团结和军地联防，不断深化双拥共建工作，持续推进军民融合发展，努力建设更高水平的平安察哈尔右翼后旗。

生态文明风景线

察哈尔右翼后旗坚持尊重自然、顺应自然、保护自然的生态文明理念，以造林绿化丰富城镇内涵、提升区域生态魅力为重点，持续开展绿化工程，大力推进生态文明建设。坚持保护与建设并重，自然恢复与人工恢复相结合，严格执行禁牧舍饲和草畜平衡政策，大力实施通道绿化、退耕还林还草、水土保持、草原奖补等生态建设工程。

坚持在发展中保护，在保护中

人工种树

发展。大力发展低碳环保产业，推动形成节约资源和保护环境的产业结构与生产方式。全旗城镇、园区、村庄、通道等重点区域绿化全面加强。全旗森林覆盖率和建城区绿化覆盖率分别达到25％和37.2％。城镇污水处理、垃圾无害化处理率分别达到90.5%和80%。资源利用率、节能减排等指标达到国家要求标准。

全旗形成了生态建设保护框架，生态环境不断改善，正在努力实现"绿起来"与"美起来"相统一。全旗人民群众对生态环境的满意度持续提升。旗林业局被国家林业局等五部委授予"京津风沙源治理工程先进集体"称号。

各族人民幸福生活风景线

察哈尔右翼后旗不断增进各族人民福祉，始终高度关注民生，持续加大改善民生投入力度，努力让各民族群众充分享受到社保、就业、住房、医疗、教育、卫生等方面的一系列惠民政策。

深入实施精准脱贫方略，坚持把精准扶贫作为最大的民生工程，统筹实施开发式、转移式、保障式扶贫，正在努力让更多的乡村老百姓走水泥路、住安全房、吃安全粮、喝干净水、看放心病、领养老金，城乡贫困群众脱贫奔小康步伐持续加快。

城乡居民充分就业，建设了1个孵化园和4个创业园。5项社会保险待遇逐年提高。建立了重大疾病二次报销和"一站式"救助机制。"三个一"民生工程全面落实。"三到村三到户"、金融扶贫、生态移民工程扎实推进。强化农畜产品及

全民健身活动

食品加工质量安全监管，建成封闭式农贸市场、食品生产加工园各1处，创建餐饮服务食品安全示范街3条。

公共服务正逐步实现均衡供给。加大教育投入力度，实施了校舍安全和全面"改薄"工程，学校办学条件得到根本好转。健全完善了科技服务激励机制，加大对突出贡献科技人员的奖励力度，积极推动科技创新。全旗被列为自治区级可持续发展实验区，荣获"全国科技进步先进旗"称号。旗中心医院、蒙中医院、计生服务中心建成使用。中心医院被列为全国县级公立医院改革试点，蒙中医院特色专科建设取得实效，人口计生优质服务能力得到加强，苏木（乡镇）、社区、

"三下乡"活动服务

嘎查（村）卫生院（室）实现全覆盖。全旗城乡养老保险和医疗保险实现了全覆盖。农村牧区低保和"五保"供养制度实现了动态管理下的应保尽保。全民健身活动深入推进。全旗各族人民正在向着幸福美好的生活迈进。

党的建设和精神文明建设

察哈尔右翼后旗党的建设紧紧围绕"五位一体"总体布局，以"1+3"制度体系建设为统领，始终贯穿"全

贲红镇社区服务中心

面从严治党"这条主线，重点突出农村牧区、城镇社区、非公企业和社会组织、机关事业单位四个领域的党建工作，深入实施铸魂补钙、鸿雁领航、作风改进、固本强基、反腐促廉、制度治党、人才强旗和凝心聚力八大工程。坚持以加强党的执政能力、提高党的执政水平为重点，不断加强领导班子建设；坚持正确的用人导向，不断增强党员干部队伍创业的活力；坚持为民务实清廉，不断加强党员干部队伍作风建设；坚持以建设学习型社会为重点，不断增强广大党员干部群众的理论指导实践能力；坚持以加强社区党建工作为重点，不断推进基层党的建设，增强基层党组织的凝聚力和战斗力；坚持以党员干部下基层、办实事、转作风为重点，切实转变工作作风和社会风气。坚持弘扬改革精神，树立法治思维，狠抓工作落实，为全旗新常态下的新跨越提供了坚强的政治、组织和纪律保证。

在基层党建工作中，以"五个一"千村帮联行动为契机，大力推广"532"工作法。创新模式，在互助幸福院推行"一名党员管理服务一排院民"的"1+1"模式，把党的组织和活动拓展到发展的各个环节，将党建的成果转化为惠民成果。

土牧尔台镇党委被中共中央组织部授予全国先进基层党组织

全旗荣获"全区创先争优先进基层党组织"称号。2011年，土牧尔台镇党委被中共中央组织部评为"全国先进基层党组织"。

察哈尔右翼后旗围绕践行社会主义核心价值观，坚持广泛开展类型多元的道德模范评选活动；坚持加强社会公德、职业道德、家庭美德教育；坚持以广场文化、校园文化、社区文化为重点，组织丰富多彩的文艺与健身活动；坚持开展"五好"文明家庭、十星级文明户、星级文明村等系列精神文明创建活动。目前涌现出全国精神文明单位1个，全国精神文明村镇1个，自治区级文明单位6个，市级文明单位标兵12个，市级文明单位21个，市级文明村镇8个，市级文明社区10个。

实践充分证明：察哈尔右翼后旗广大党员干部群众不仅有敢干大事的勇气，还有巧攻难事的智慧，更有善办实事的情怀，在推进全旗

城市雕塑——奋进

"十三五"规划实施的进程中，察哈尔右翼后旗完全有信心、也有决心战胜困难，实干、苦干加巧干，如期实现小康目标。

美丽的察哈尔右翼后旗欢迎您

抚今追昔，感触颇深。察哈尔右翼后旗的发展历程和沧桑巨变，凝聚了各级领导和各方朋友的关心、支持和帮助，倾注了每一位开拓创业者的赤诚情怀和美好愿望。察哈尔右翼后旗人一直心存无尽的谢意，感谢大家对察哈尔右翼后旗的厚爱和帮助。

历史在发展，社会在进步。面向未来，22万察哈尔右翼后旗人民肩并着肩、心连着心，抢抓机遇、创新发展，正朝着"两个一百年"宏伟目标昂首前行。

察哈尔右翼后旗是个人们向往的好地方。生活、工作在这里的人们随时在敞开胸怀欢迎您。欢迎更多的人来察哈尔右翼后旗览胜、投资、开发、建设和发展。

我们有决心在"携手合作、共同发展、凝心聚力、同享共赢"的区域化发展中，把察哈尔右翼后旗建设得更加壮美！

后　记

　　《话说内蒙古·察哈尔右翼后旗》于今和大家见面了。

　　2017年是内蒙古自治区成立70周年。爱我中华，爱我内蒙古，是我们内蒙古人始终不渝的初心。

　　《话说内蒙古》丛书以其独特的编撰理念和形式，向人们彰显了内蒙古特色，凸显了内蒙古风采。

　　《话说内蒙古·察哈尔右翼后旗》的出版发行，得到了内蒙古人民出版社的倾心指导和鼎力支持，从筹备编撰到提纲拟定，从内容选编到篇章建构，从图片筛选到文辞润色，都给予了精心指导。对此，我们致以由衷的谢意。

　　《话说内蒙古·察哈尔右翼后旗》历时数月的编撰，始终在察哈尔右翼后旗旗委、旗政府领导的关注和支持下进行。旗委宣传部具体主抓编撰工作，组织编写人员，落实编写任务。对文章精心审阅，筛选精品，谨慎定稿；对图片求真求新，广泛征集，反复优选；尽心尽力做到文图相映、图文并茂。编撰中，我们从全旗已出版的书籍、报刊及编者和作者中征集到了相当一部分资料。在此，对给予我们大力支持和热情帮助的领导和同志表示深切的谢意！

　　《话说内蒙古·察哈尔右翼后旗》向人们再现了察哈尔右翼后旗悠久文明的历史沿革、神奇独特的火山草原、享誉内外的名优特产、纯朴和谐的风土人情、名扬全国的文化品牌、亮丽瞩目的发展成就，给人们提供了一个了解察哈尔右翼后旗、认识察哈尔右翼后旗的信息窗口。通过这一"窗口"，人们会更多地走进察哈尔右翼后旗、建设察哈尔右翼后旗，为共同打造祖国北疆亮丽风景线倾心助力。

　　《话说内蒙古·察哈尔右翼后旗》内容丰富，层面广，形式体例灵活，语言真实，但限于篇幅，本书不能完整地反映察哈尔右翼后旗的各个方面和多个领域，未能充分展现察哈尔右翼后旗的多姿多彩。编撰中，我们运用适合今人阅读习惯的写作手法，尽可能让读者轻松愉悦地阅读本书，但是由于编撰人员水平有限、时间仓促，难免会有纰漏和瑕疵，真诚地希望广大读者谅解，赐教并指正。

　　特别对提供参考资料的单位和工作人员以及参与编写的人员表示感谢，并将编写文章名录列于文后。

历史回眸

摘录于孟泽辉主编的《察哈尔右翼后旗志》

摘录于何林．李志勇主编的《察哈尔右翼后旗志》

火山草原

壮美景点 （编撰者：王树明）

美丽传说 （编撰者：武殿林）

民间故事 摘录于孟泽辉主编的《察哈尔右翼后旗志》

文物遗迹

（编撰者：马世宏、袁晓波、李臻鑫）

战事纪略

红格尔图抗战 摘录于察哈尔右翼后旗老区建设促进会编撰的《绥东抗战》

智取张维村日伪据点 （编撰者：樊永贞）

八路军夜袭红旗庙 （编撰者：曹晋）

大青山抗日武装在白音不浪的两次战斗（编撰者：梁建军、曹晋）

巧袭吴俊村收编队 （编撰者：樊永贞）

磨子山防御战 （编撰者：梁建军、曹晋）

吾德沟伏击战 （编撰者：樊永贞）

解放战争时期发生在土牧尔台的几次战斗 （整理者：梁建军）

解放战争时期的红格尔图歼灭战 （整理者：梁建军）

义盛德突围战 （整理者：曹晋）

风云人物

察哈尔三杰——宝音巴特尔 （作者：武殿林）

察哈尔三杰——纪松龄

　　战斗在绥东抗战前——追寻父亲纪松龄的足迹 （作者：纪宝凤）

察哈尔三杰——莫杰

　　怀念父亲莫杰 （作者：莫·那音太）

正黄旗总管——达密凌苏龙 （作者：巴图孟克、曹晋）

农民育种家——陈良福 （作者：曹晋）

抗日妇女——边来俊 （作者：曹晋）

民俗风情

察哈尔民俗 （编撰者：樊永贞、潘小平）

汉族民俗　摘录于孟泽辉主编的《察哈尔右翼后旗志》

文化艺术

文学、美术、书法、摄影、舞蹈　摘录于孟泽辉主编的《察哈尔右翼后旗志》

察哈尔文化　（察哈尔文化研究促进会供稿）

民间工艺　（编撰者：樊永贞）

经济发展

（编撰者：王树明。其中"文化产业"由察哈尔文化研究促进会供稿 ）

亮丽风景

（编撰者：王树明）